SHIGERU MIZUKI 3

KITARO

Aus dem Japanischen von **Gandalf Bartholomäus**
Lettering: **diceindustries**

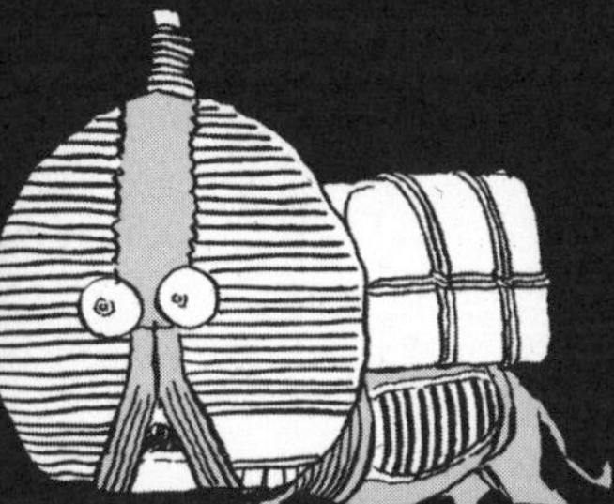

REPRODUKT

KITARO 3

INHALT

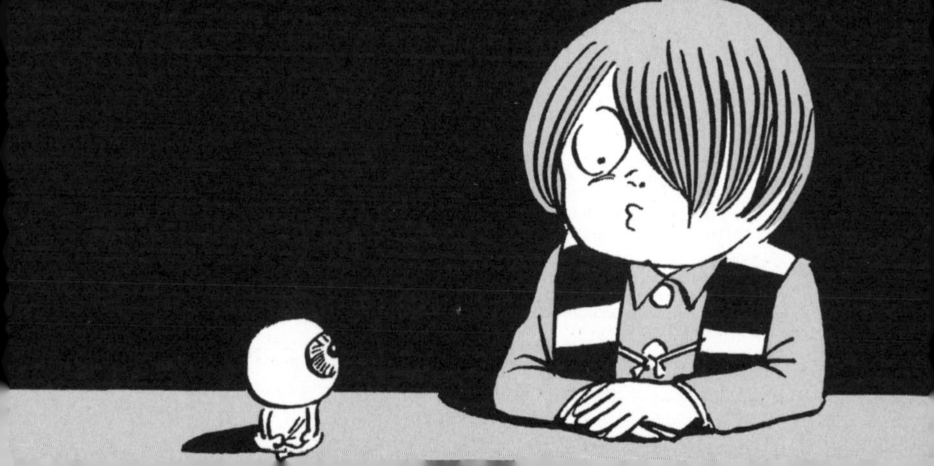

KITARO VOM FRIEDHOF

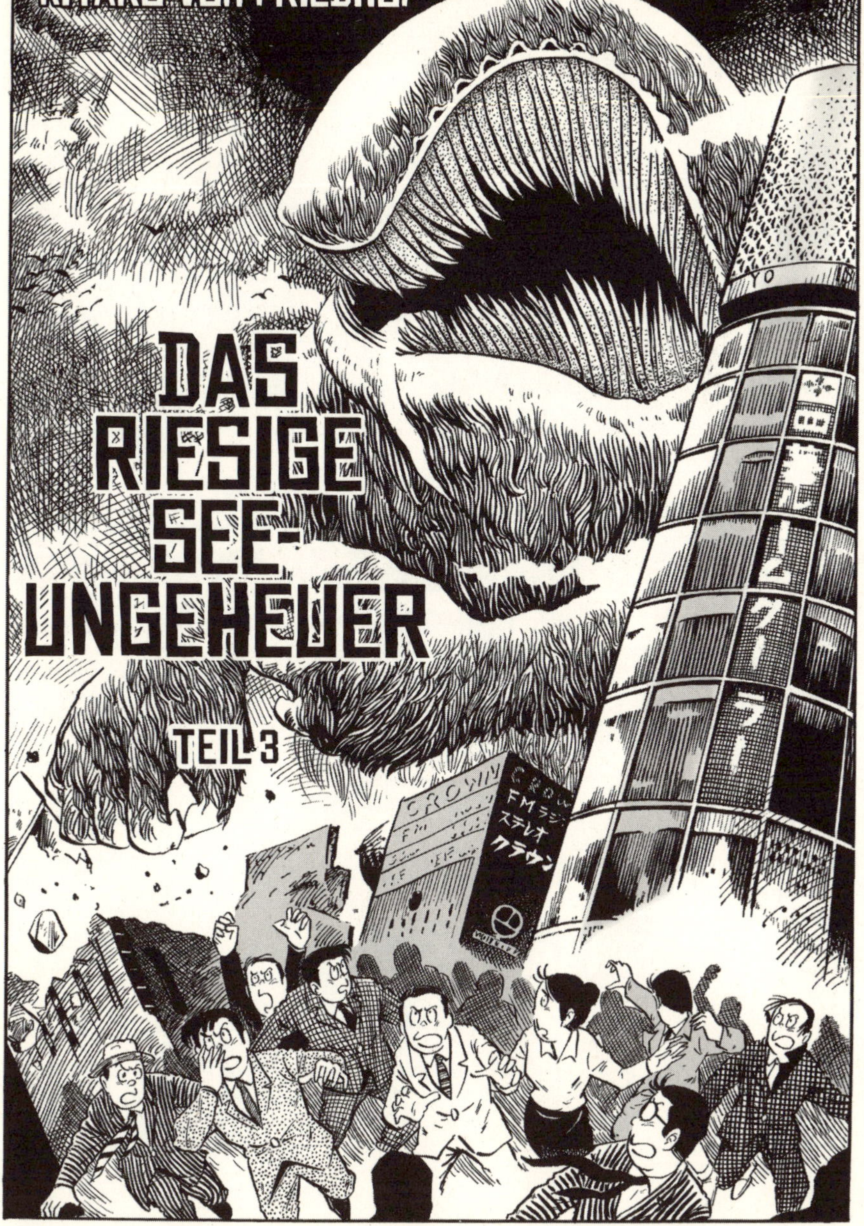

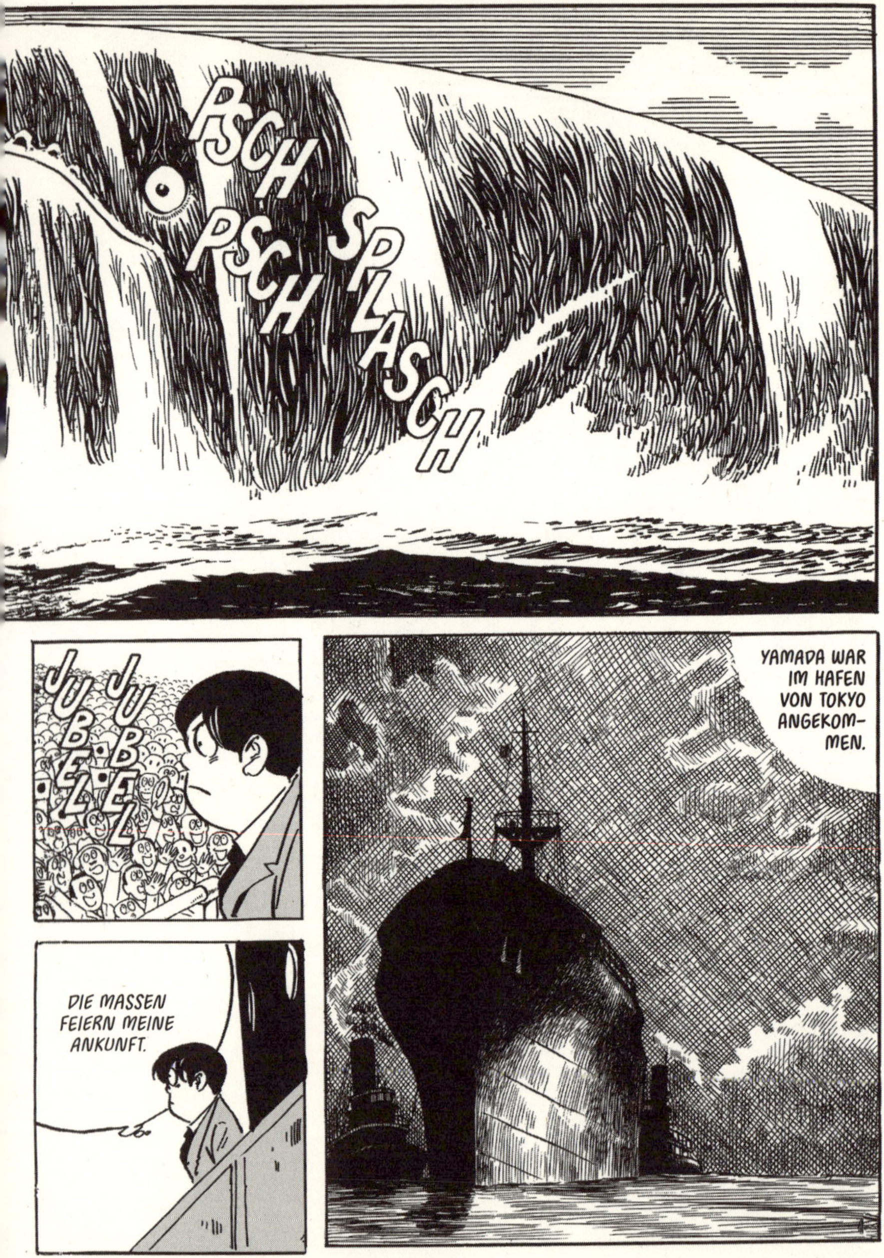
PSCH
PSCH
SPLASCH
JUBEL
JUBEL
YAMADA WAR IM HAFEN VON TOKYO ANGEKOMMEN.
DIE MASSEN FEIERN MEINE ANKUNFT.

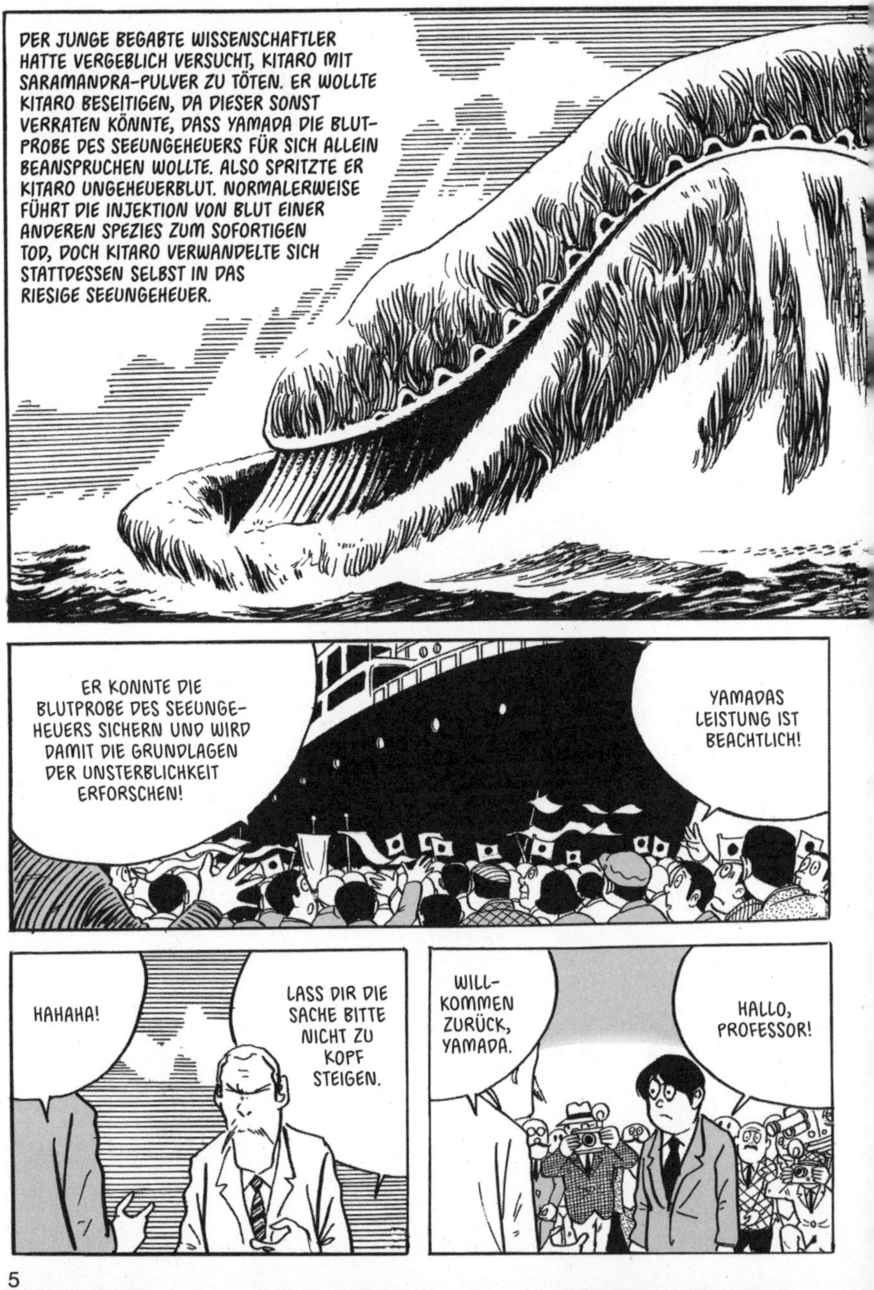
DER JUNGE BEGABTE WISSENSCHAFTLER HATTE VERGEBLICH VERSUCHT, KITARO MIT SARAMANDRA-PULVER ZU TÖTEN. ER WOLLTE KITARO BESEITIGEN, DA DIESER SONST VERRATEN KÖNNTE, DASS YAMADA DIE BLUTPROBE DES SEEUNGEHEUERS FÜR SICH ALLEIN BEANSPRUCHEN WOLLTE. ALSO SPRITZTE ER KITARO UNGEHEUERBLUT. NORMALERWEISE FÜHRT DIE INJEKTION VON BLUT EINER ANDEREN SPEZIES ZUM SOFORTIGEN TOD, DOCH KITARO VERWANDELTE SICH STATTDESSEN SELBST IN DAS RIESIGE SEEUNGEHEUER.
ER KONNTE DIE BLUTPROBE DES SEEUNGEHEUERS SICHERN UND WIRD DAMIT DIE GRUNDLAGEN DER UNSTERBLICHKEIT ERFORSCHEN!
YAMADAS LEISTUNG IST BEACHTLICH!
HAHAHA!
LASS DIR DIE SACHE BITTE NICHT ZU KOPF STEIGEN.
WILLKOMMEN ZURÜCK, YAMADA.
HALLO, PROFESSOR!

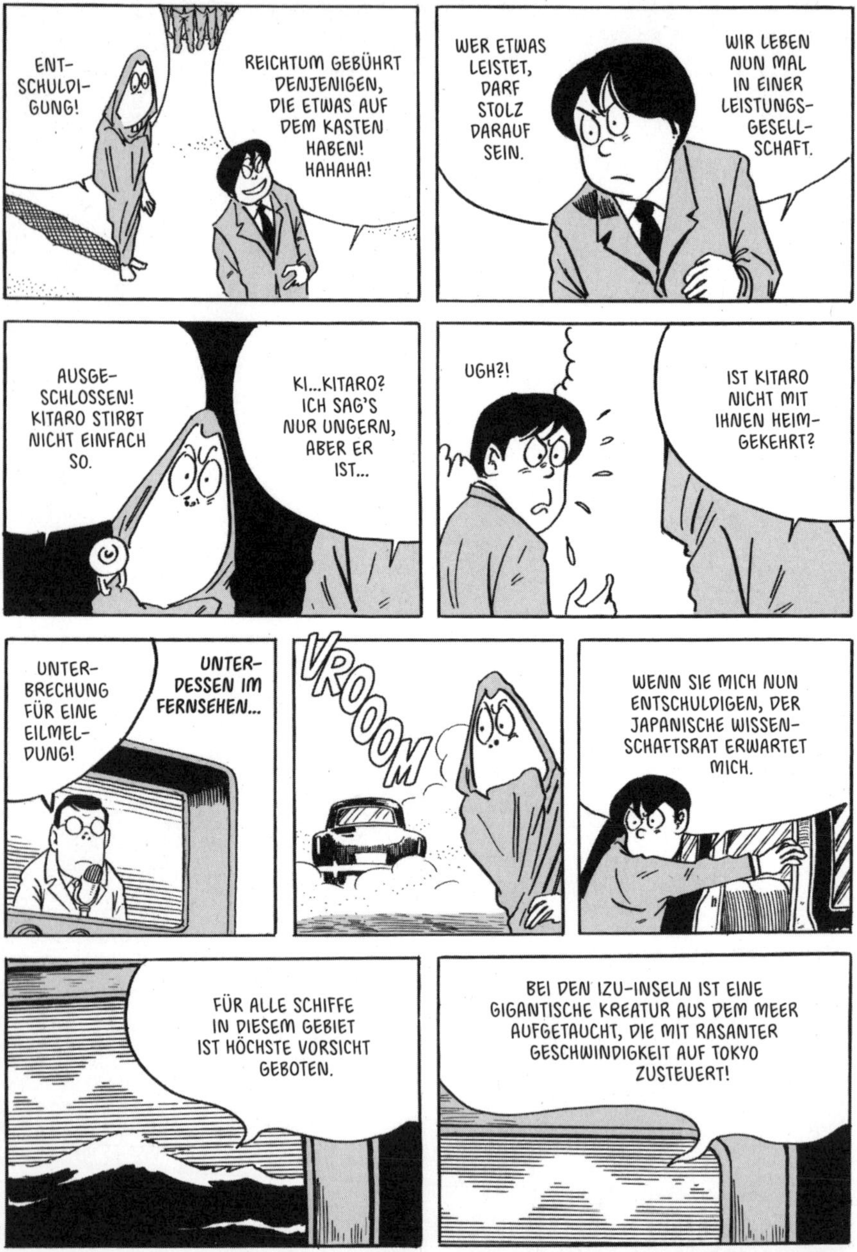

ENT-SCHULDI-GUNG!
REICHTUM GEBÜHRT DENJENIGEN, DIE ETWAS AUF DEM KASTEN HABEN! HAHAHA!
WER ETWAS LEISTET, DARF STOLZ DARAUF SEIN.
WIR LEBEN NUN MAL IN EINER LEISTUNGS-GESELL-SCHAFT.
AUSGE-SCHLOSSEN! KITARO STIRBT NICHT EINFACH SO.
KI...KITARO? ICH SAG'S NUR UNGERN, ABER ER IST...
UGH?!
IST KITARO NICHT MIT IHNEN HEIM-GEKEHRT?
UNTER-DESSEN IM FERNSEHEN...
UNTER-BRECHUNG FÜR EINE EILMEL-DUNG!
VROOOM
WENN SIE MICH NUN ENTSCHULDIGEN, DER JAPANISCHE WISSEN-SCHAFTSRAT ERWARTET MICH.
FÜR ALLE SCHIFFE IN DIESEM GEBIET IST HÖCHSTE VORSICHT GEBOTEN.
BEI DEN IZU-INSELN IST EINE GIGANTISCHE KREATUR AUS DEM MEER AUFGETAUCHT, DIE MIT RASANTER GESCHWINDIGKEIT AUF TOKYO ZUSTEUERT!

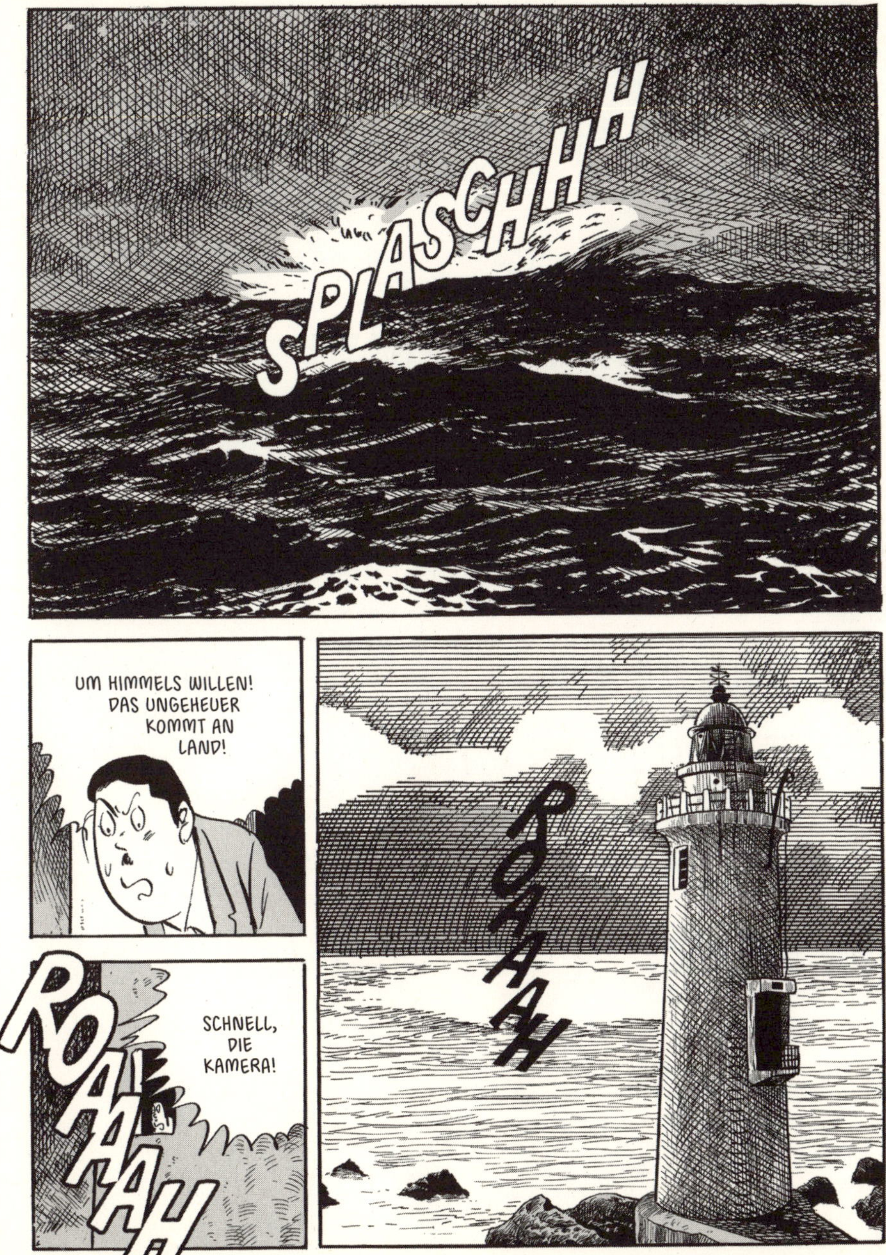
SPLASCHHH
UM HIMMELS WILLEN! DAS UNGEHEUER KOMMT AN LAND!
ROAAAH
SCHNELL, DIE KAMERA!
ROAAAH

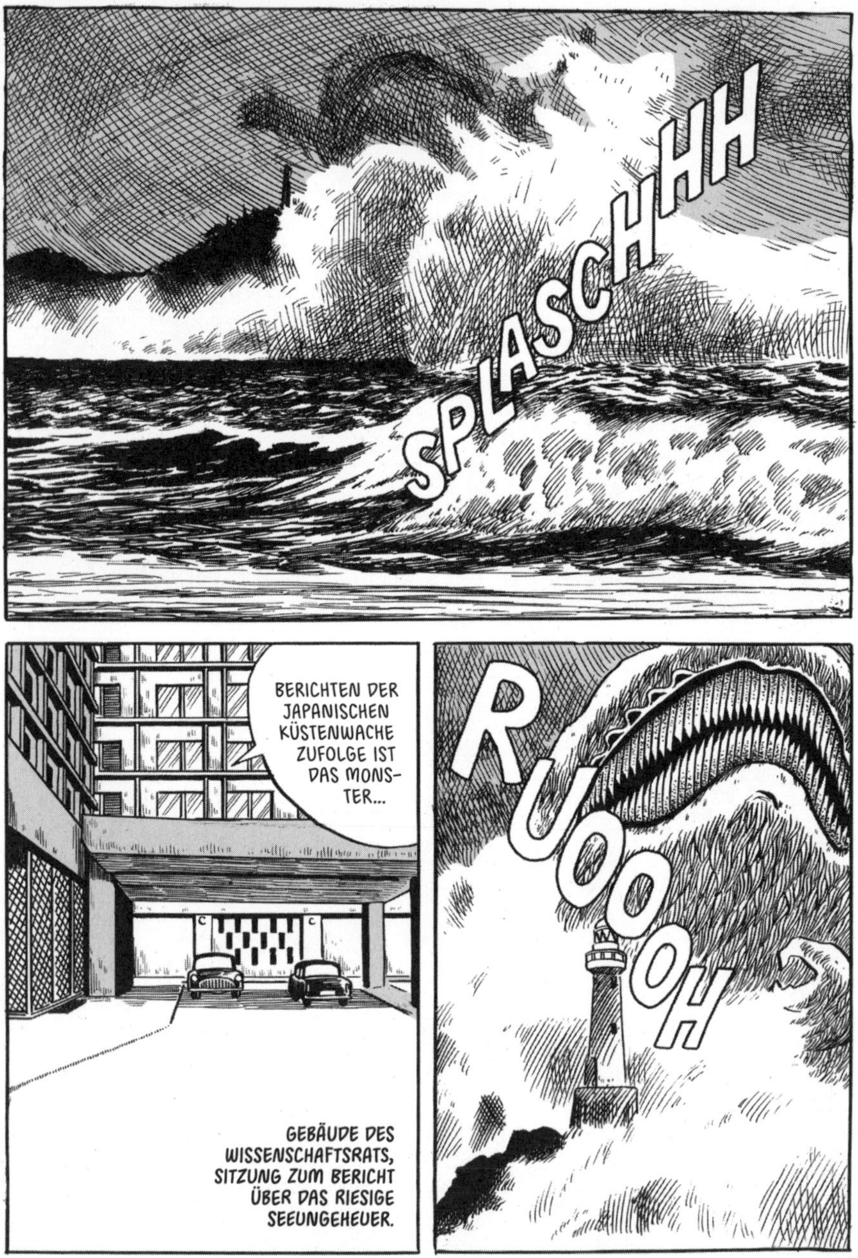
SPLASCHHH
BERICHTEN DER JAPANISCHEN KÜSTENWACHE ZUFOLGE IST DAS MONSTER...
GEBÄUDE DES WISSENSCHAFTSRATS, SITZUNG ZUM BERICHT ÜBER DAS RIESIGE SEEUNGEHEUER.
RUOOOOH

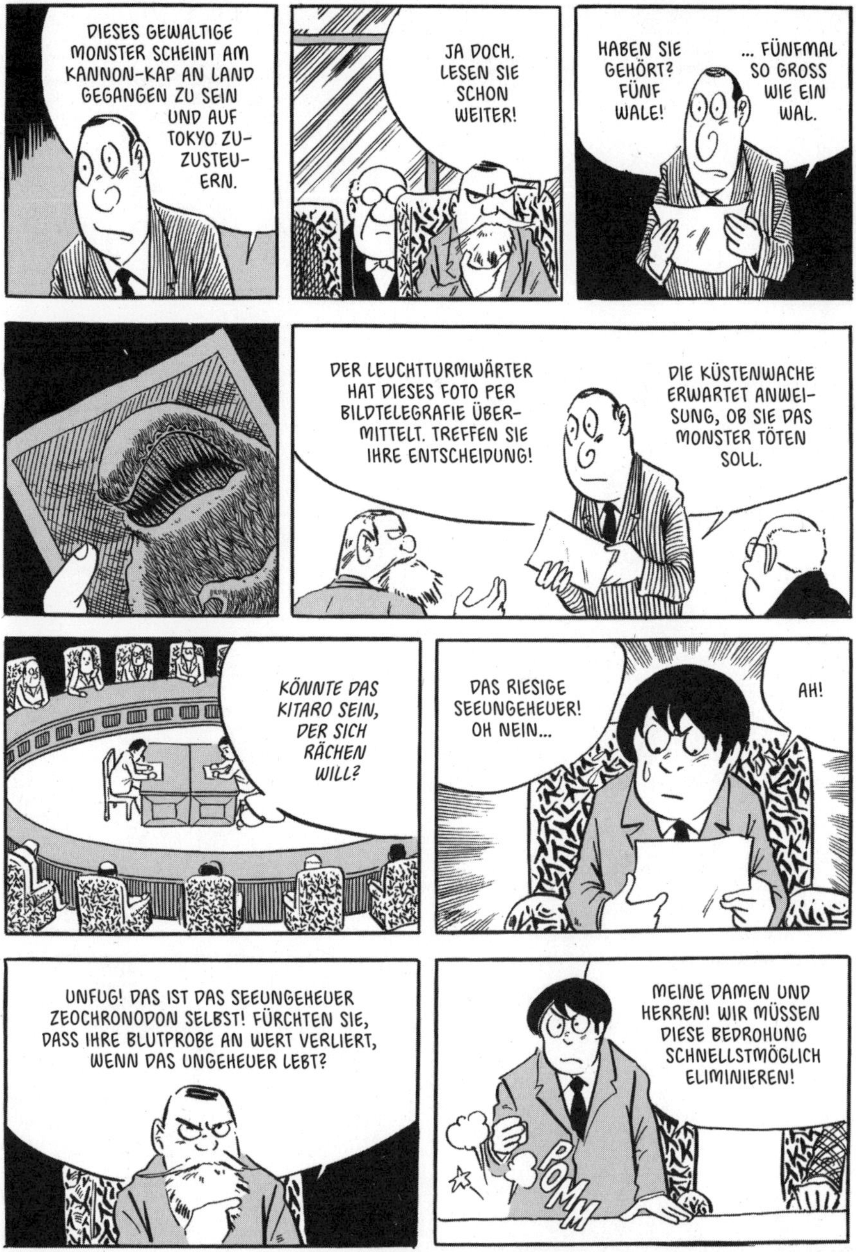
DIESES GEWALTIGE MONSTER SCHEINT AM KANNON-KAP AN LAND GEGANGEN ZU SEIN UND AUF TOKYO ZU-ZUSTEU-ERN.
JA DOCH. LESEN SIE SCHON WEITER!
HABEN SIE GEHÖRT? FÜNF WALE!
... FÜNFMAL SO GROSS WIE EIN WAL.
DER LEUCHTTURMWÄRTER HAT DIESES FOTO PER BILDTELEGRAFIE ÜBER-MITTELT. TREFFEN SIE IHRE ENTSCHEIDUNG!
DIE KÜSTENWACHE ERWARTET ANWEI-SUNG, OB SIE DAS MONSTER TÖTEN SOLL.
KÖNNTE DAS KITARO SEIN, DER SICH RÄCHEN WILL?
DAS RIESIGE SEEUNGEHEUER! OH NEIN...
AH!
UNFUG! DAS IST DAS SEEUNGEHEUER ZEOCHRONODON SELBST! FÜRCHTEN SIE, DASS IHRE BLUTPROBE AN WERT VERLIERT, WENN DAS UNGEHEUER LEBT?
MEINE DAMEN UND HERREN! WIR MÜSSEN DIESE BEDROHUNG SCHNELLSTMÖGLICH ELIMINIEREN!
POMM

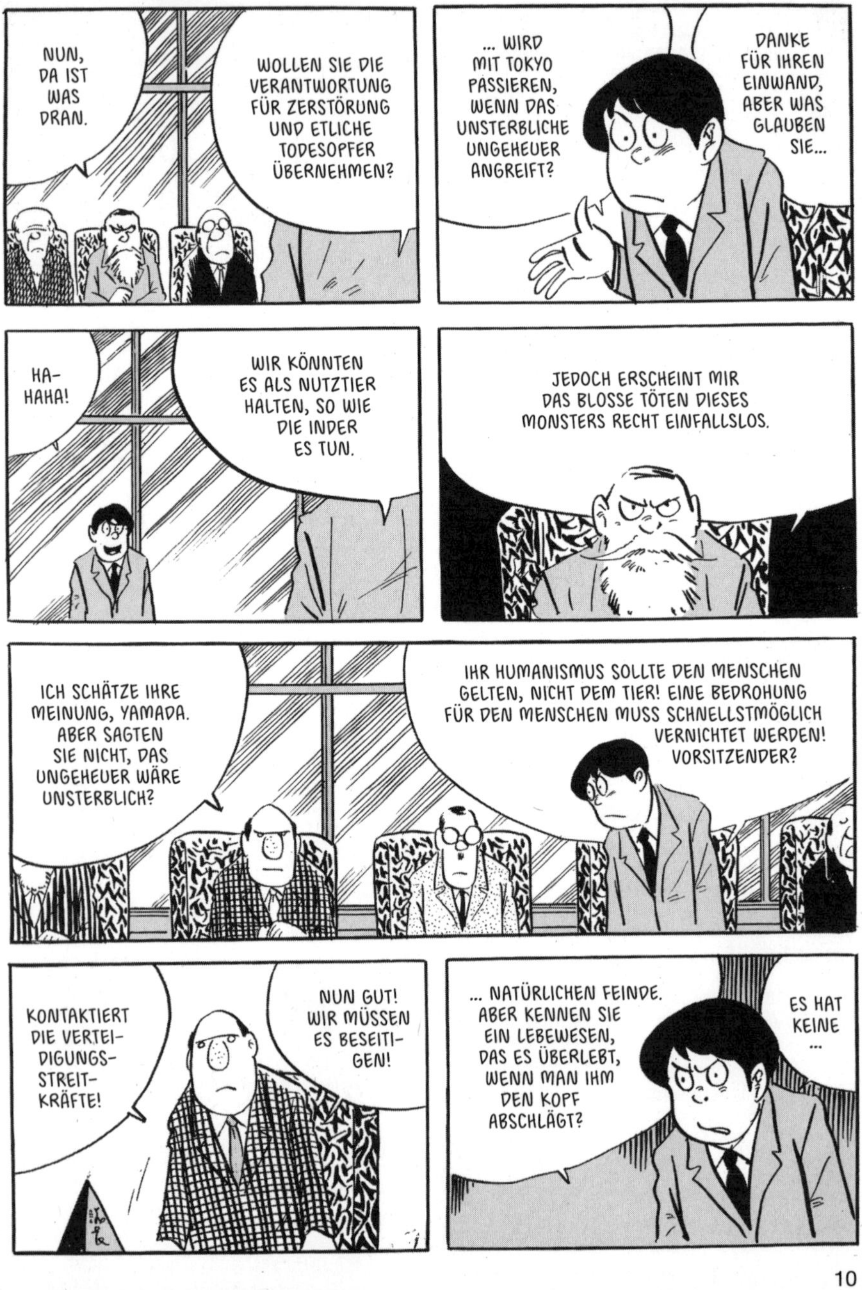
DANKE FÜR IHREN EINWAND, ABER WAS GLAUBEN SIE...
... WIRD MIT TOKYO PASSIEREN, WENN DAS UNSTERBLICHE UNGEHEUER ANGREIFT?
WOLLEN SIE DIE VERANTWORTUNG FÜR ZERSTÖRUNG UND ETLICHE TODESOPFER ÜBERNEHMEN?
NUN, DA IST WAS DRAN.
JEDOCH ERSCHEINT MIR DAS BLOSSE TÖTEN DIESES MONSTERS RECHT EINFALLSLOS.
WIR KÖNNTEN ES ALS NUTZTIER HALTEN, SO WIE DIE INDER ES TUN.
HA-HAHA!
IHR HUMANISMUS SOLLTE DEN MENSCHEN GELTEN, NICHT DEM TIER! EINE BEDROHUNG FÜR DEN MENSCHEN MUSS SCHNELLSTMÖGLICH VERNICHTET WERDEN! VORSITZENDER?
ICH SCHÄTZE IHRE MEINUNG, YAMADA. ABER SAGTEN SIE NICHT, DAS UNGEHEUER WÄRE UNSTERBLICH?
ES HAT KEINE ...
... NATÜRLICHEN FEINDE. ABER KENNEN SIE EIN LEBEWESEN, DAS ES ÜBERLEBT, WENN MAN IHM DEN KOPF ABSCHLÄGT?
NUN GUT! WIR MÜSSEN ES BESEITI-GEN!
KONTAKTIERT DIE VERTEI-DIGUNGS-STREIT-KRÄFTE!

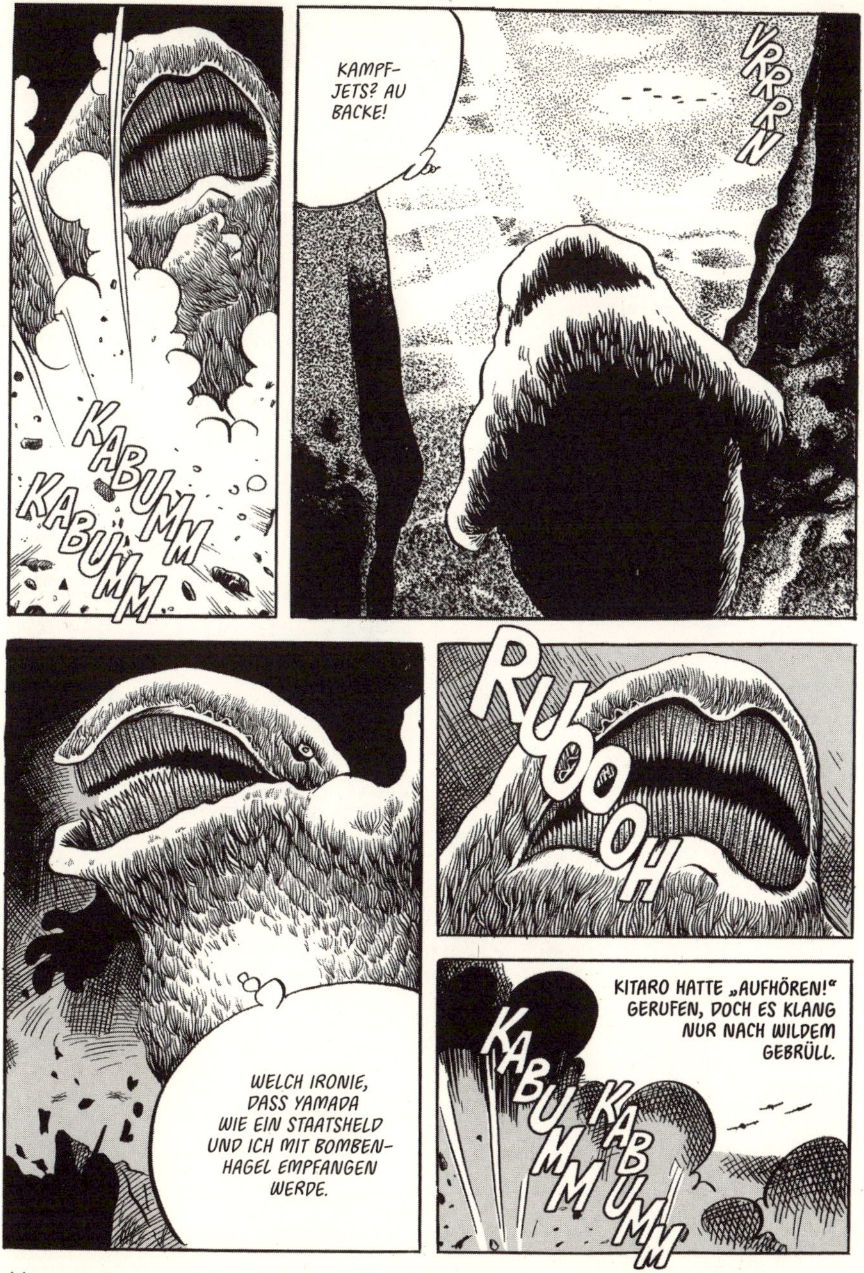
KAMPF-JETS? AU BACKE!
VRRRN
KABUMM KABUMM
RUBOOOH
KITARO HATTE „AUFHÖREN!“ GERUFEN, DOCH ES KLANG NUR NACH WILDEM GEBRÜLL.
KABUMM KABUMM
WELCH IRONIE, DASS YAMADA WIE EIN STAATSHELD UND ICH MIT BOMBEN-HAGEL EMPFANGEN WERDE.

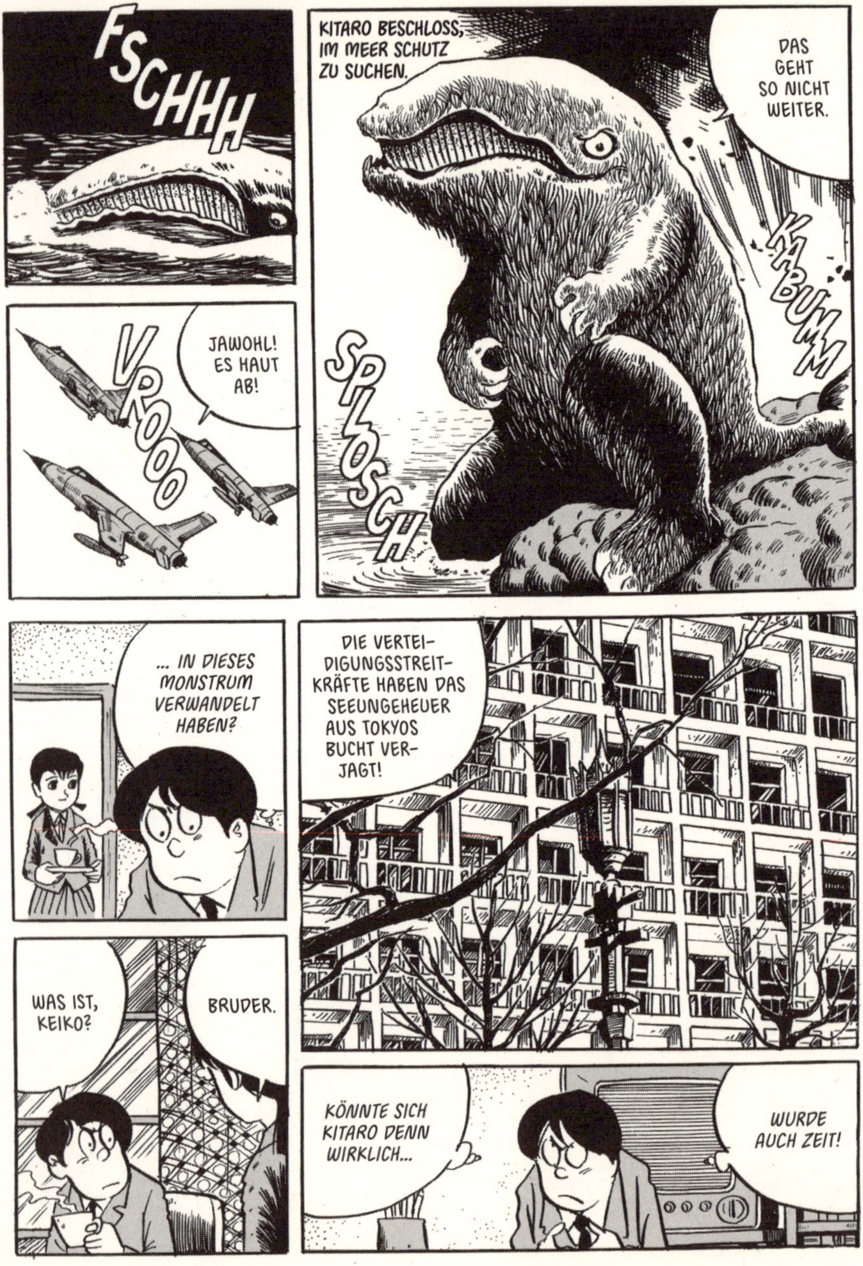
KITARO BESCHLOSS, IM MEER SCHUTZ ZU SUCHEN.
DAS GEHT SO NICHT WEITER.
KABUMM
SPLOSCH
FSCHHH
JAWOHL! ES HAUT AB!
VROOO
DIE VERTEI-DIGUNGSSTREIT-KRÄFTE HABEN DAS SEEUNGEHEUER AUS TOKYOS BUCHT VER-JAGT!
WURDE AUCH ZEIT!
KÖNNTE SICH KITARO DENN WIRKLICH...
... IN DIESES MONSTRUM VERWANDELT HABEN?
BRUDER.
WAS IST, KEIKO?

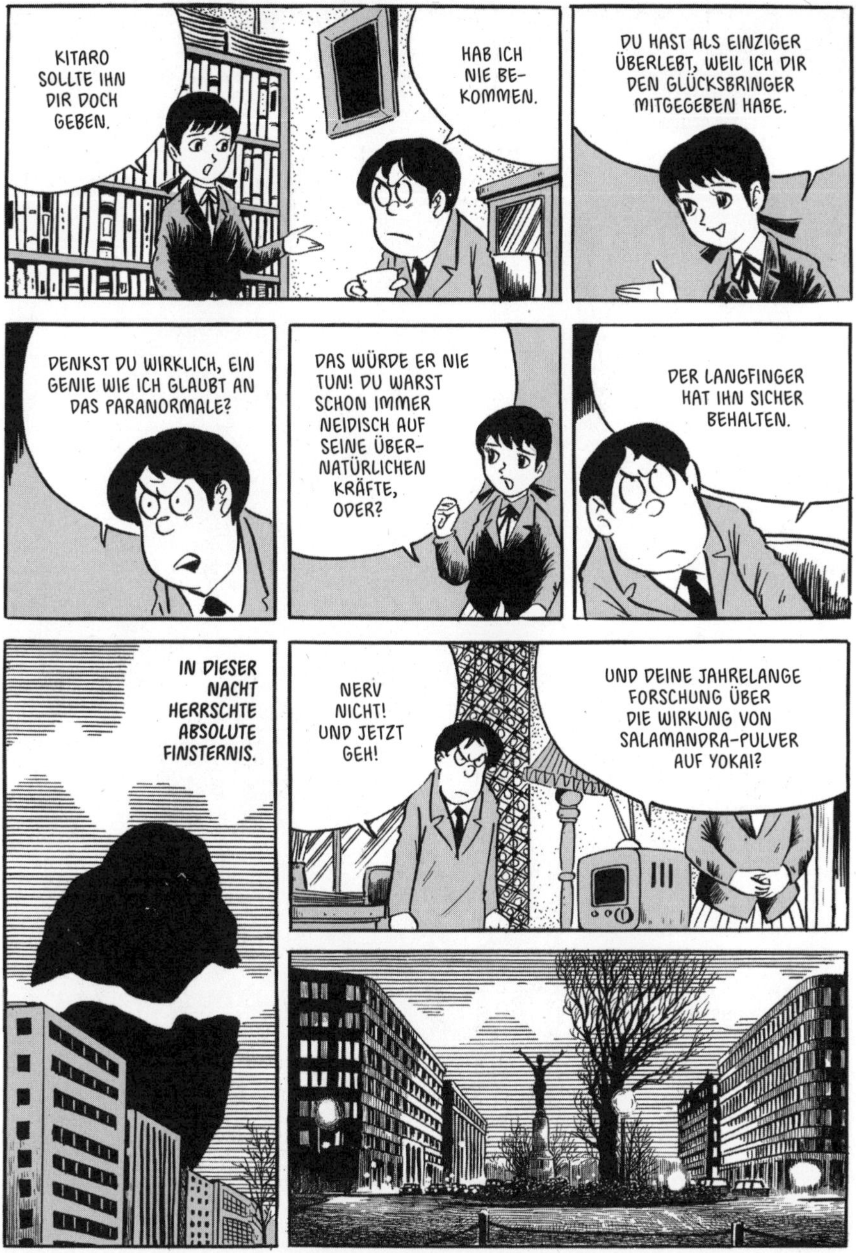
KITARO SOLLTE IHN DIR DOCH GEBEN.
HAB ICH NIE BE-KOMMEN.
DU HAST ALS EINZIGER ÜBERLEBT, WEIL ICH DIR DEN GLÜCKSBRINGER MITGEGEBEN HABE.
DENKST DU WIRKLICH, EIN GENIE WIE ICH GLAUBT AN DAS PARANORMALE?
DAS WÜRDE ER NIE TUN! DU WARST SCHON IMMER NEIDISCH AUF SEINE ÜBER-NATÜRLICHEN KRÄFTE, ODER?
DER LANGFINGER HAT IHN SICHER BEHALTEN.
UND DEINE JAHRELANGE FORSCHUNG ÜBER DIE WIRKUNG VON SALAMANDRA-PULVER AUF YOKAI?
NERV NICHT! UND JETZT GEH!
IN DIESER NACHT HERRSCHTE ABSOLUTE FINSTERNIS.

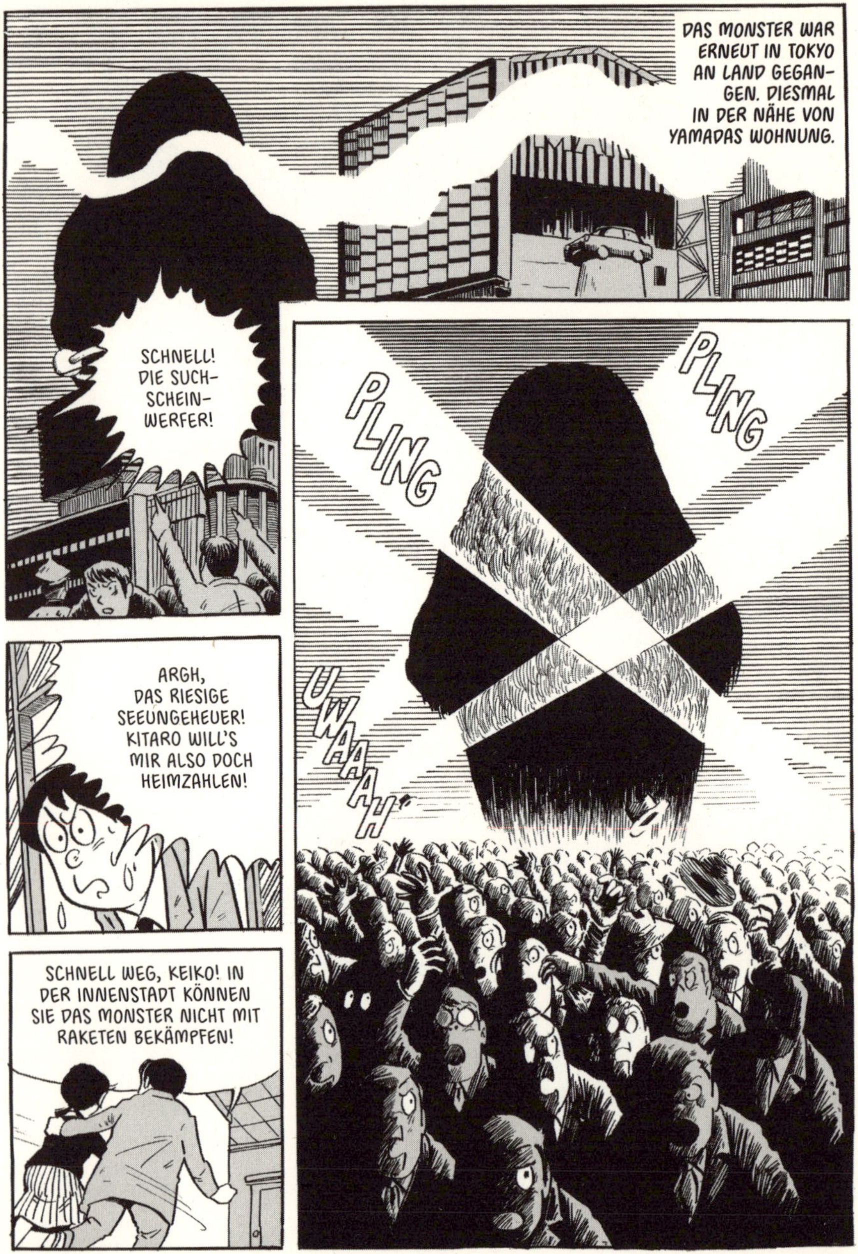
DAS MONSTER WAR ERNEUT IN TOKYO AN LAND GEGANGEN. DIESMAL IN DER NÄHE VON YAMADAS WOHNUNG.
SCHNELL! DIE SUCH-SCHEIN-WERFER!
PLING
PLING
UWAAAAH
ARGH, DAS RIESIGE SEEUNGEHEUER! KITARO WILL'S MIR ALSO DOCH HEIMZAHLEN!
SCHNELL WEG, KEIKO! IN DER INNENSTADT KÖNNEN SIE DAS MONSTER NICHT MIT RAKETEN BEKÄMPFEN!

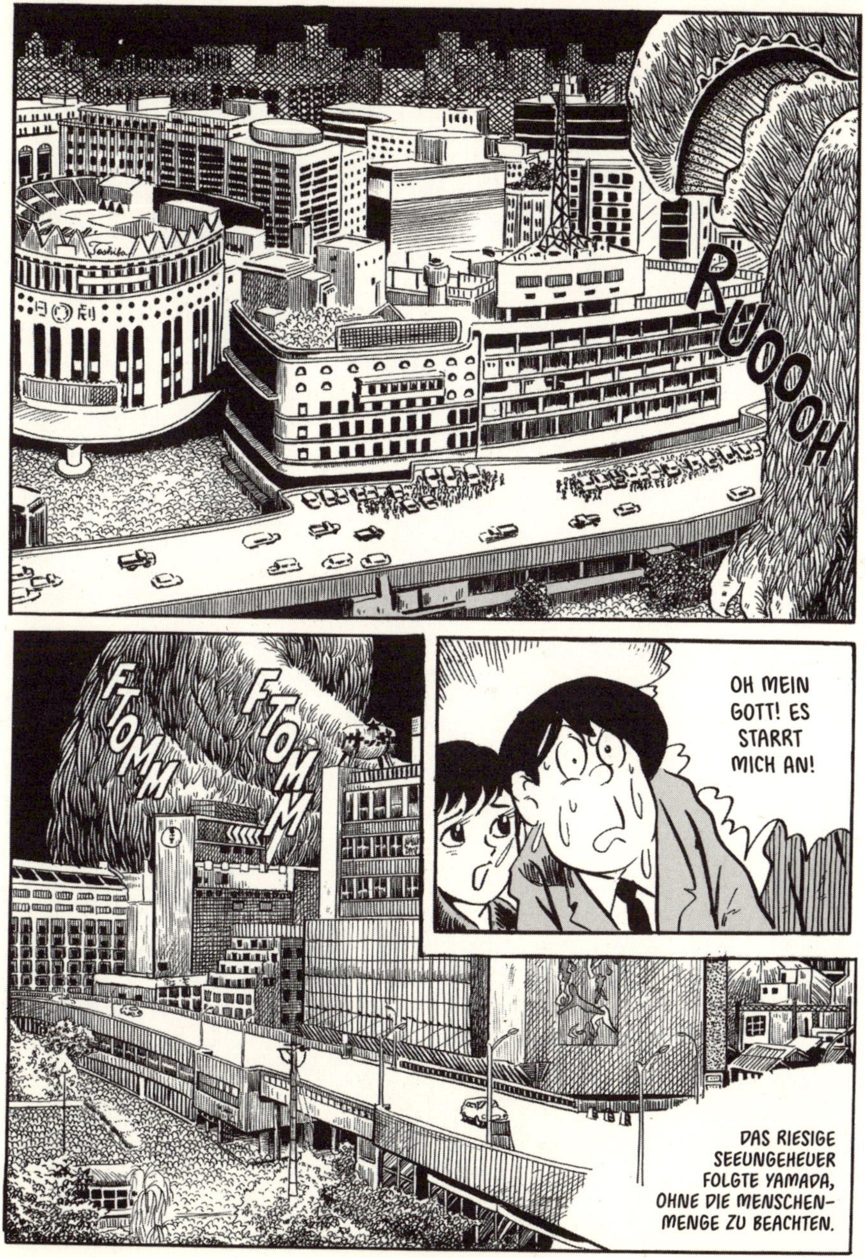
RUOOOH
FTOMM
FTOMM
OH MEIN GOTT! ES STARRT MICH AN!
DAS RIESIGE SEEUNGEHEUER FOLGTE YAMADA, OHNE DIE MENSCHENMENGE ZU BEACHTEN.

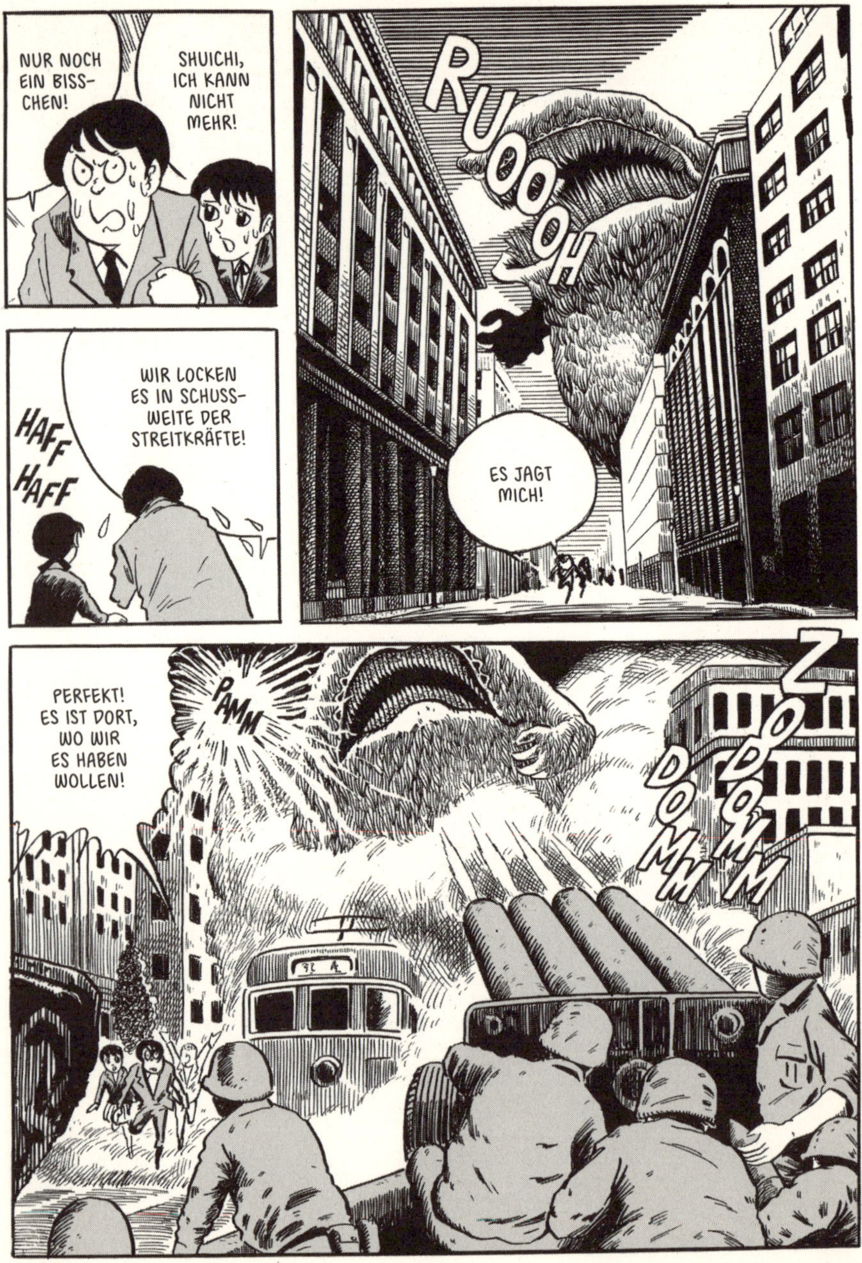
NUR NOCH EIN BISS-CHEN!
SHUICHI, ICH KANN NICHT MEHR!
HAFF HAFF
WIR LOCKEN ES IN SCHUSS-WEITE DER STREITKRÄFTE!
RUOOOH
ES JAGT MICH!
PERFEKT! ES IST DORT, WO WIR ES HABEN WOLLEN!
PAMM
ZODOMM
DOMM

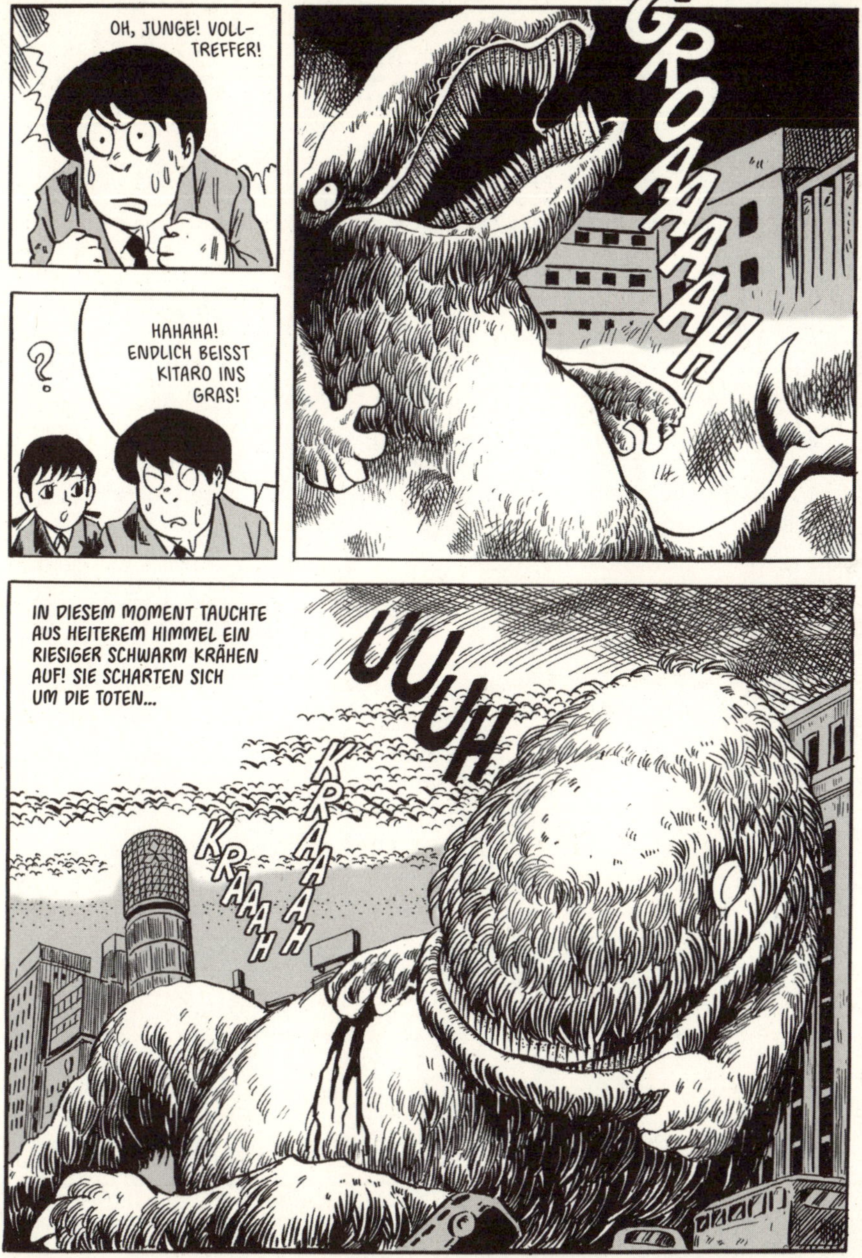
OH, JUNGE! VOLL-TREFFER!
GROAAAAAH
?
HAHAHA! ENDLICH BEISST KITARO INS GRAS!
IN DIESEM MOMENT TAUCHTE AUS HEITEREM HIMMEL EIN RIESIGER SCHWARM KRÄHEN AUF! SIE SCHARTEN SICH UM DIE TOTEN...
UUUH
KRAAAAH
KRAAAAH

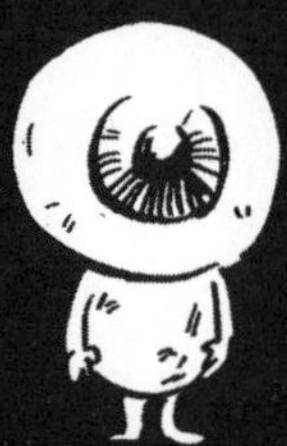

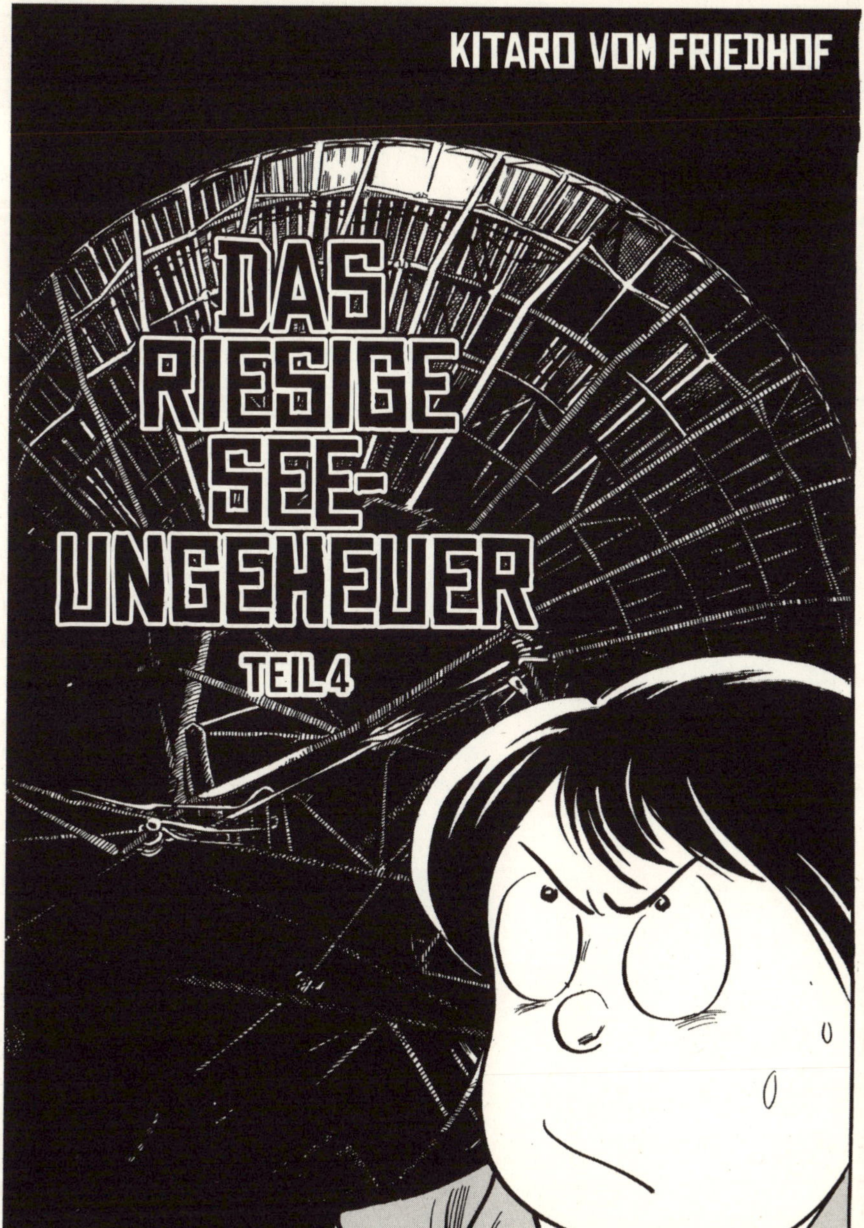
KITARO VOM FRIEDHOF
DAS RIESIGE SEE-UNGEHEUER
TEIL 4

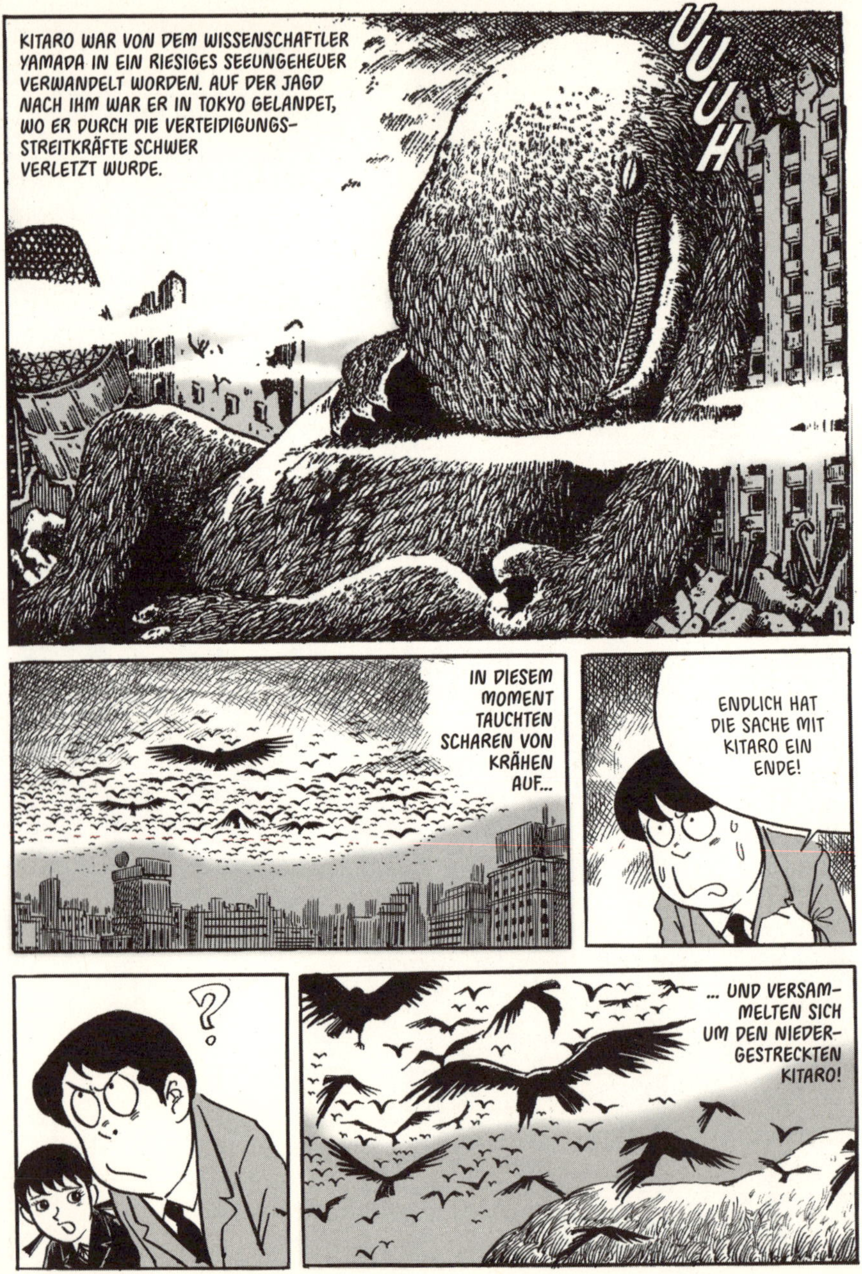
KITARO WAR VON DEM WISSENSCHAFTLER YAMADA IN EIN RIESIGES SEEUNGEHEUER VERWANDELT WORDEN. AUF DER JAGD NACH IHM WAR ER IN TOKYO GELANDET, WO ER DURCH DIE VERTEIDIGUNGS-STREITKRÄFTE SCHWER VERLETZT WURDE.
UUUH
IN DIESEM MOMENT TAUCHTEN SCHAREN VON KRÄHEN AUF...
ENDLICH HAT DIE SACHE MIT KITARO EIN ENDE!
?
... UND VERSAMMELTEN SICH UM DEN NIEDER-GESTRECKTEN KITARO!

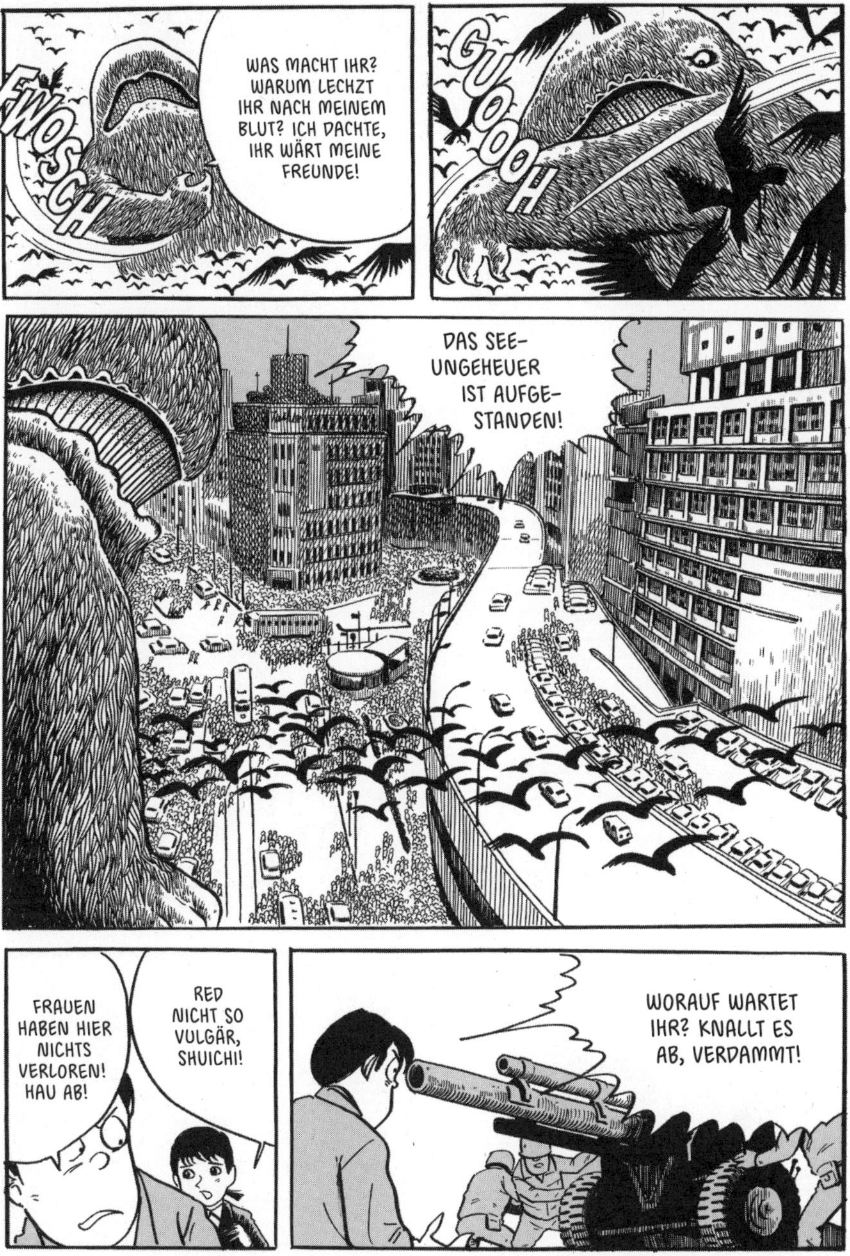
FWOSCH
WAS MACHT IHR? WARUM LECHZT IHR NACH MEINEM BLUT? ICH DACHTE, IHR WÄRT MEINE FREUNDE!
GUOOOH
DAS SEE-UNGEHEUER IST AUFGE-STANDEN!
FRAUEN HABEN HIER NICHTS VERLOREN! HAU AB!
RED NICHT SO VULGÄR, SHUICHI!
WORAUF WARTET IHR? KNALLT ES AB, VERDAMMT!

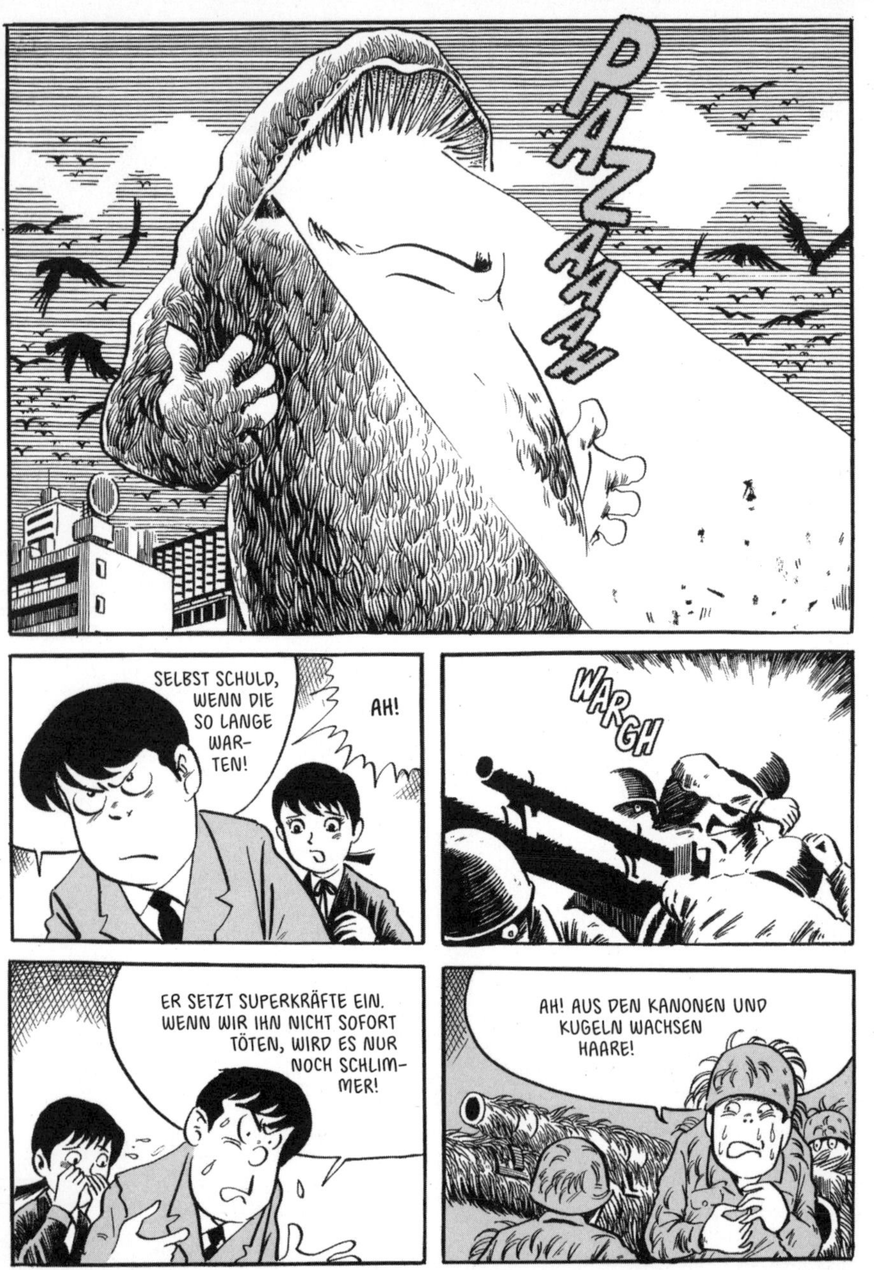
PAZAAAAAH
WARGH
SELBST SCHULD, WENN DIE SO LANGE WAR-TEN!
AH!
AH! AUS DEN KANONEN UND KUGELN WACHSEN HAARE!
ER SETZT SUPERKRÄFTE EIN. WENN WIR IHN NICHT SOFORT TÖTEN, WIRD ES NUR NOCH SCHLIM-MER!

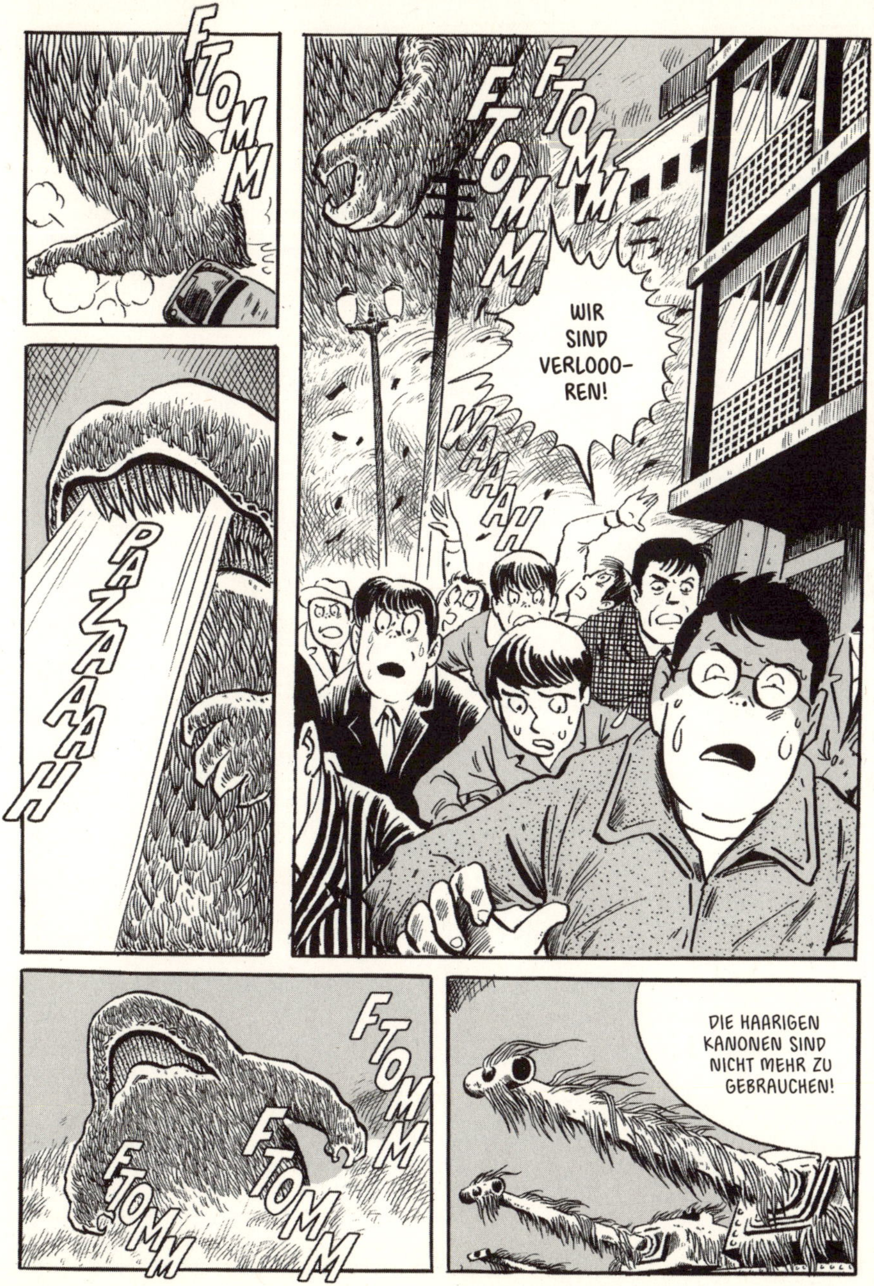
FTOMM
PAZAAAAH
FTOMM
FTOMM
WIR SIND VERLOOOREN!
WAAAAH
FTOMM
FTOMM
FTOMM
DIE HAARIGEN KANONEN SIND NICHT MEHR ZU GEBRAUCHEN!

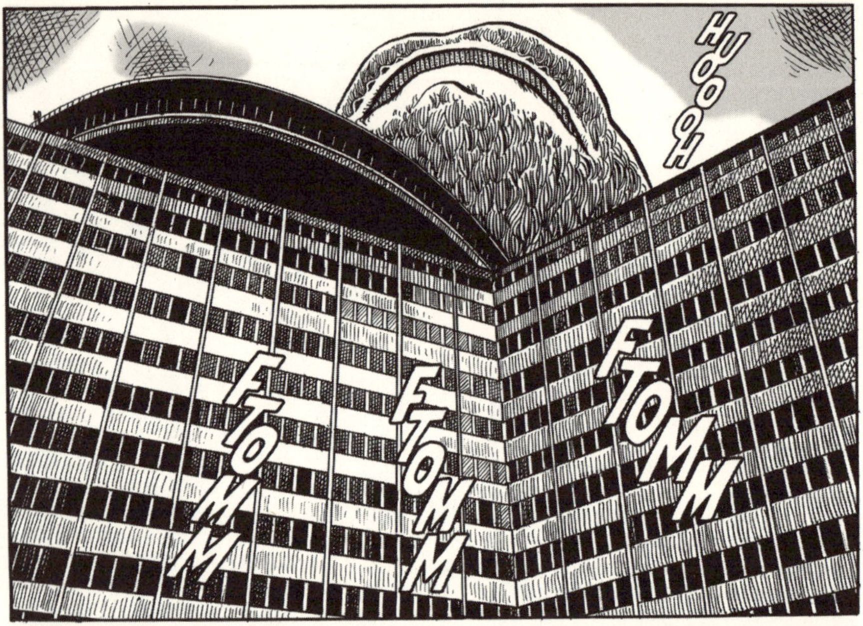
HUOOOH
FTOMM
FTOMM
FTOMM

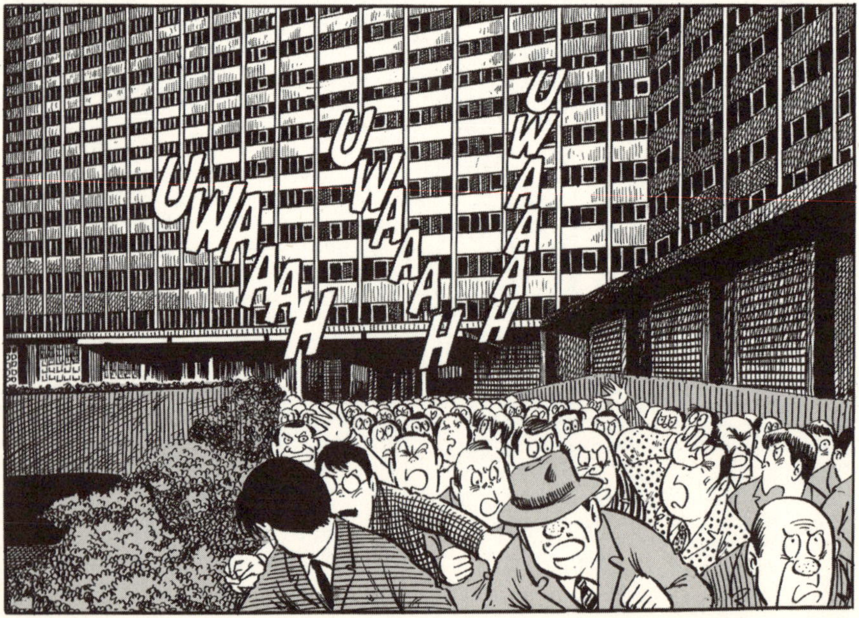
UWAAAH
UWAAAH
UWAAAAH

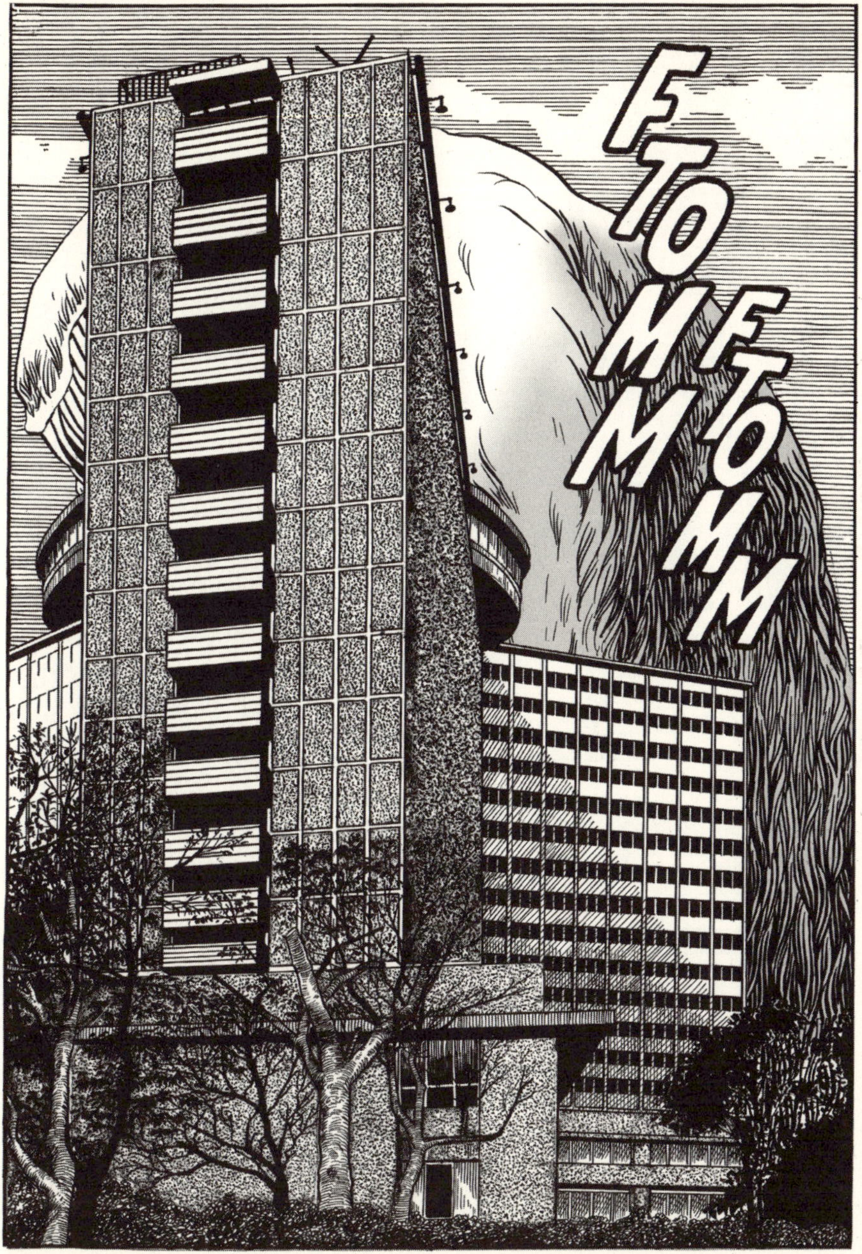
FTOMM
FTOMM

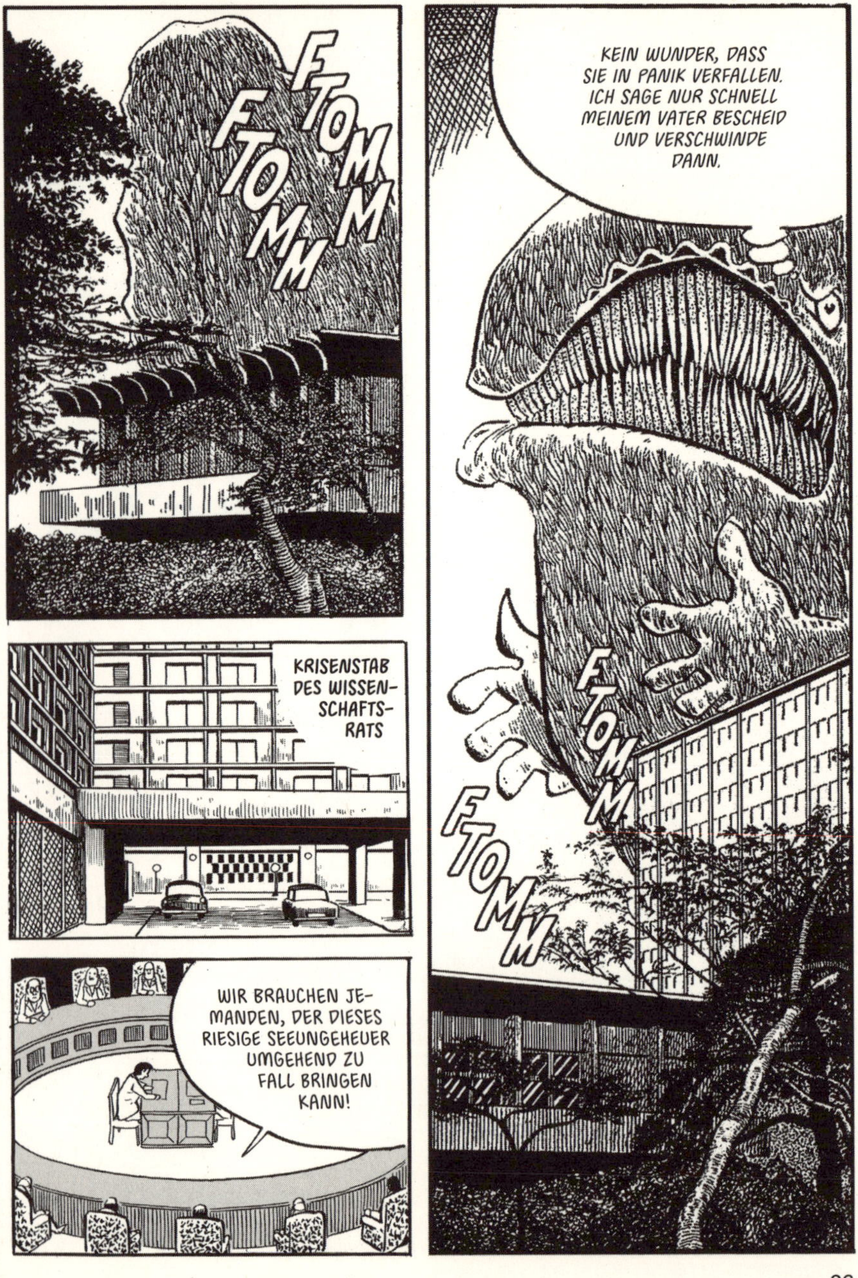
FTOMM FTOMM
KEIN WUNDER, DASS SIE IN PANIK VERFALLEN. ICH SAGE NUR SCHNELL MEINEM VATER BESCHEID UND VERSCHWINDE DANN.
FTOMM FTOMM
KRISENSTAB DES WISSENSCHAFTSRATS
WIR BRAUCHEN JEMANDEN, DER DIESES RIESIGE SEEUNGEHEUER UMGEHEND ZU FALL BRINGEN KANN!

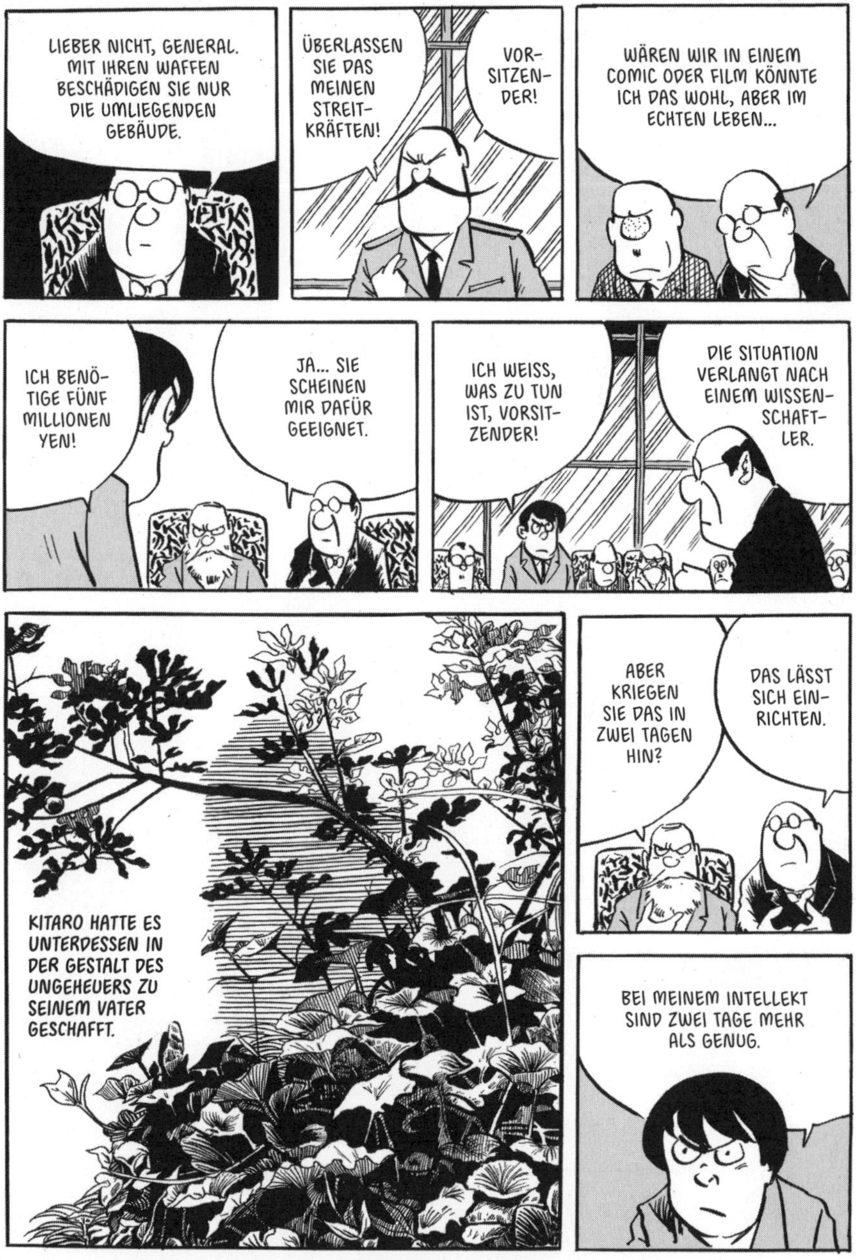
WÄREN WIR IN EINEM COMIC ODER FILM KÖNNTE ICH DAS WOHL, ABER IM ECHTEN LEBEN...
VOR-SITZEN-DER!
ÜBERLASSEN SIE DAS MEINEN STREIT-KRÄFTEN!
LIEBER NICHT, GENERAL. MIT IHREN WAFFEN BESCHÄDIGEN SIE NUR DIE UMLIEGENDEN GEBÄUDE.
DIE SITUATION VERLANGT NACH EINEM WISSEN-SCHAFT-LER.
ICH WEISS, WAS ZU TUN IST, VORSIT-ZENDER!
JA... SIE SCHEINEN MIR DAFÜR GEEIGNET.
ICH BENÖ-TIGE FÜNF MILLIONEN YEN!
DAS LÄSST SICH EIN-RICHTEN.
ABER KRIEGEN SIE DAS IN ZWEI TAGEN HIN?
BEI MEINEM INTELLEKT SIND ZWEI TAGE MEHR ALS GENUG.
KITARO HATTE ES UNTERDESSEN IN DER GESTALT DES UNGEHEUERS ZU SEINEM VATER GESCHAFFT.

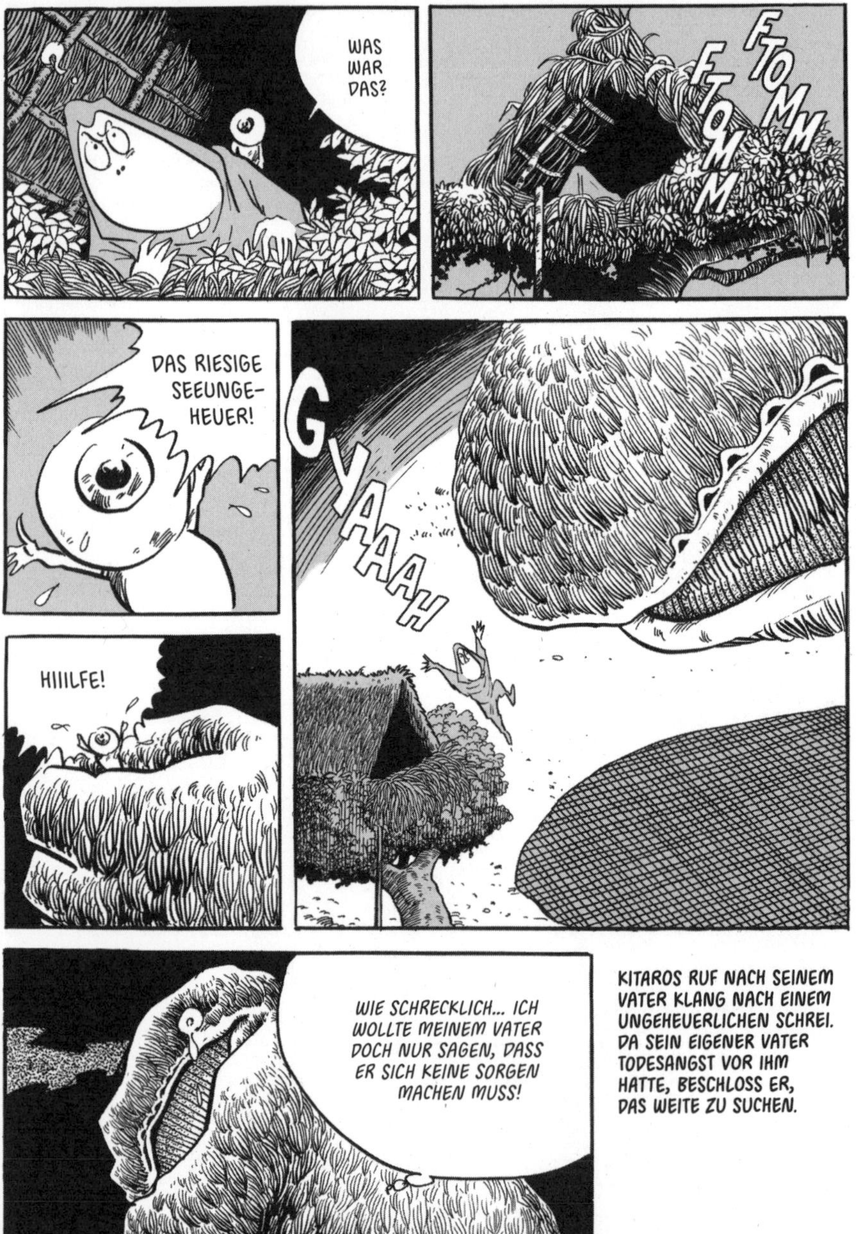

KITAROS RUF NACH SEINEM VATER KLANG NACH EINEM UNGEHEUERLICHEN SCHREI. DA SEIN EIGENER VATER TODESANGST VOR IHM HATTE, BESCHLOSS ER, DAS WEITE ZU SUCHEN.

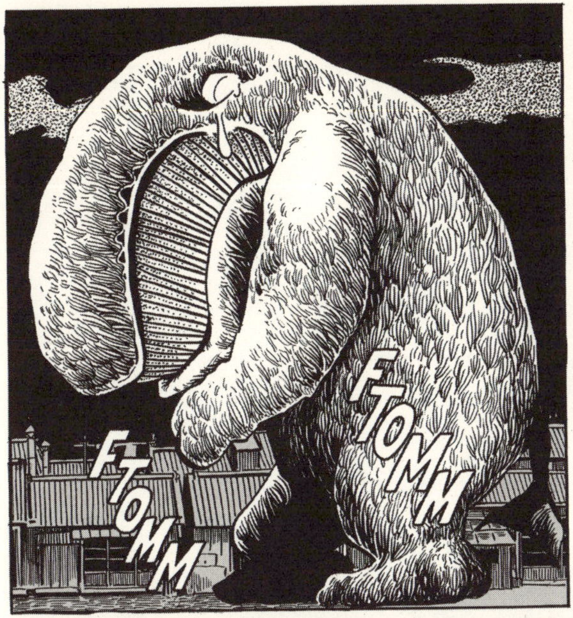

DA WURDE KITARO ZUM ERSTEN MAL BEWUSST, WIE MISSLICH SEINE LAGE WAR. BISHER HATTE ER SICH NICHTS AUS DER KÖRPERLICHEN VERWANDLUNG GEMACHT, WEIL ER SELBST EIN MÄCHTIGER YOKAI WAR. DOCH DIE MUTATION WAR NICHT MEHR RÜCKGÄNGIG ZU MACHEN, UND WEDER SEINE FREUNDE NOCH SEIN VATER ERKANNTEN, DASS KITARO SELBST DAS RIESIGE SEEUNGEHEUER WAR...
DANN FIEL IHM DER GLÜCKSBRINGER IN SEINEN PRANKEN WIEDER EIN. „YAMADAS KLEINE SCHWESTER KEIKO WIRD MICH BESTIMMT ERKENNEN UND MIR HELFEN!", DACHTE KITARO.

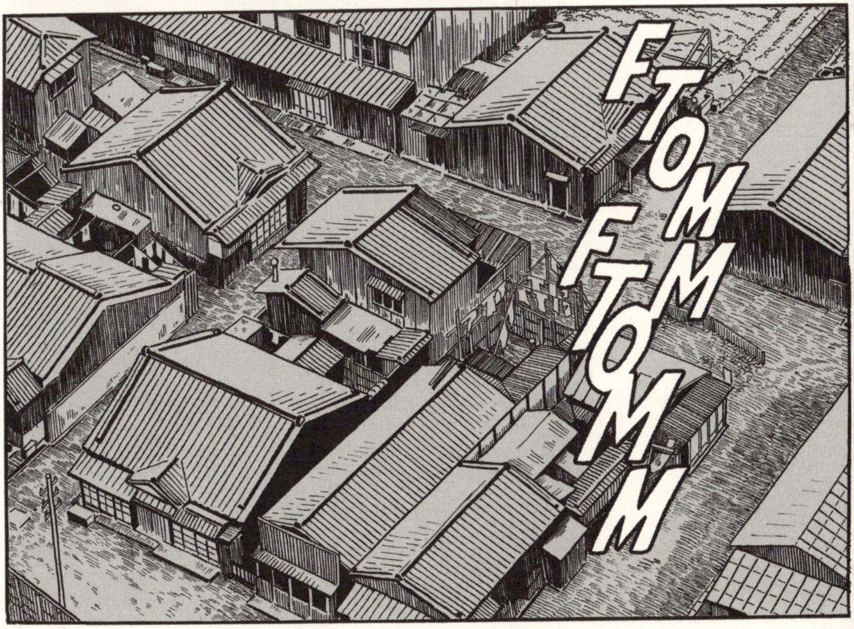

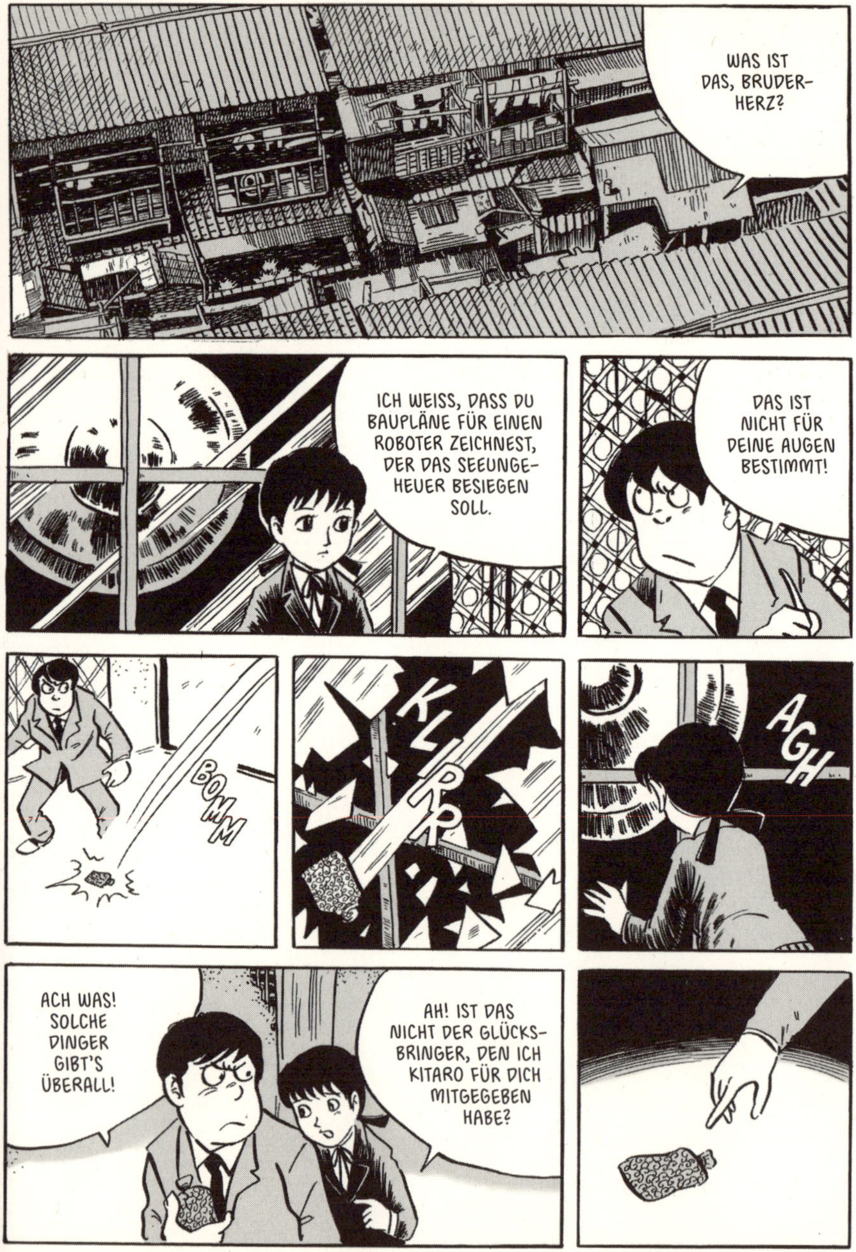
WAS IST DAS, BRUDER-HERZ?
ICH WEISS, DASS DU BAUPLÄNE FÜR EINEN ROBOTER ZEICHNEST, DER DAS SEEUNGE-HEUER BESIEGEN SOLL.
DAS IST NICHT FÜR DEINE AUGEN BESTIMMT!
BOMM
KLIRR
AGH
AH! IST DAS NICHT DER GLÜCKS-BRINGER, DEN ICH KITARO FÜR DICH MITGEGEBEN HABE?
ACH WAS! SOLCHE DINGER GIBT'S ÜBERALL!

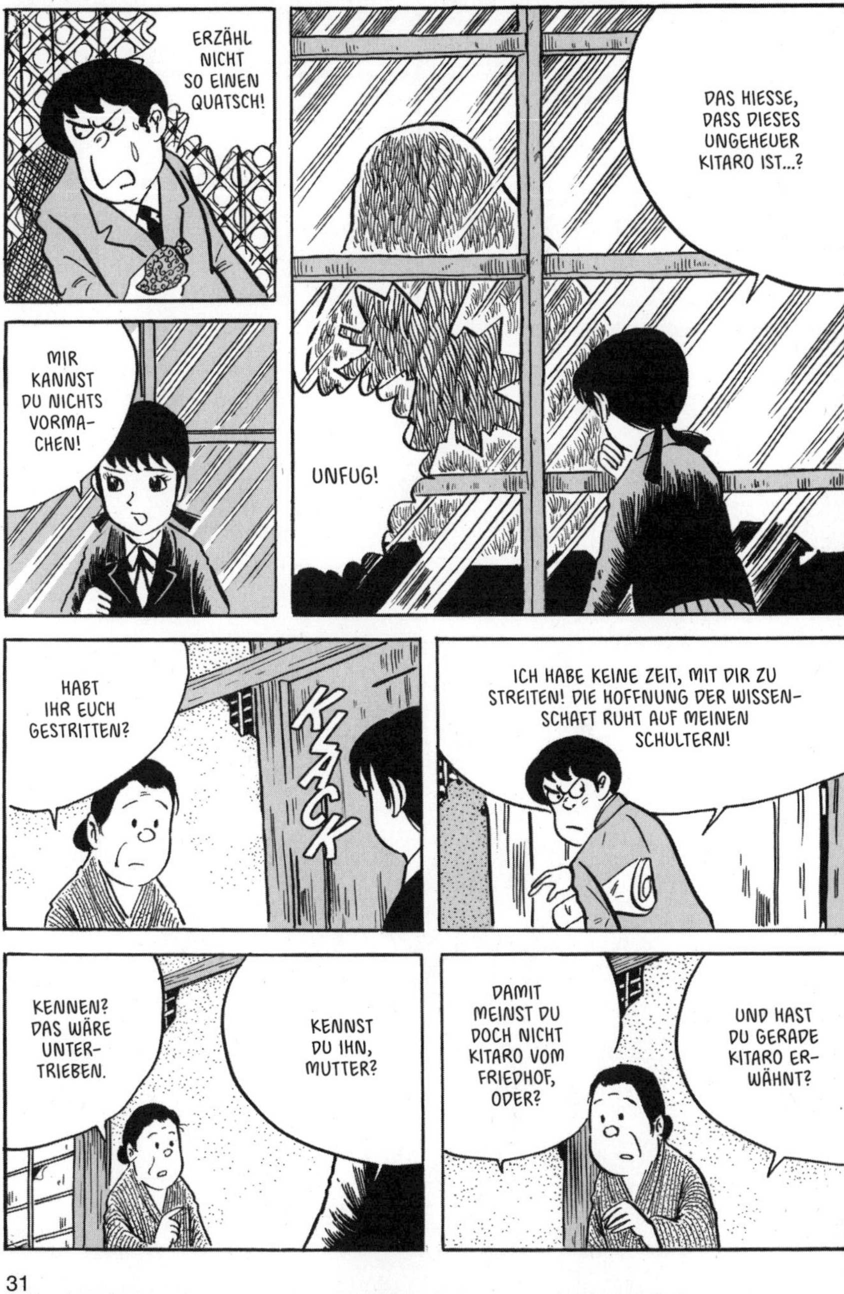
ERZÄHL NICHT SO EINEN QUATSCH!
DAS HIESSE, DASS DIESES UNGEHEUER KITARO IST…?
MIR KANNST DU NICHTS VORMA-CHEN!
UNFUG!
HABT IHR EUCH GESTRITTEN?
KLACK
ICH HABE KEINE ZEIT, MIT DIR ZU STREITEN! DIE HOFFNUNG DER WISSEN-SCHAFT RUHT AUF MEINEN SCHULTERN!
KENNEN? DAS WÄRE UNTER-TRIEBEN.
KENNST DU IHN, MUTTER?
DAMIT MEINST DU DOCH NICHT KITARO VOM FRIEDHOF, ODER?
UND HAST DU GERADE KITARO ER-WÄHNT?

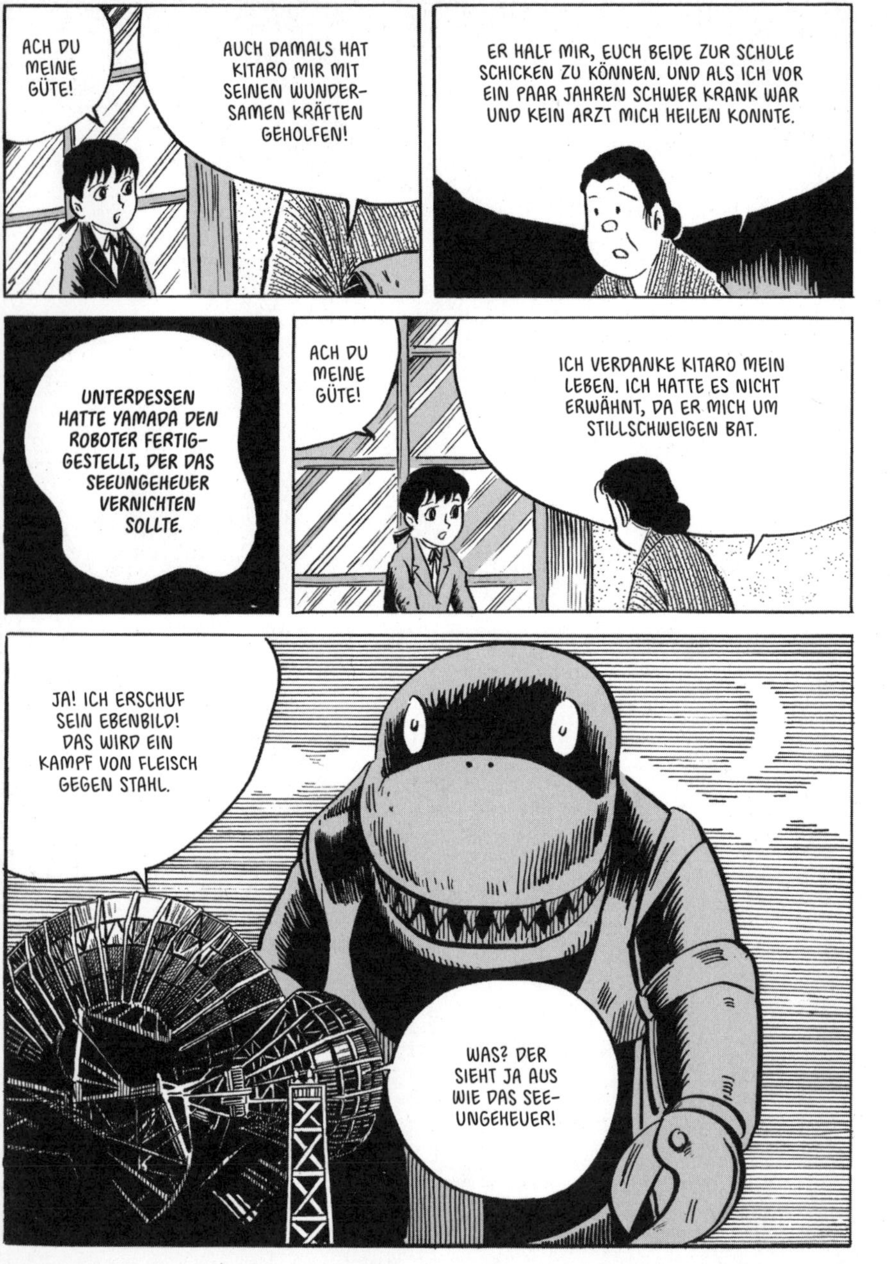

ACH DU MEINE GÜTE!
AUCH DAMALS HAT KITARO MIR MIT SEINEN WUNDERSAMEN KRÄFTEN GEHOLFEN!
ER HALF MIR, EUCH BEIDE ZUR SCHULE SCHICKEN ZU KÖNNEN. UND ALS ICH VOR EIN PAAR JAHREN SCHWER KRANK WAR UND KEIN ARZT MICH HEILEN KONNTE.
UNTERDESSEN HATTE YAMADA DEN ROBOTER FERTIGGESTELLT, DER DAS SEEUNGEHEUER VERNICHTEN SOLLTE.
ACH DU MEINE GÜTE!
ICH VERDANKE KITARO MEIN LEBEN. ICH HATTE ES NICHT ERWÄHNT, DA ER MICH UM STILLSCHWEIGEN BAT.
JA! ICH ERSCHUF SEIN EBENBILD! DAS WIRD EIN KAMPF VON FLEISCH GEGEN STAHL.
WAS? DER SIEHT JA AUS WIE DAS SEEUNGEHEUER!

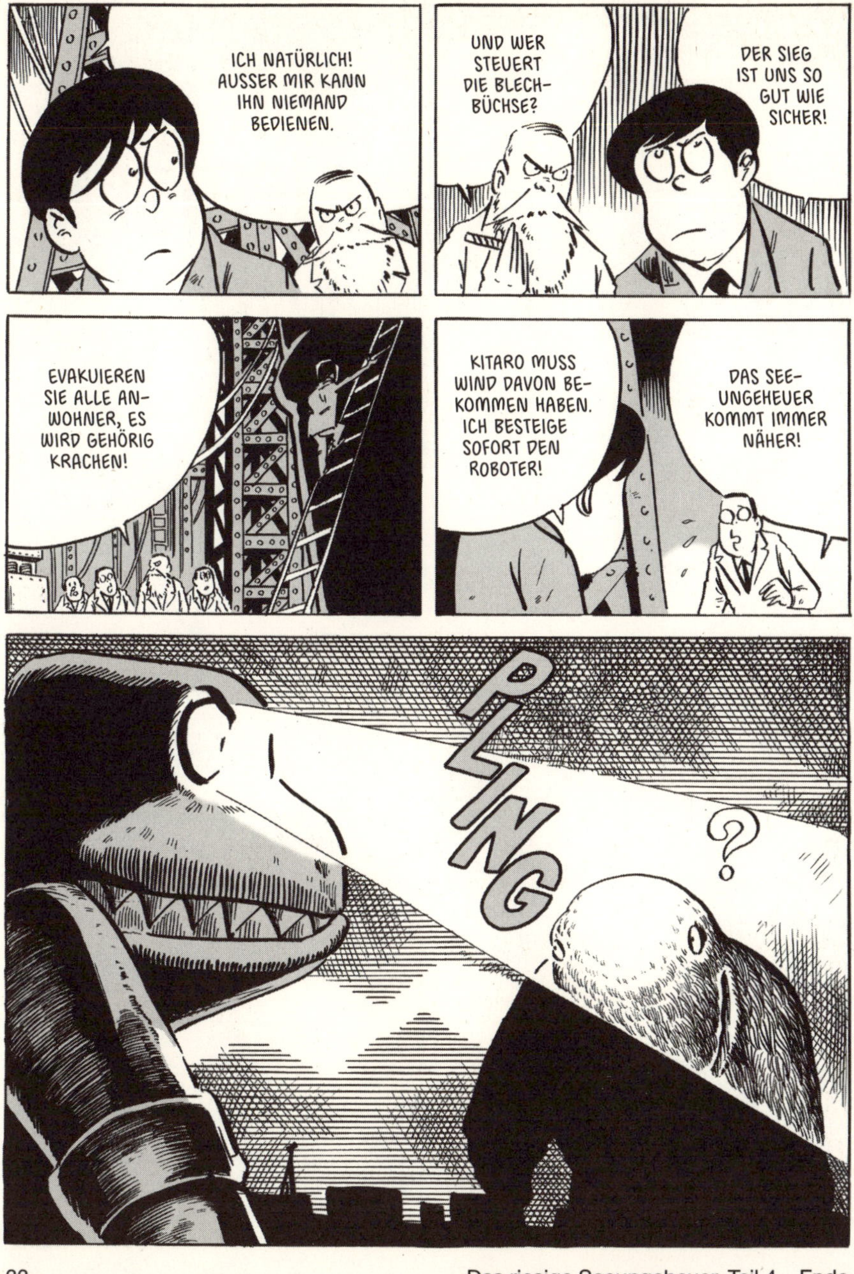
ICH NATÜRLICH! AUSSER MIR KANN IHN NIEMAND BEDIENEN.
UND WER STEUERT DIE BLECH-BÜCHSE?
DER SIEG IST UNS SO GUT WIE SICHER!
EVAKUIEREN SIE ALLE AN-WOHNER, ES WIRD GEHÖRIG KRACHEN!
KITARO MUSS WIND DAVON BE-KOMMEN HABEN. ICH BESTEIGE SOFORT DEN ROBOTER!
DAS SEE-UNGEHEUER KOMMT IMMER NÄHER!
PLING
?

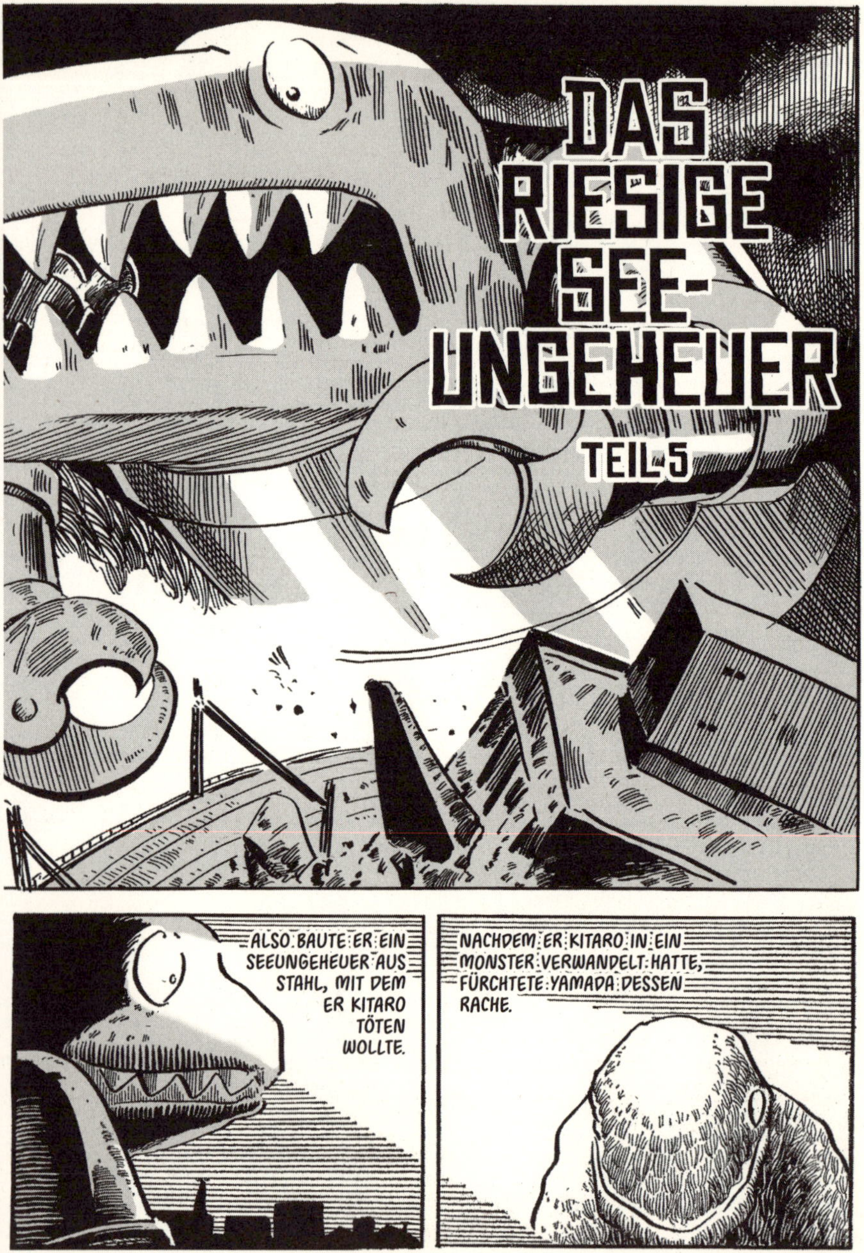
DAS RIESIGE SEE-UNGEHEUER
TEIL 5
NACHDEM ER KITARO IN EIN MONSTER VERWANDELT HATTE, FÜRCHTETE YAMADA DESSEN RACHE.
ALSO BAUTE ER EIN SEEUNGEHEUER AUS STAHL, MIT DEM ER KITARO TÖTEN WOLLTE.

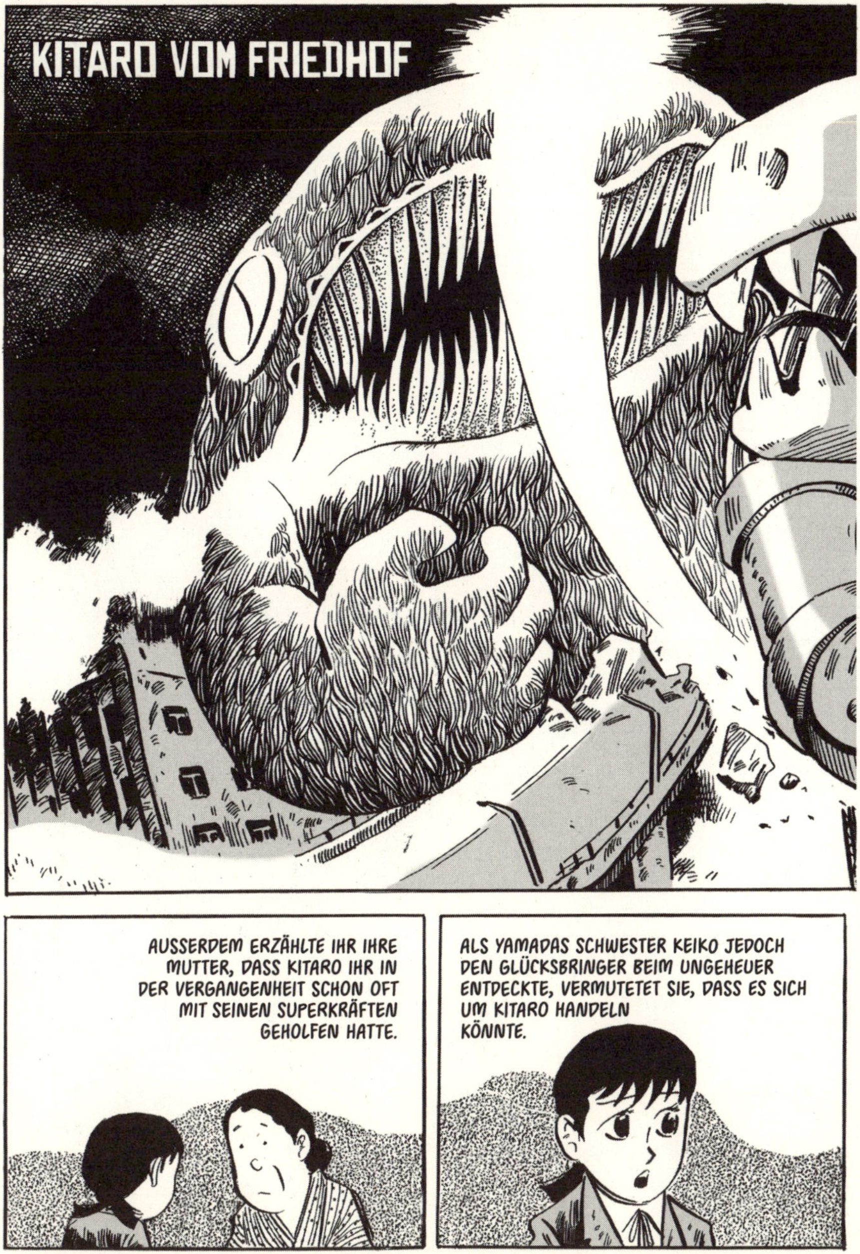
KITARO VOM FRIEDHOF
AUSSERDEM ERZÄHLTE IHR IHRE MUTTER, DASS KITARO IHR IN DER VERGANGENHEIT SCHON OFT MIT SEINEN SUPERKRÄFTEN GEHOLFEN HATTE.
ALS YAMADAS SCHWESTER KEIKO JEDOCH DEN GLÜCKSBRINGER BEIM UNGEHEUER ENTDECKTE, VERMUTETET SIE, DASS ES SICH UM KITARO HANDELN KÖNNTE.

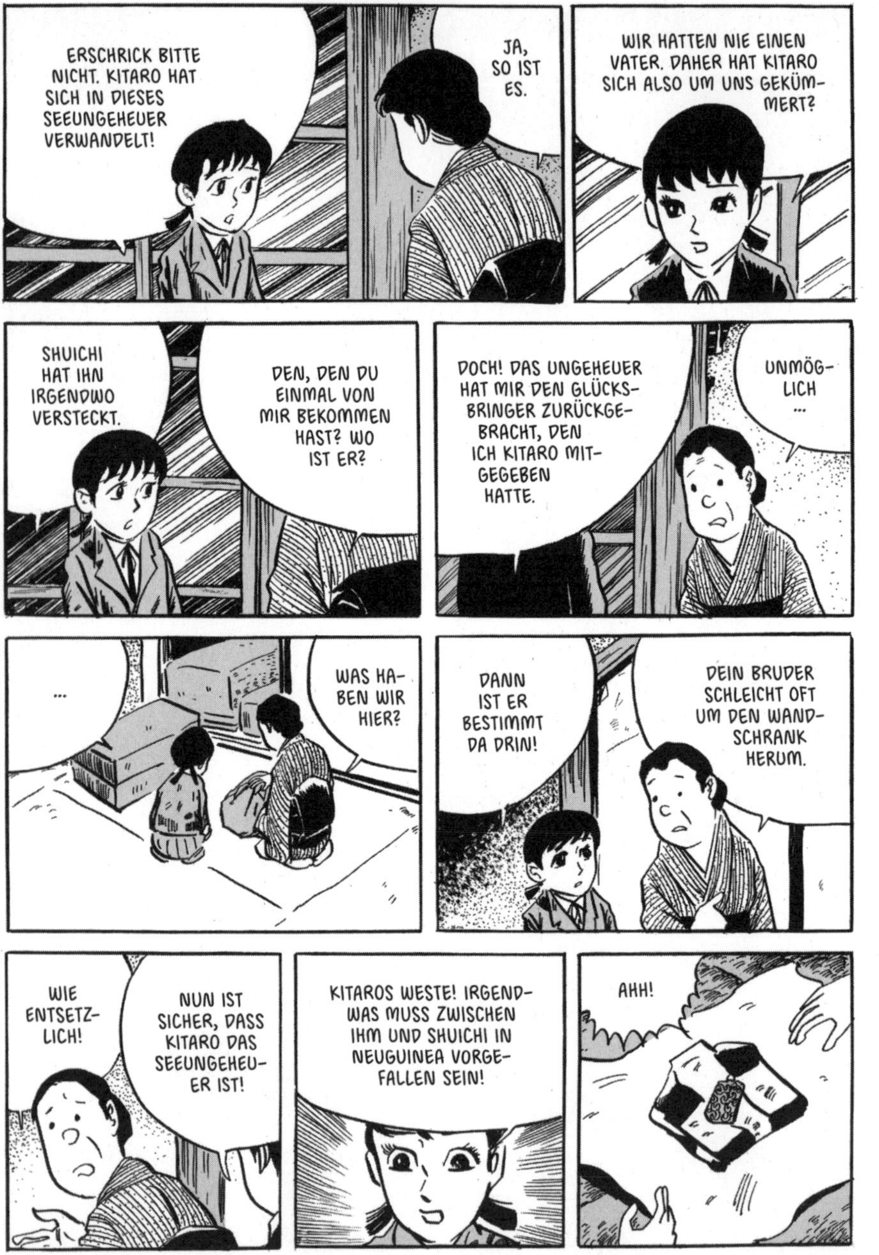
WIR HATTEN NIE EINEN VATER. DAHER HAT KITARO SICH ALSO UM UNS GEKÜMMERT?
JA, SO IST ES.
ERSCHRICK BITTE NICHT. KITARO HAT SICH IN DIESES SEEUNGEHEUER VERWANDELT!
UNMÖGLICH ...
DOCH! DAS UNGEHEUER HAT MIR DEN GLÜCKSBRINGER ZURÜCKGEBRACHT, DEN ICH KITARO MITGEGEBEN HATTE.
DEN, DEN DU EINMAL VON MIR BEKOMMEN HAST? WO IST ER?
SHUICHI HAT IHN IRGENDWO VERSTECKT.
DEIN BRUDER SCHLEICHT OFT UM DEN WANDSCHRANK HERUM.
DANN IST ER BESTIMMT DA DRIN!
WAS HABEN WIR HIER?
...
AHH!
KITAROS WESTE! IRGENDWAS MUSS ZWISCHEN IHM UND SHUICHI IN NEUGUINEA VORGEFALLEN SEIN!
NUN IST SICHER, DASS KITARO DAS SEEUNGEHEUER IST!
WIE ENTSETZLICH!

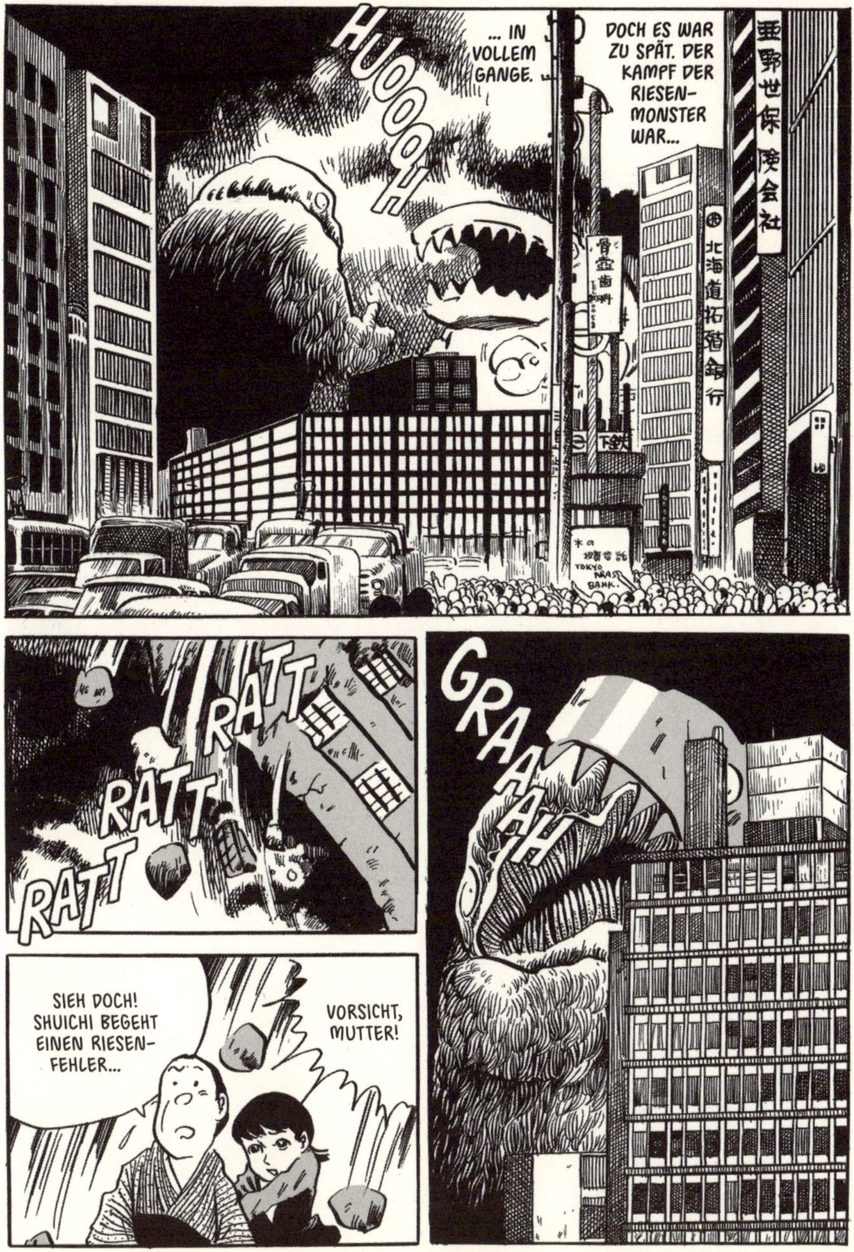
HUOOOOH
... IN VOLLEM GANGE.
DOCH ES WAR ZU SPÄT. DER KAMPF DER RIESEN-MONSTER WAR...
亜野世保険会社
北海道拓殖銀行
RATT RATT RATT
GRAAAAH
VORSICHT, MUTTER!
SIEH DOCH! SHUICHI BEGEHT EINEN RIESEN-FEHLER...

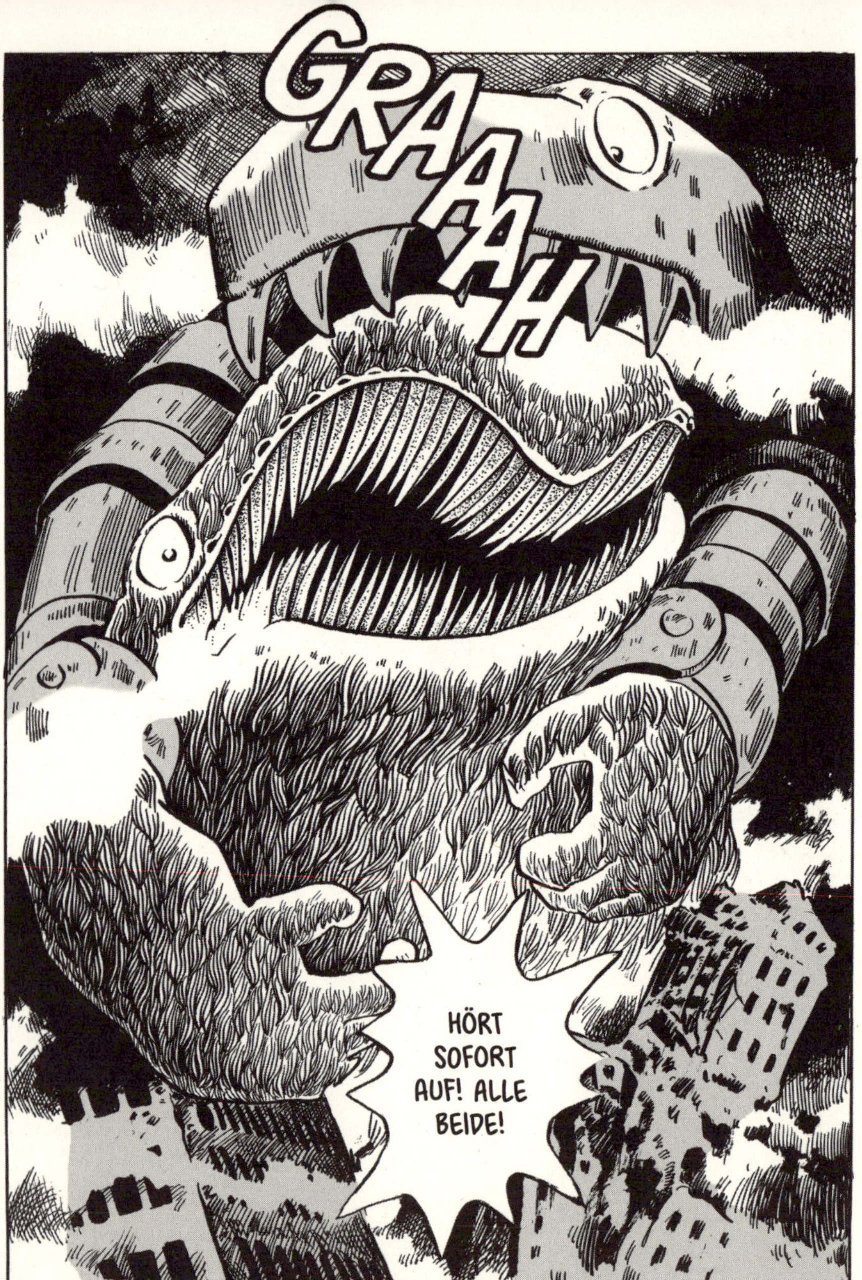
GRAAAAH
HÖRT SOFORT AUF! ALLE BEIDE!

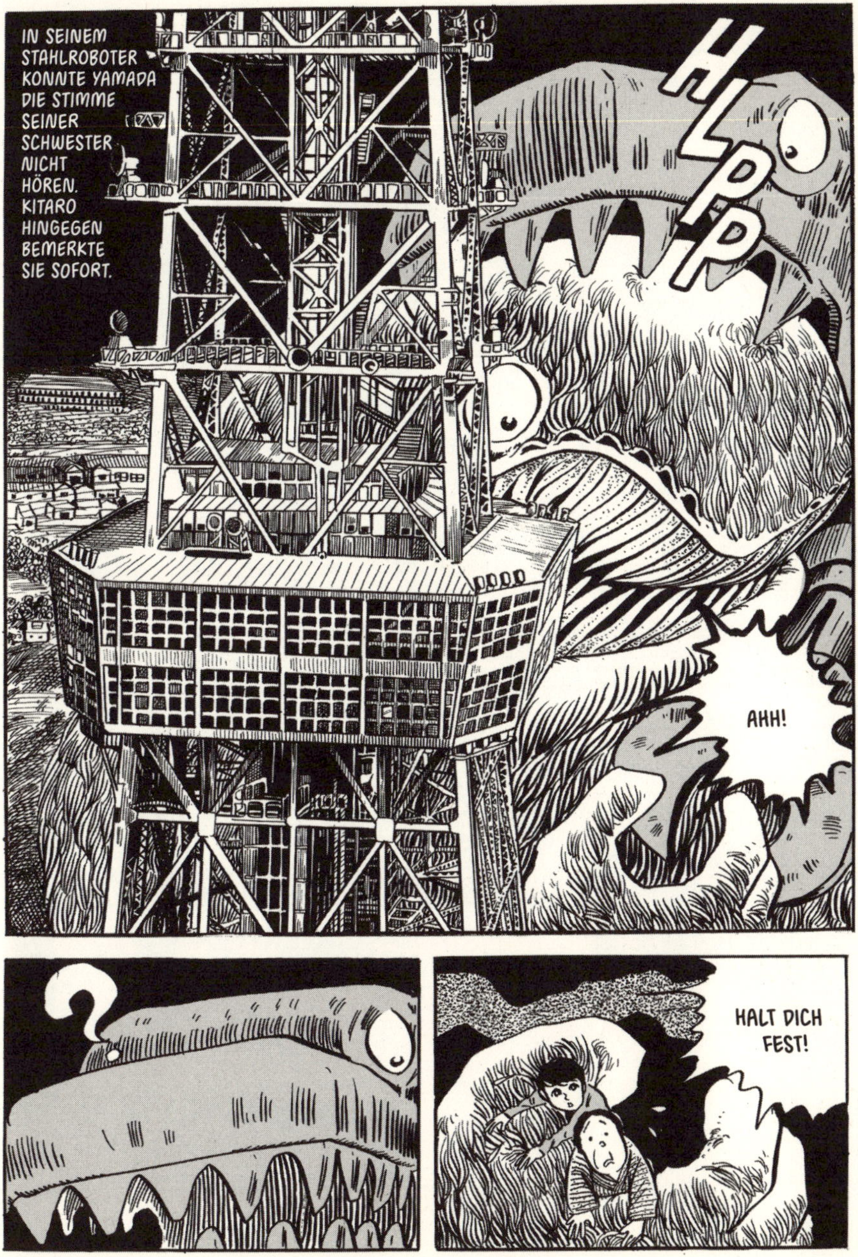
IN SEINEM STAHLROBOTER KONNTE YAMADA DIE STIMME SEINER SCHWESTER NICHT HÖREN. KITARO HINGEGEN BEMERKTE SIE SOFORT.
HLPP
AHH!
?
HALT DICH FEST!

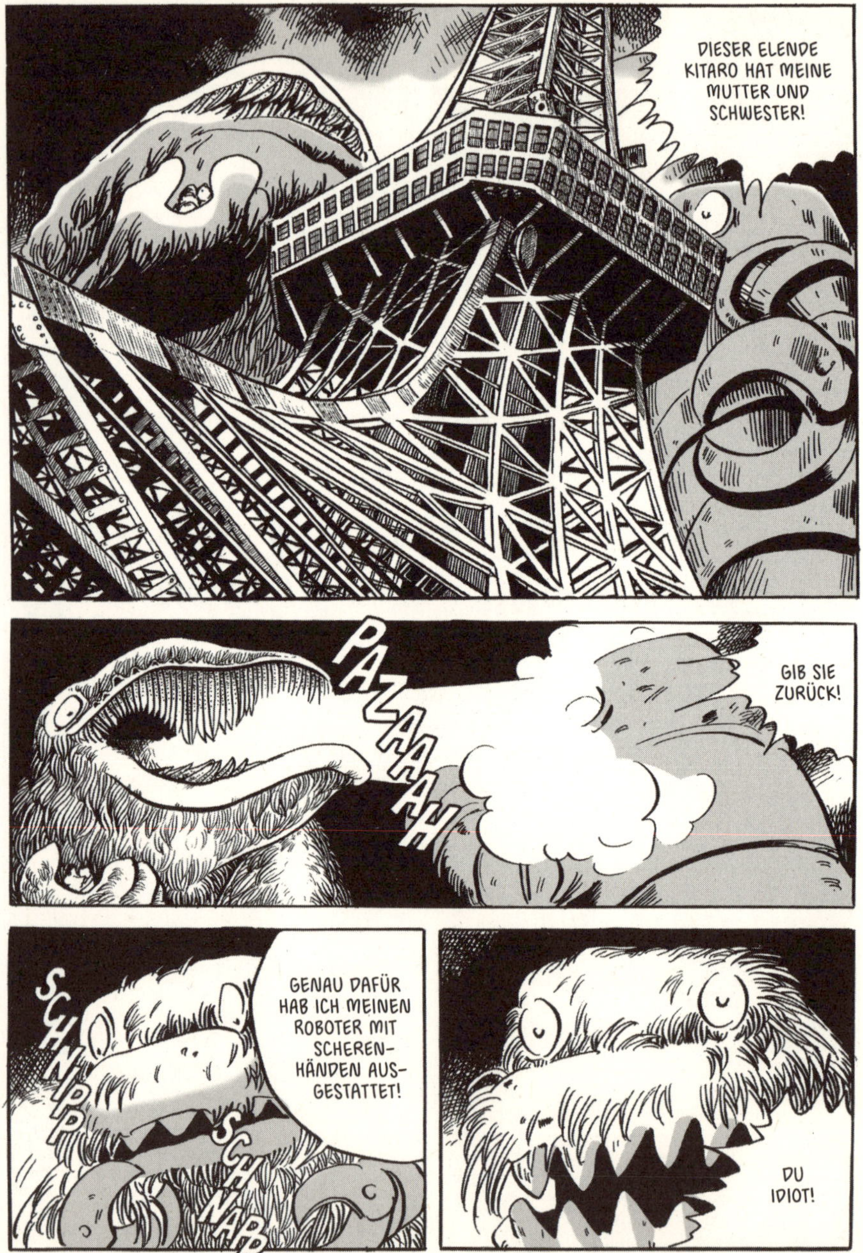
DIESER ELENDE KITARO HAT MEINE MUTTER UND SCHWESTER!
PAZAAAAH
GIB SIE ZURÜCK!
SCHNIPP
SCHNAPP
GENAU DAFÜR HAB ICH MEINEN ROBOTER MIT SCHEREN-HÄNDEN AUS-GESTATTET!
DU IDIOT!

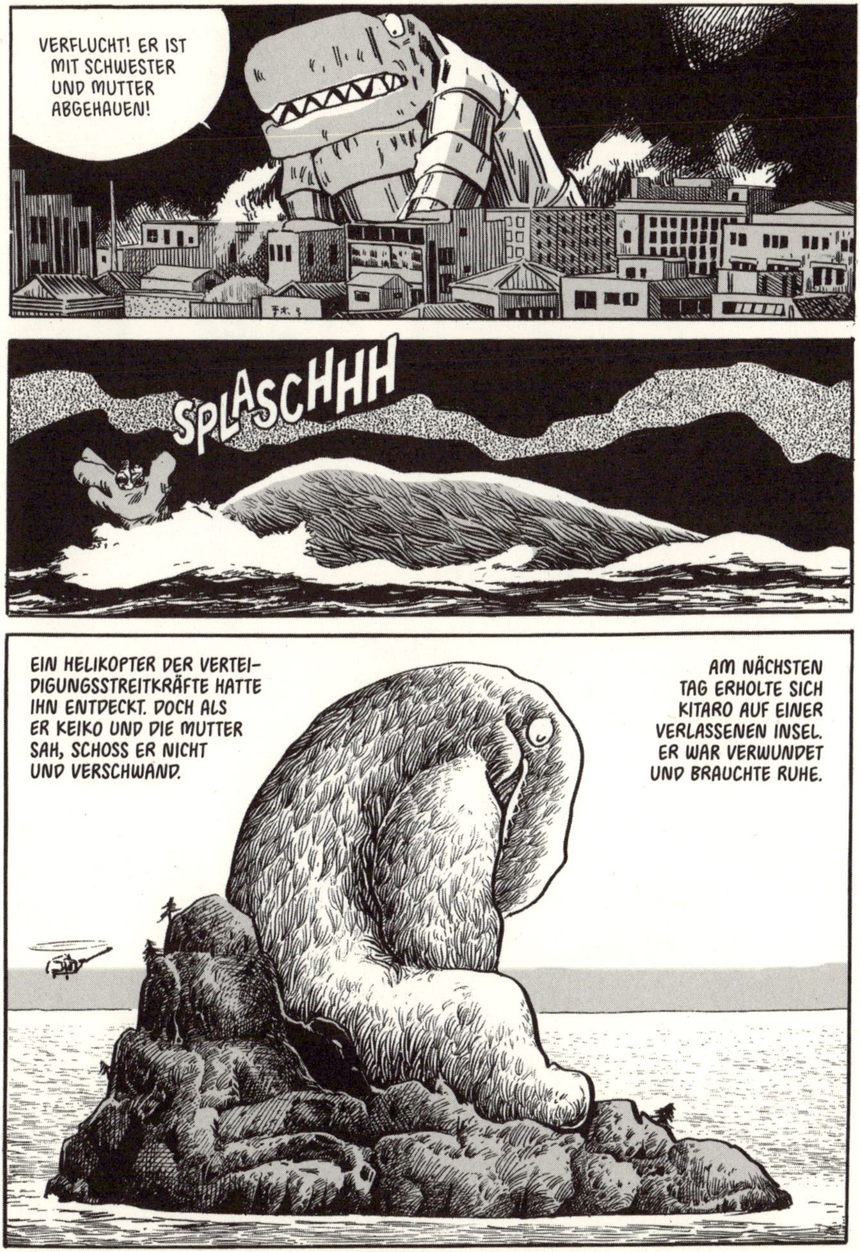

VERFLUCHT! ER IST MIT SCHWESTER UND MUTTER ABGEHAUEN!
SPLASCHHH
EIN HELIKOPTER DER VERTEI-DIGUNGSSTREITKRÄFTE HATTE IHN ENTDECKT. DOCH ALS ER KEIKO UND DIE MUTTER SAH, SCHOSS ER NICHT UND VERSCHWAND.
AM NÄCHSTEN TAG ERHOLTE SICH KITARO AUF EINER VERLASSENEN INSEL. ER WAR VERWUNDET UND BRAUCHTE RUHE.

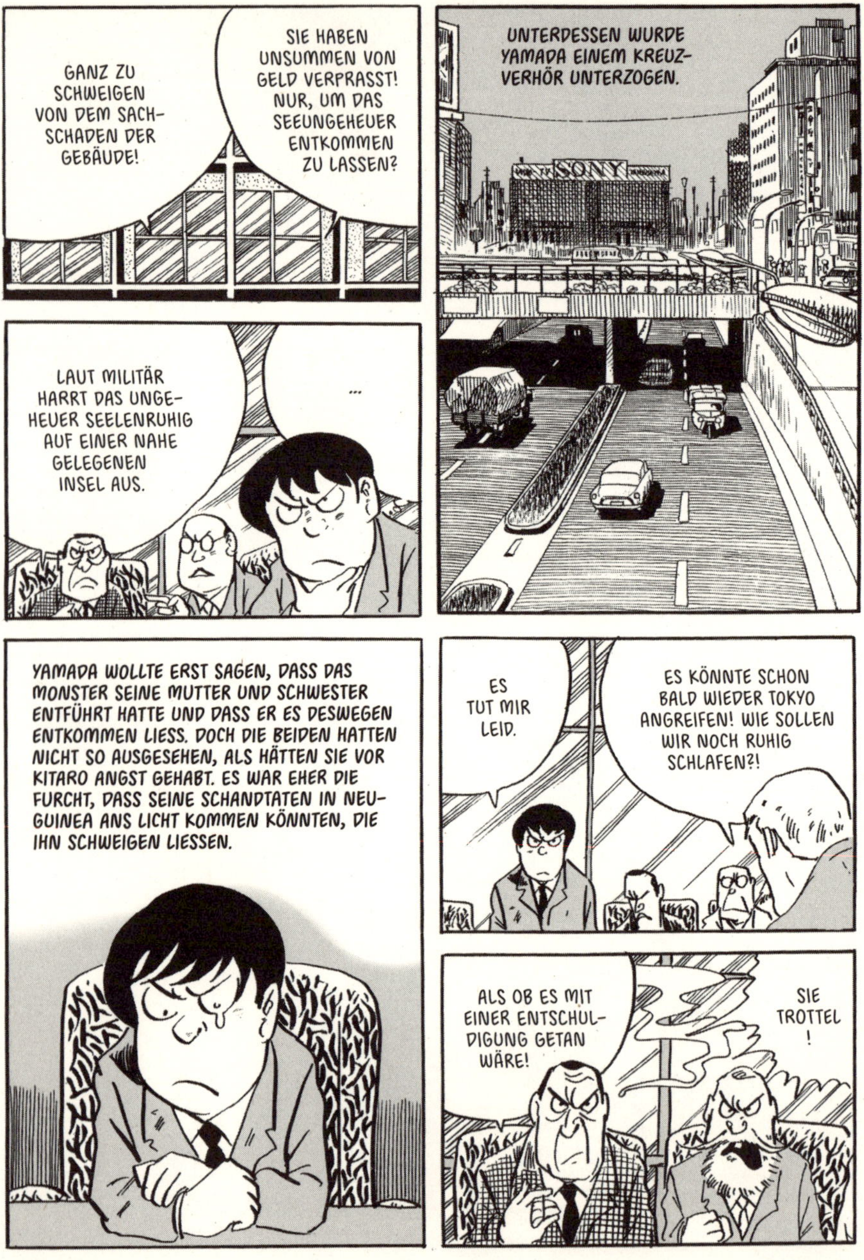

UNTERDESSEN WURDE YAMADA EINEM KREUZVERHÖR UNTERZOGEN.
SONY
SIE HABEN UNSUMMEN VON GELD VERPRASST! NUR, UM DAS SEEUNGEHEUER ENTKOMMEN ZU LASSEN?
GANZ ZU SCHWEIGEN VON DEM SACHSCHADEN DER GEBÄUDE!
...
LAUT MILITÄR HARRT DAS UNGEHEUER SEELENRUHIG AUF EINER NAHE GELEGENEN INSEL AUS.
ES KÖNNTE SCHON BALD WIEDER TOKYO ANGREIFEN! WIE SOLLEN WIR NOCH RUHIG SCHLAFEN?!
ES TUT MIR LEID.
SIE TROTTEL!
ALS OB ES MIT EINER ENTSCHULDIGUNG GETAN WÄRE!
YAMADA WOLLTE ERST SAGEN, DASS DAS MONSTER SEINE MUTTER UND SCHWESTER ENTFÜHRT HATTE UND DASS ER ES DESWEGEN ENTKOMMEN LIESS. DOCH DIE BEIDEN HATTEN NICHT SO AUSGESEHEN, ALS HÄTTEN SIE VOR KITARO ANGST GEHABT. ES WAR EHER DIE FURCHT, DASS SEINE SCHANDTATEN IN NEUGUINEA ANS LICHT KOMMEN KÖNNTEN, DIE IHN SCHWEIGEN LIESSEN.

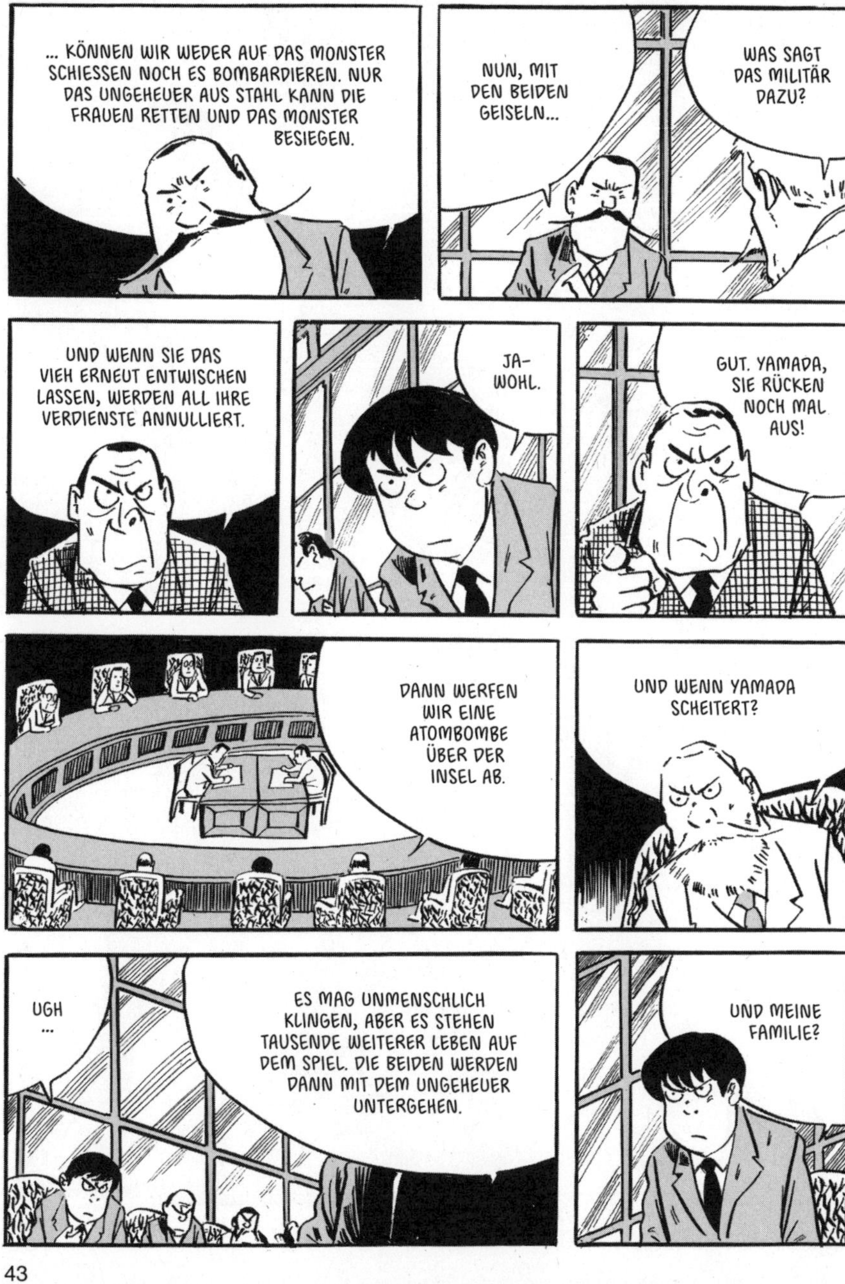
... KÖNNEN WIR WEDER AUF DAS MONSTER SCHIESSEN NOCH ES BOMBARDIEREN. NUR DAS UNGEHEUER AUS STAHL KANN DIE FRAUEN RETTEN UND DAS MONSTER BESIEGEN.
NUN, MIT DEN BEIDEN GEISELN...
WAS SAGT DAS MILITÄR DAZU?
UND WENN SIE DAS VIEH ERNEUT ENTWISCHEN LASSEN, WERDEN ALL IHRE VERDIENSTE ANNULLIERT.
JA-WOHL.
GUT. YAMADA, SIE RÜCKEN NOCH MAL AUS!
DANN WERFEN WIR EINE ATOMBOMBE ÜBER DER INSEL AB.
UND WENN YAMADA SCHEITERT?
UGH ...
ES MAG UNMENSCHLICH KLINGEN, ABER ES STEHEN TAUSENDE WEITERER LEBEN AUF DEM SPIEL. DIE BEIDEN WERDEN DANN MIT DEM UNGEHEUER UNTERGEHEN.
UND MEINE FAMILIE?

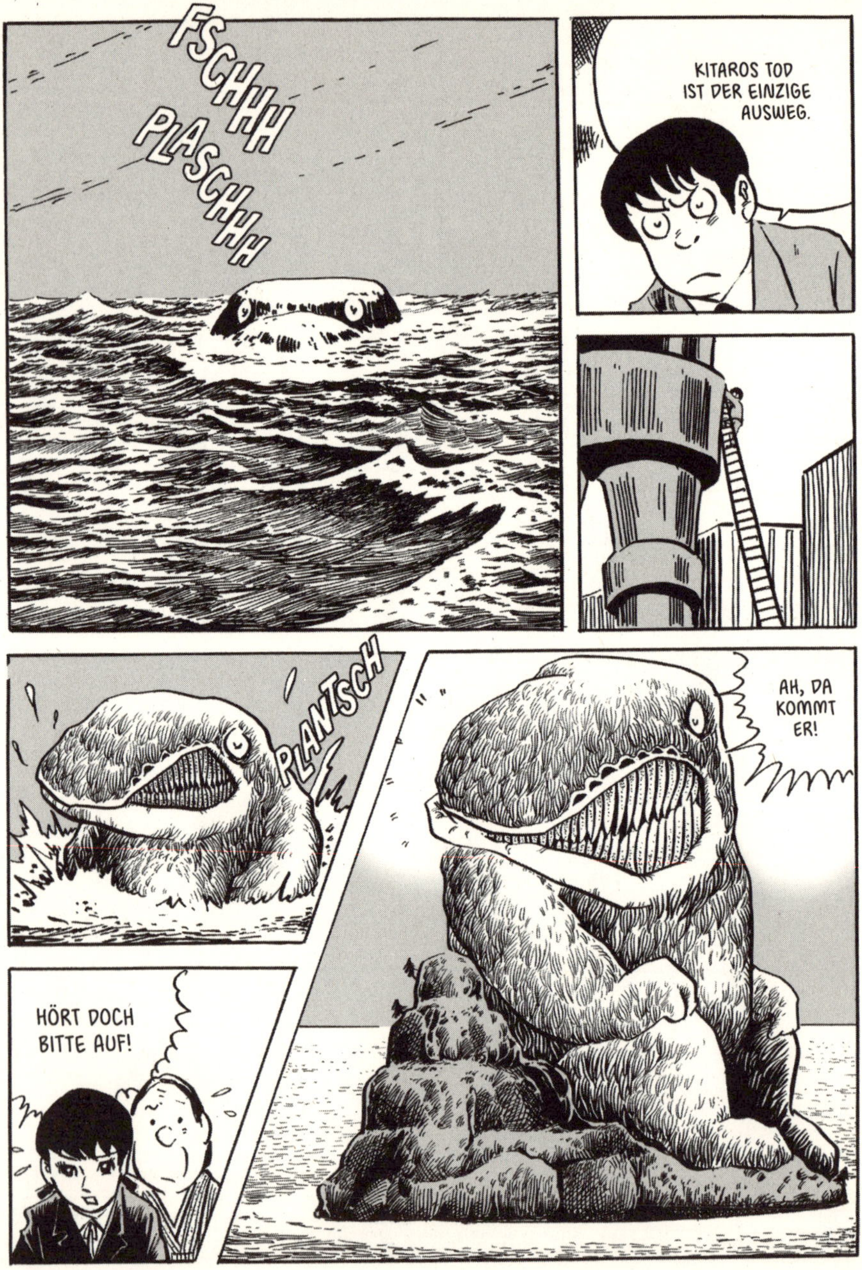
KITAROS TOD IST DER EINZIGE AUSWEG.
FSCHHH
PLASCHHH
AH, DA KOMMT ER!
PLANTSCH
HÖRT DOCH BITTE AUF!

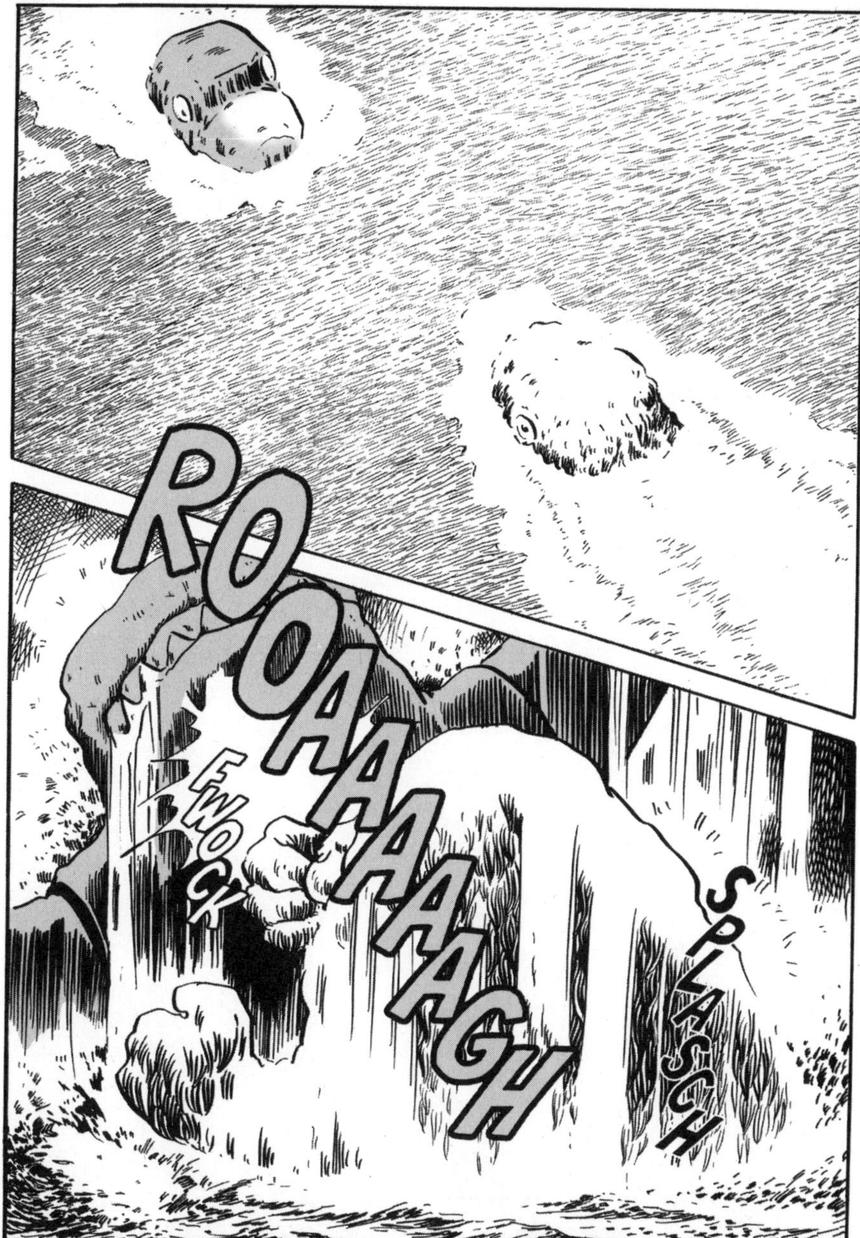
ROOOAAAAAGH
FWOCK
SPLASCH

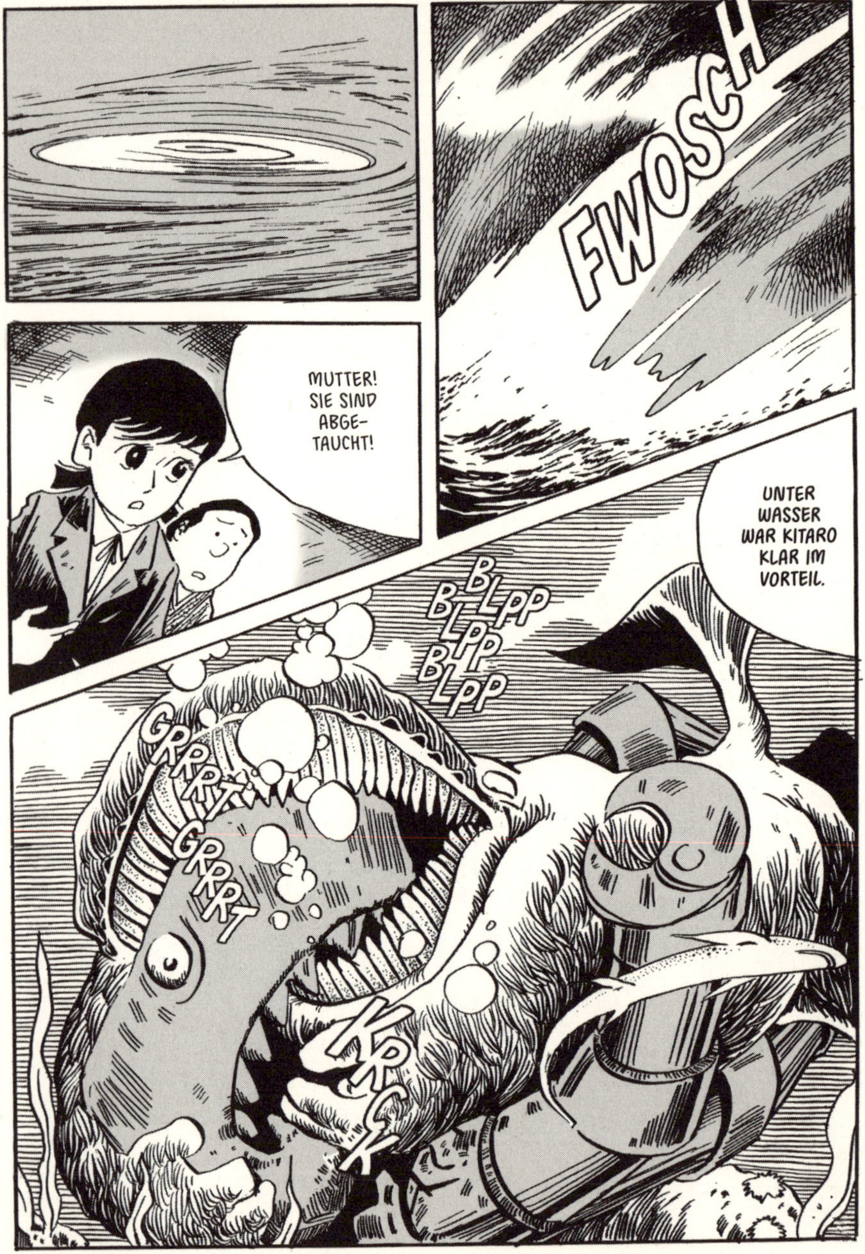
FWOSCH
MUTTER! SIE SIND ABGE- TAUCHT!
UNTER WASSER WAR KITARO KLAR IM VORTEIL.
BLPP BLPP BLPP
GRRRT GRRRT
KRCK

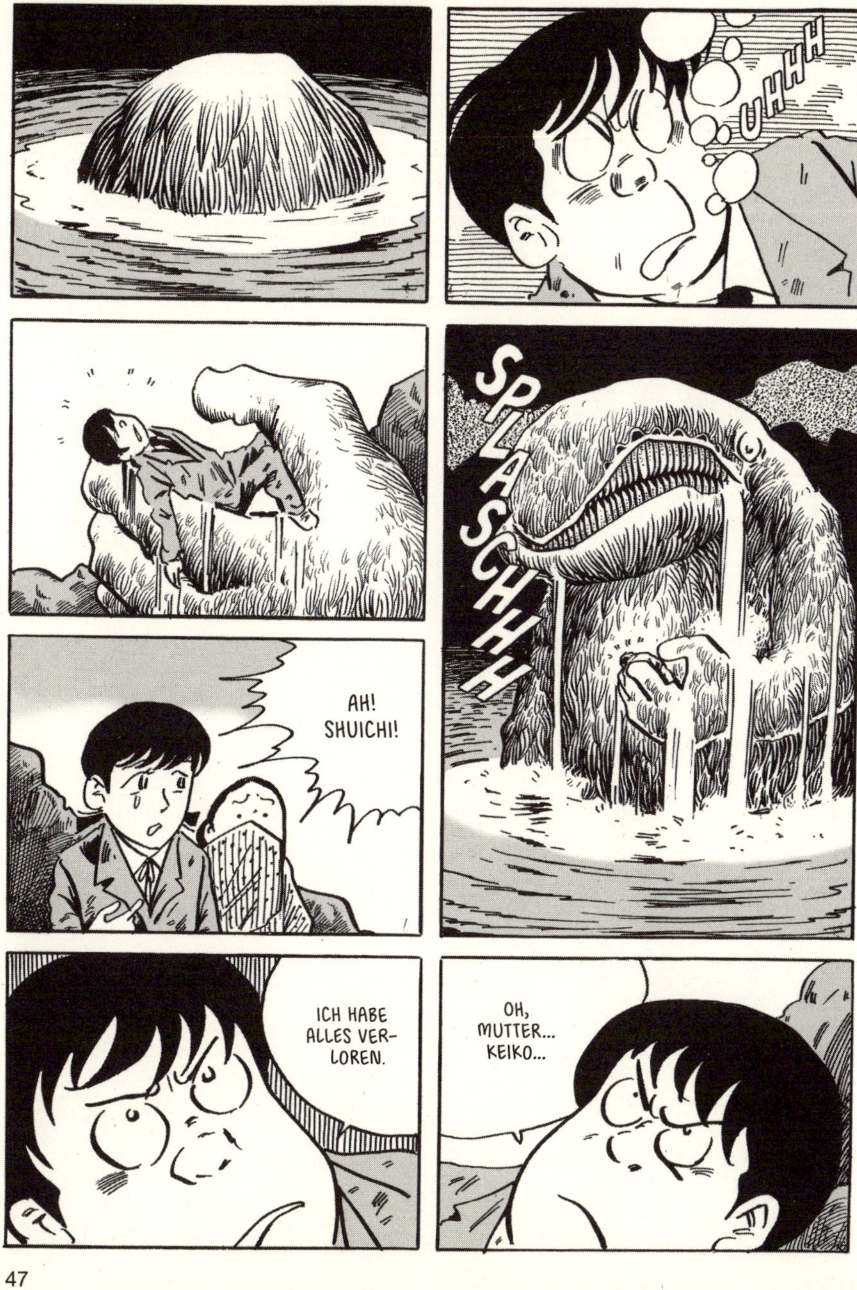
UHHH
SPLASCHHHH
AH! SHUICHI!
OH, MUTTER... KEIKO...
ICH HABE ALLES VER-LOREN.

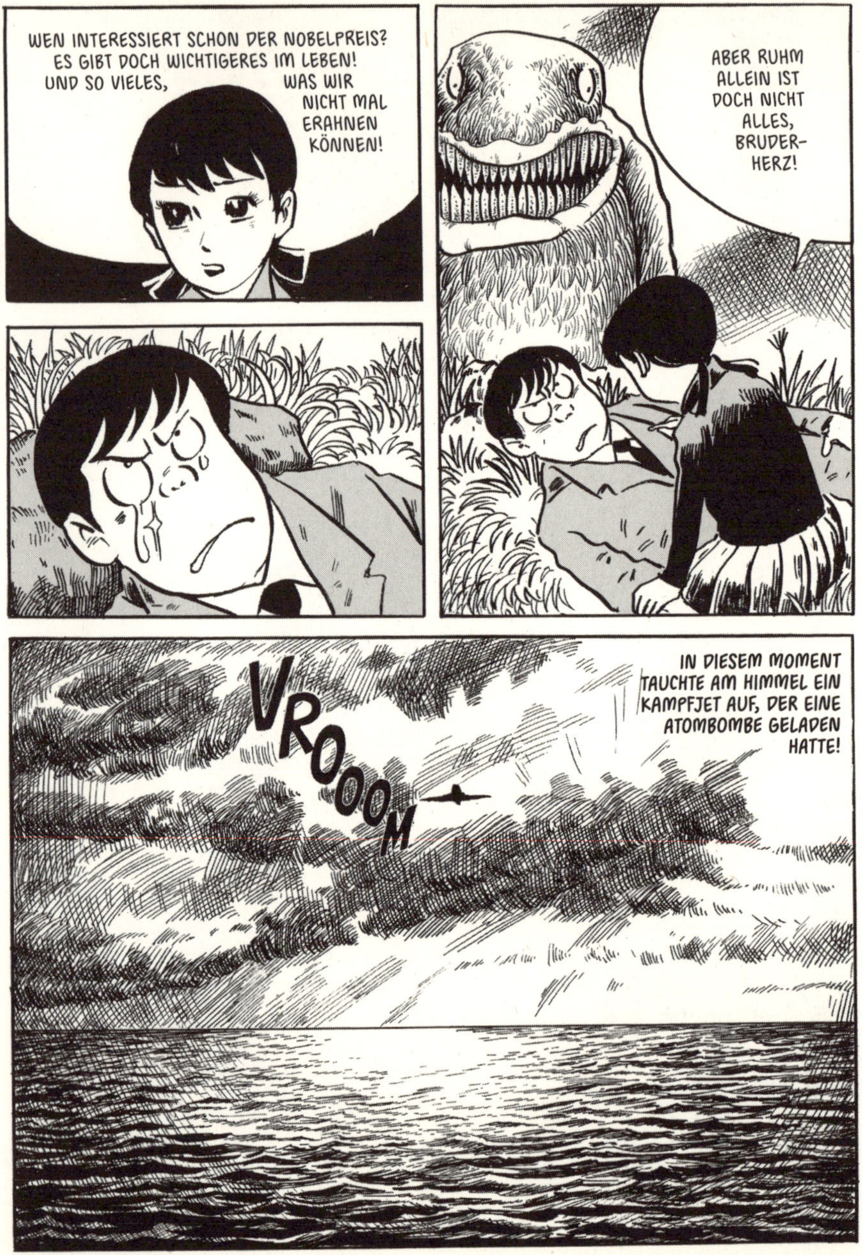

WEN INTERESSIERT SCHON DER NOBELPREIS? ES GIBT DOCH WICHTIGERES IM LEBEN! UND SO VIELES, WAS WIR NICHT MAL ERAHNEN KÖNNEN!
ABER RUHM ALLEIN IST DOCH NICHT ALLES, BRUDER-HERZ!
VROOOOM
IN DIESEM MOMENT TAUCHTE AM HIMMEL EIN KAMPFJET AUF, DER EINE ATOMBOMBE GELADEN HATTE!

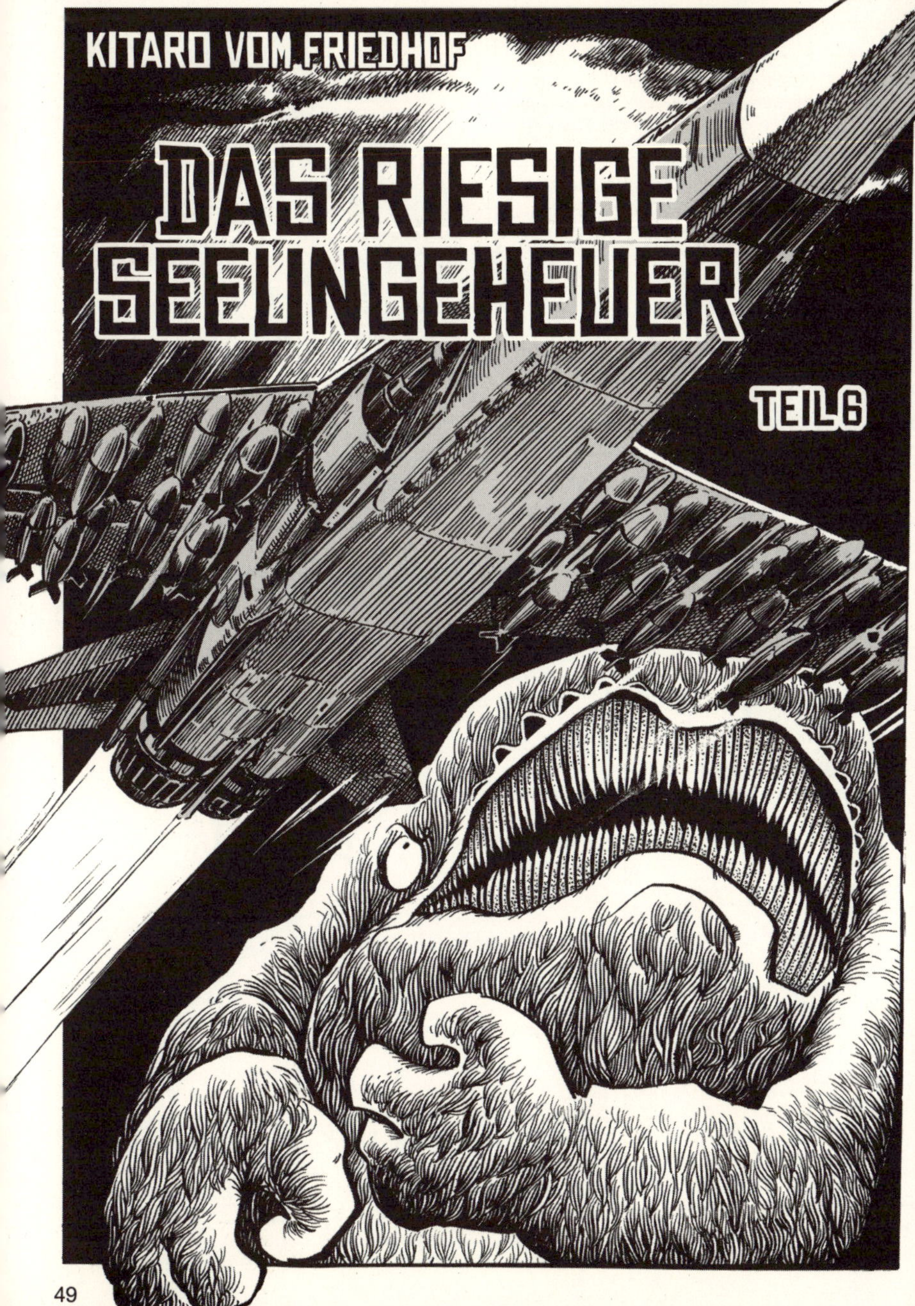
KITARO VOM FRIEDHOF
DAS RIESIGE SEEUNGEHEUER
TEIL 6

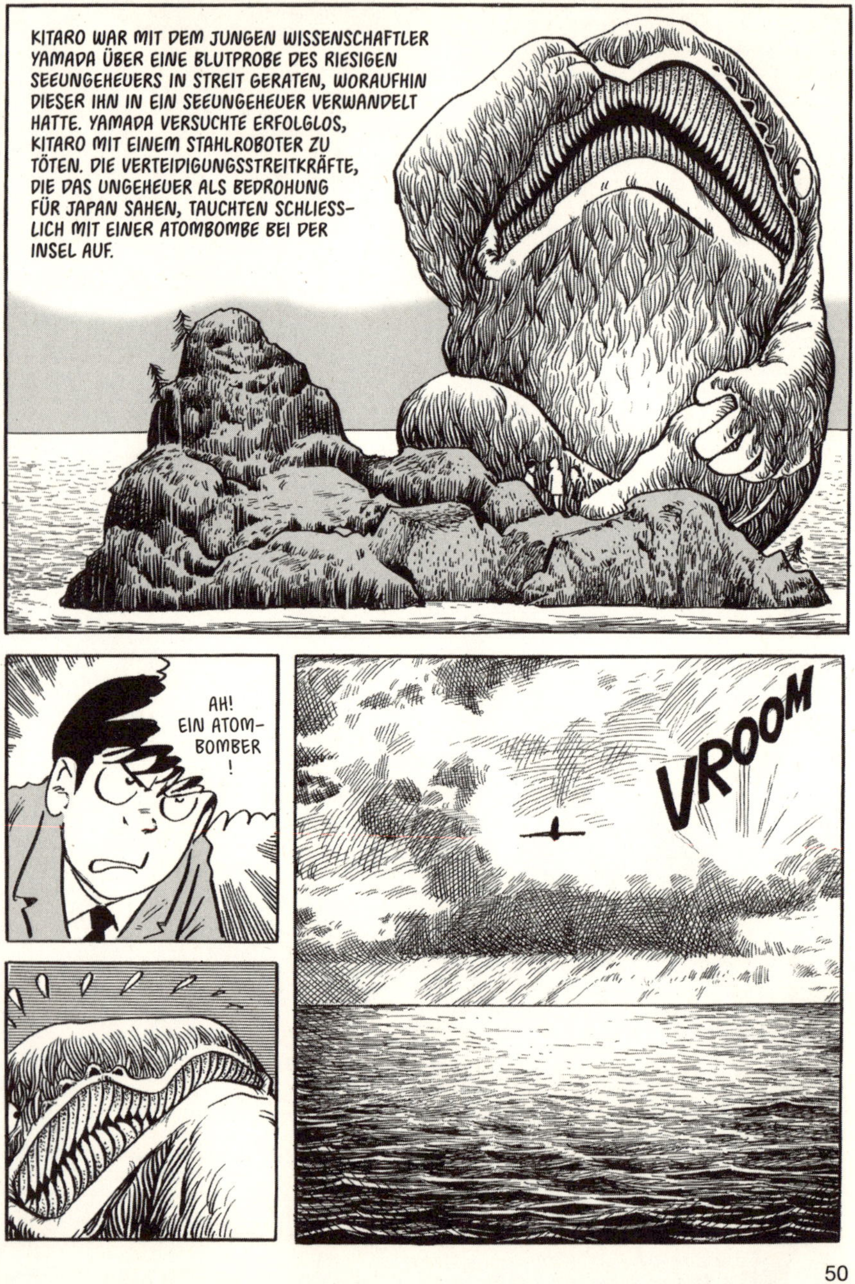
KITARO WAR MIT DEM JUNGEN WISSENSCHAFTLER YAMADA ÜBER EINE BLUTPROBE DES RIESIGEN SEEUNGEHEUERS IN STREIT GERATEN, WORAUFHIN DIESER IHN IN EIN SEEUNGEHEUER VERWANDELT HATTE. YAMADA VERSUCHTE ERFOLGLOS, KITARO MIT EINEM STAHLROBOTER ZU TÖTEN. DIE VERTEIDIGUNGSSTREITKRÄFTE, DIE DAS UNGEHEUER ALS BEDROHUNG FÜR JAPAN SAHEN, TAUCHTEN SCHLIESSLICH MIT EINER ATOMBOMBE BEI DER INSEL AUF.
AH! EIN ATOMBOMBER!
VROOM

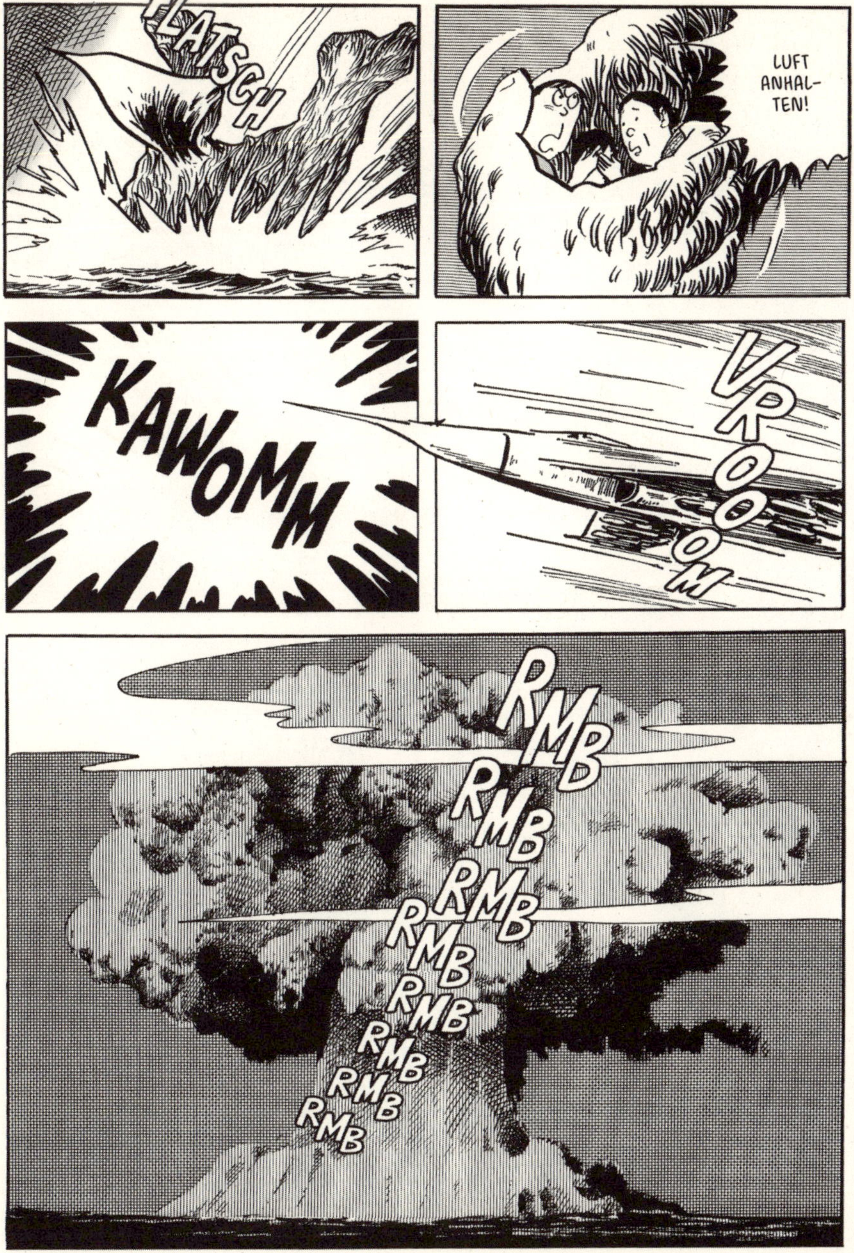
FLATSCH
LUFT ANHAL- TEN!
KAWOMM
VROOOOM
RMB RMB RMB RMB RMB RMB RMB RMB

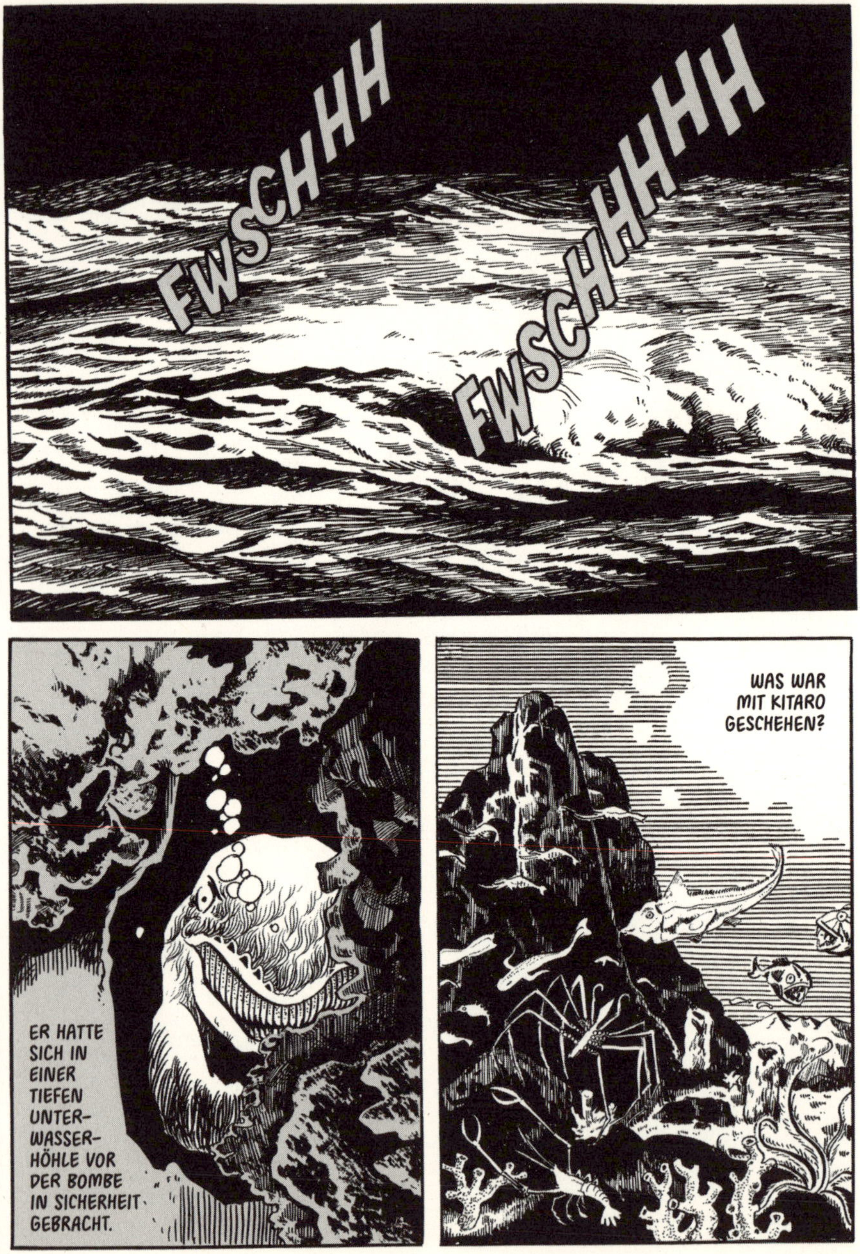
FWSCHHH
FWSCHHHHH
ER HATTE SICH IN EINER TIEFEN UNTER-WASSER-HÖHLE VOR DER BOMBE IN SICHERHEIT GEBRACHT.
WAS WAR MIT KITARO GESCHEHEN?

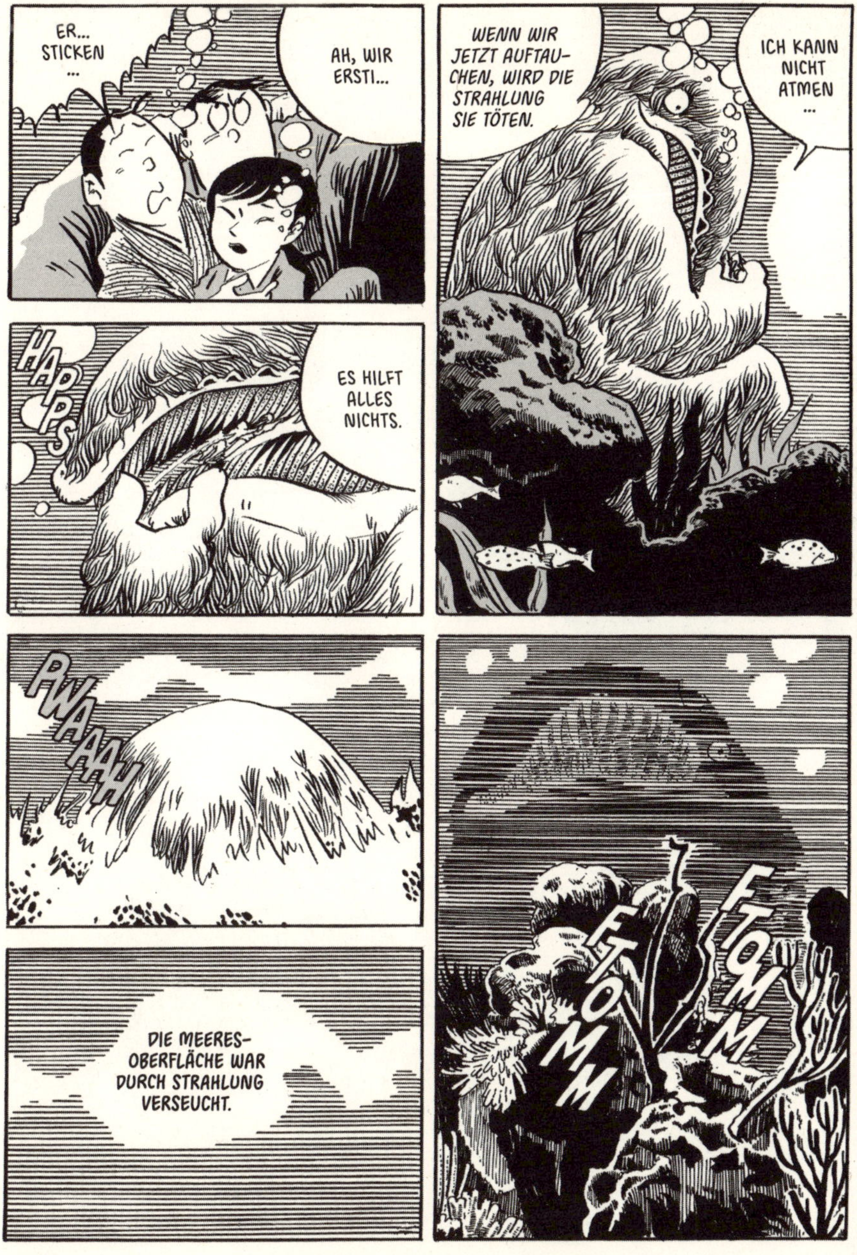
ICH KANN NICHT ATMEN ...
WENN WIR JETZT AUFTAUCHEN, WIRD DIE STRAHLUNG SIE TÖTEN.
AH, WIR ERSTI...
ER... STICKEN ...
ES HILFT ALLES NICHTS.
HAPPS
FTOMM
FTOMM
PWAAAAH
DIE MEERESOBERFLÄCHE WAR DURCH STRAHLUNG VERSEUCHT.

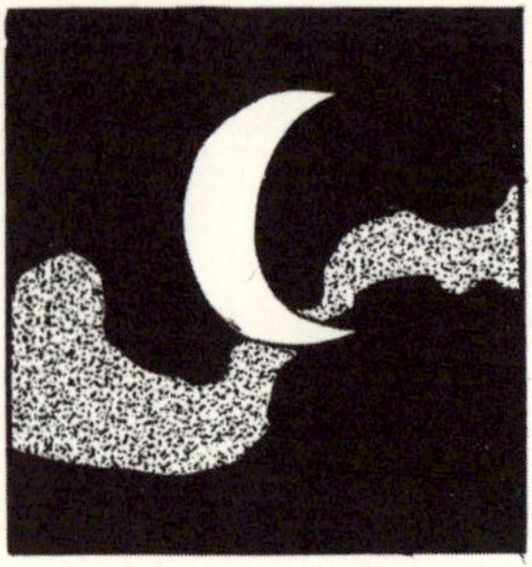

KITARO HATTE EINE HOHE DOSIS RADIOAKTIVITÄT ABBEKOMMEN, DOCH DIE DREI MENSCHEN WAREN IN SEINER MUNDHÖHLE SICHER. ER BRACHTE SIE AN EINEN WENIGER VERSEUCHTEN STRAND.

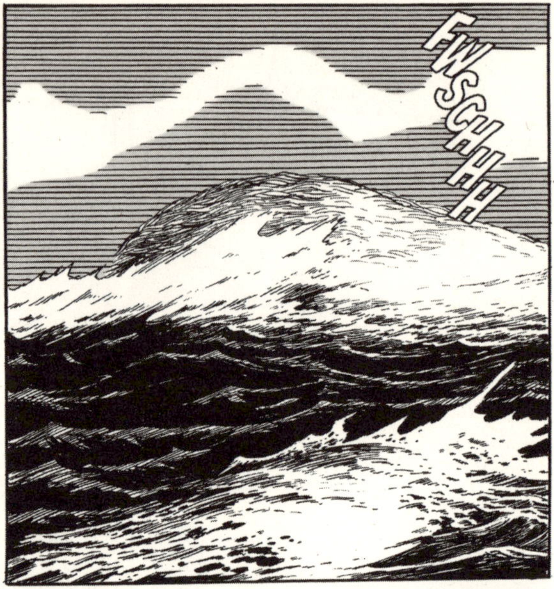

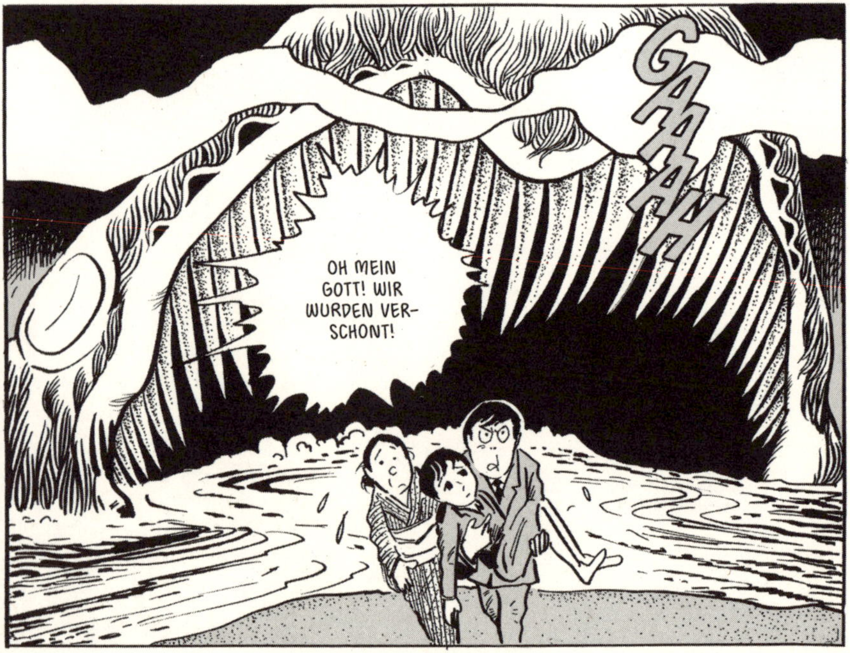

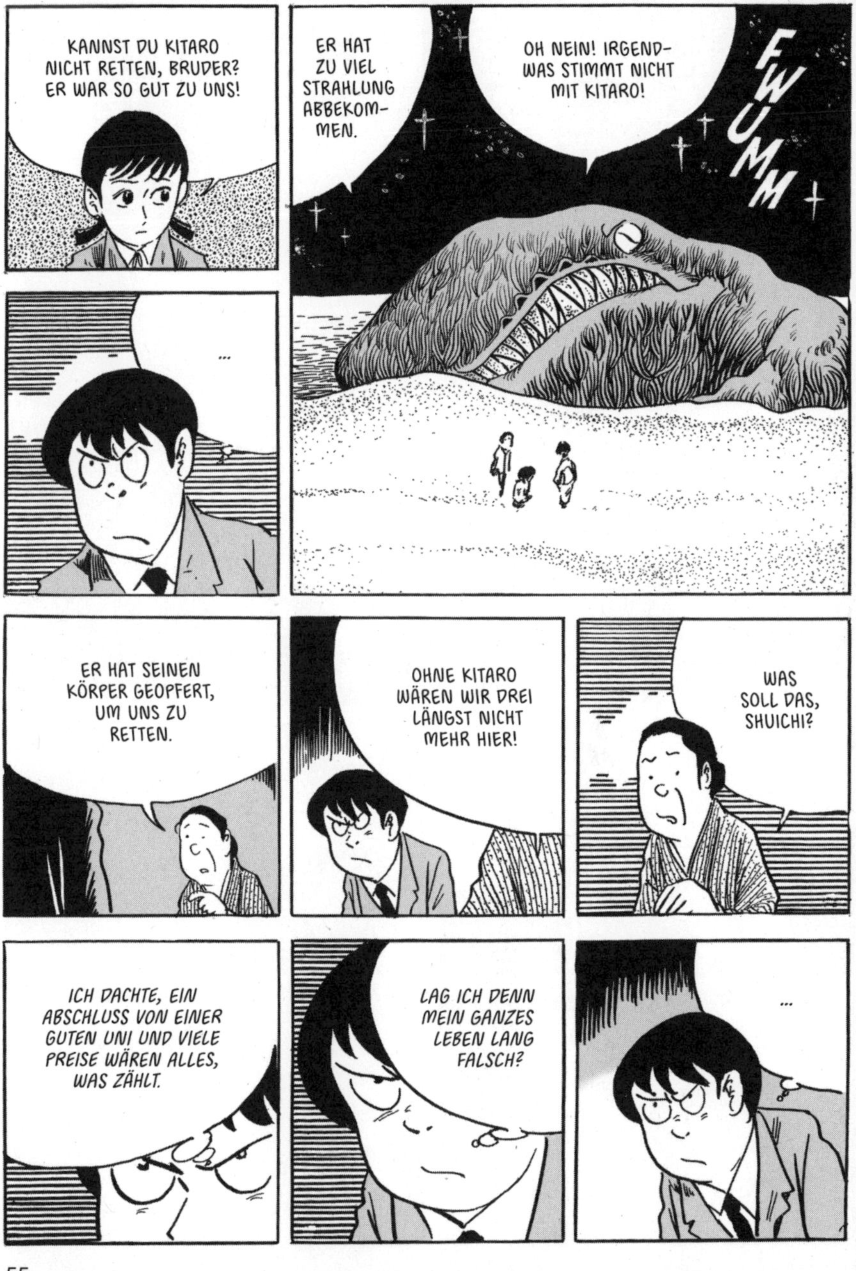

OH NEIN! IRGEND-WAS STIMMT NICHT MIT KITARO!
ER HAT ZU VIEL STRAHLUNG ABBEKOM-MEN.
FWUMM
KANNST DU KITARO NICHT RETTEN, BRUDER? ER WAR SO GUT ZU UNS!
...
WAS SOLL DAS, SHUICHI?
OHNE KITARO WÄREN WIR DREI LÄNGST NICHT MEHR HIER!
ER HAT SEINEN KÖRPER GEOPFERT, UM UNS ZU RETTEN.
...
LAG ICH DENN MEIN GANZES LEBEN LANG FALSCH?
ICH DACHTE, EIN ABSCHLUSS VON EINER GUTEN UNI UND VIELE PREISE WÄREN ALLES, WAS ZÄHLT.

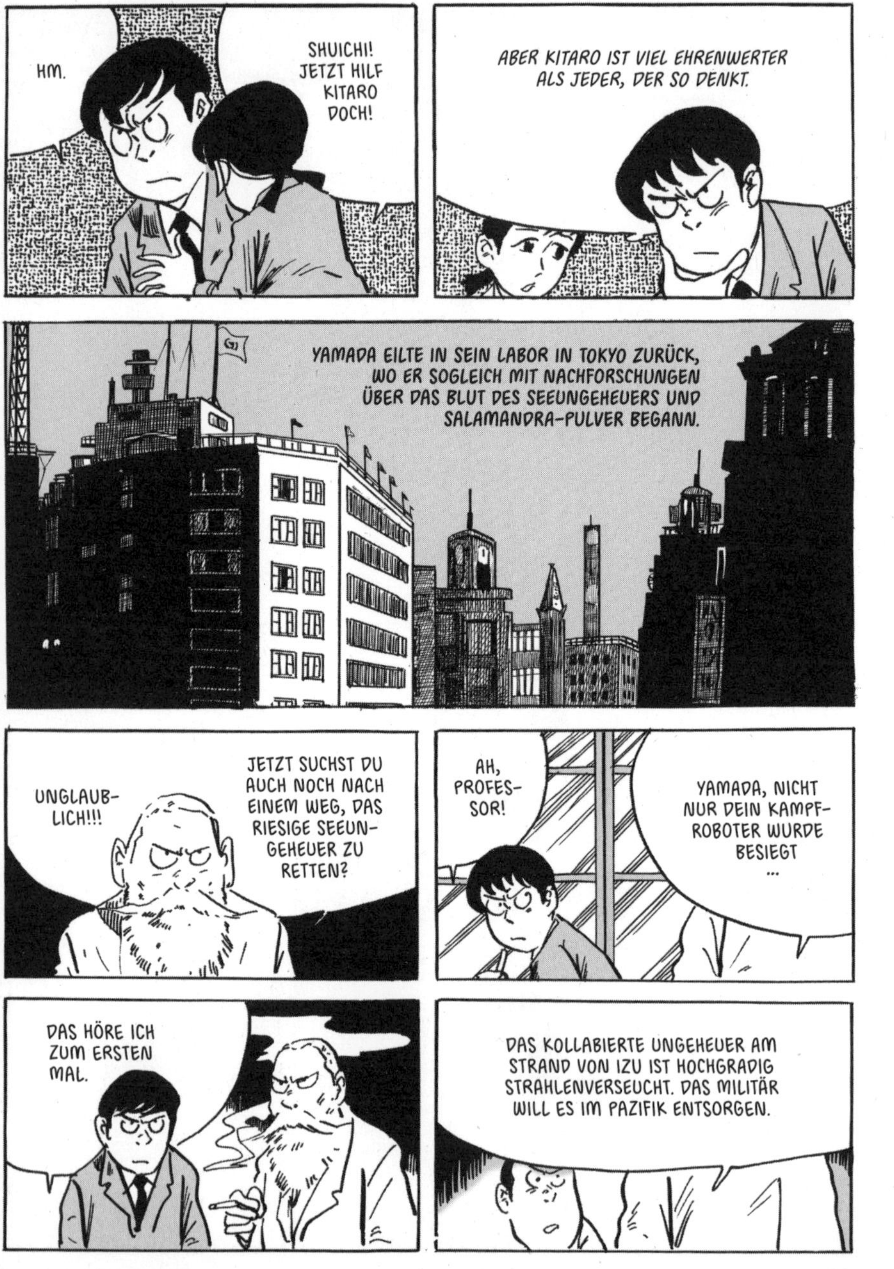
HM.
SHUICHI! JETZT HILF KITARO DOCH!
ABER KITARO IST VIEL EHRENWERTER ALS JEDER, DER SO DENKT.
YAMADA EILTE IN SEIN LABOR IN TOKYO ZURÜCK, WO ER SOGLEICH MIT NACHFORSCHUNGEN ÜBER DAS BLUT DES SEEUNGEHEUERS UND SALAMANDRA-PULVER BEGANN.
UNGLAUB-LICH!!!
JETZT SUCHST DU AUCH NOCH NACH EINEM WEG, DAS RIESIGE SEEUN-GEHEUER ZU RETTEN?
AH, PROFES-SOR!
YAMADA, NICHT NUR DEIN KAMPF-ROBOTER WURDE BESIEGT ...
DAS HÖRE ICH ZUM ERSTEN MAL.
DAS KOLLABIERTE UNGEHEUER AM STRAND VON IZU IST HOCHGRADIG STRAHLENVERSEUCHT. DAS MILITÄR WILL ES IM PAZIFIK ENTSORGEN.

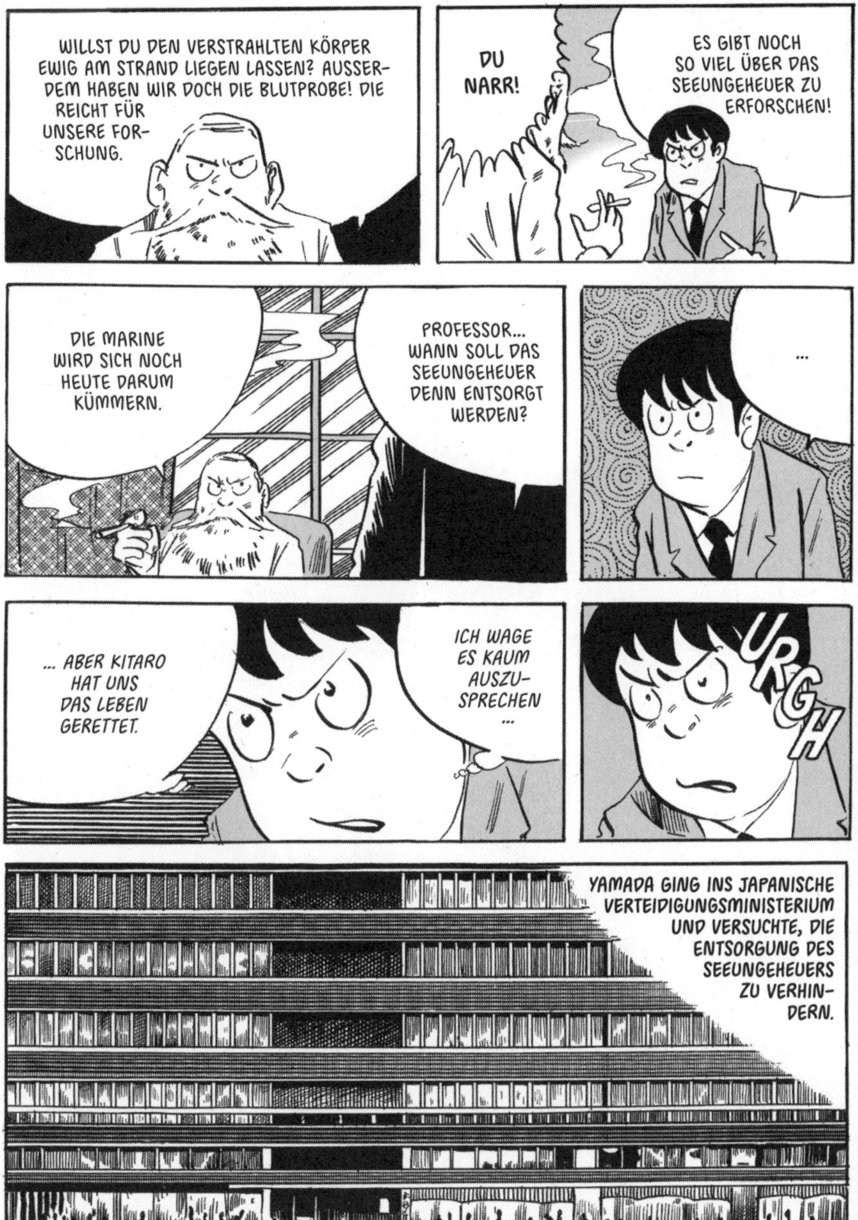
WILLST DU DEN VERSTRAHLTEN KÖRPER EWIG AM STRAND LIEGEN LASSEN? AUSSER-DEM HABEN WIR DOCH DIE BLUTPROBE! DIE REICHT FÜR UNSERE FOR-SCHUNG.
DU NARR!
ES GIBT NOCH SO VIEL ÜBER DAS SEEUNGEHEUER ZU ERFORSCHEN!
DIE MARINE WIRD SICH NOCH HEUTE DARUM KÜMMERN.
PROFESSOR... WANN SOLL DAS SEEUNGEHEUER DENN ENTSORGT WERDEN?
...
... ABER KITARO HAT UNS DAS LEBEN GERETTET.
ICH WAGE ES KAUM AUSZU-SPRECHEN ...
URGH
YAMADA GING INS JAPANISCHE VERTEIDIGUNGSMINISTERIUM UND VERSUCHTE, DIE ENTSORGUNG DES SEEUNGEHEUERS ZU VERHIN-DERN.

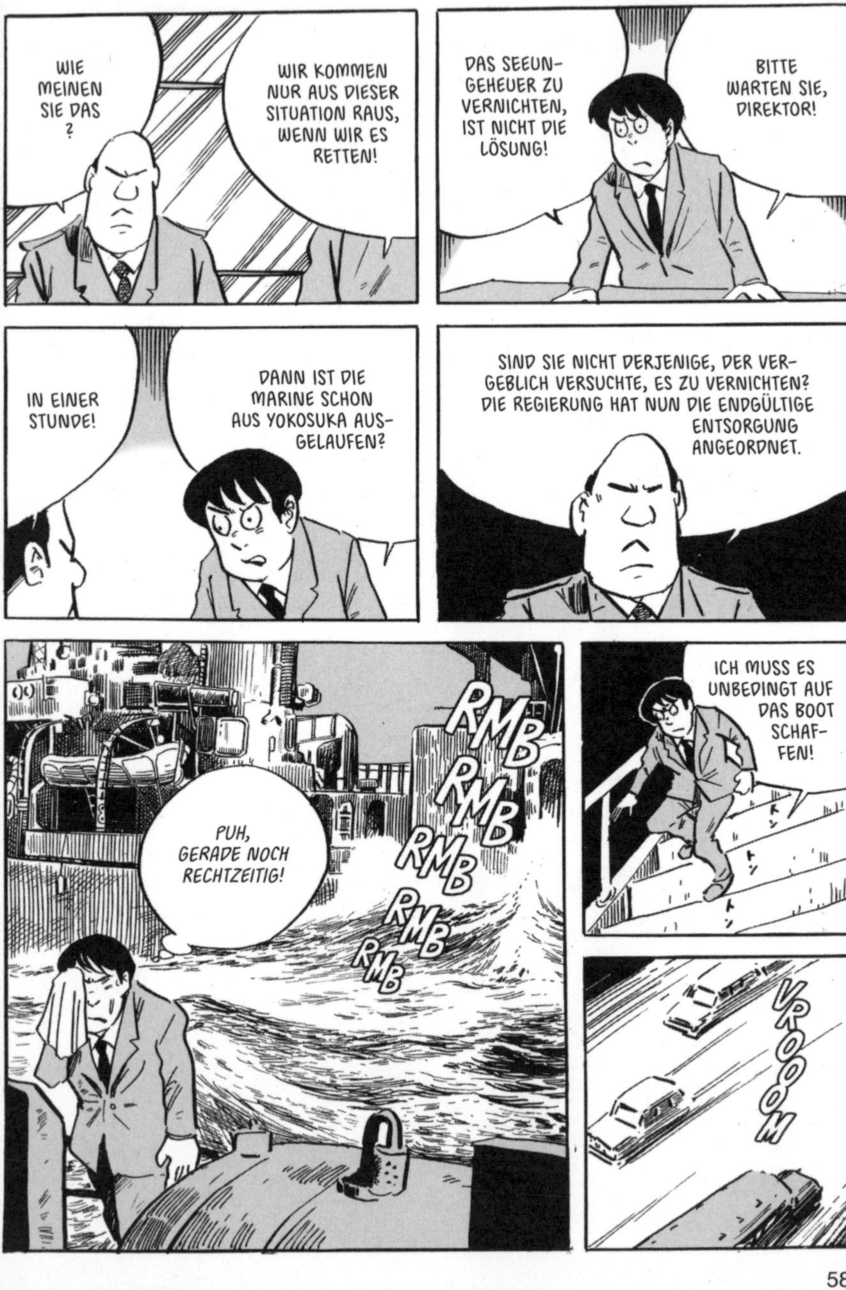
BITTE WARTEN SIE, DIREKTOR!
DAS SEEUNGEHEUER ZU VERNICHTEN, IST NICHT DIE LÖSUNG!
WIE MEINEN SIE DAS?
WIR KOMMEN NUR AUS DIESER SITUATION RAUS, WENN WIR ES RETTEN!
SIND SIE NICHT DERJENIGE, DER VERGEBLICH VERSUCHTE, ES ZU VERNICHTEN? DIE REGIERUNG HAT NUN DIE ENDGÜLTIGE ENTSORGUNG ANGEORDNET.
DANN IST DIE MARINE SCHON AUS YOKOSUKA AUSGELAUFEN?
IN EINER STUNDE!
ICH MUSS ES UNBEDINGT AUF DAS BOOT SCHAFFEN!
VROOOOM
RMB RMB RMB RMB RMB
PUH, GERADE NOCH RECHTZEITIG!

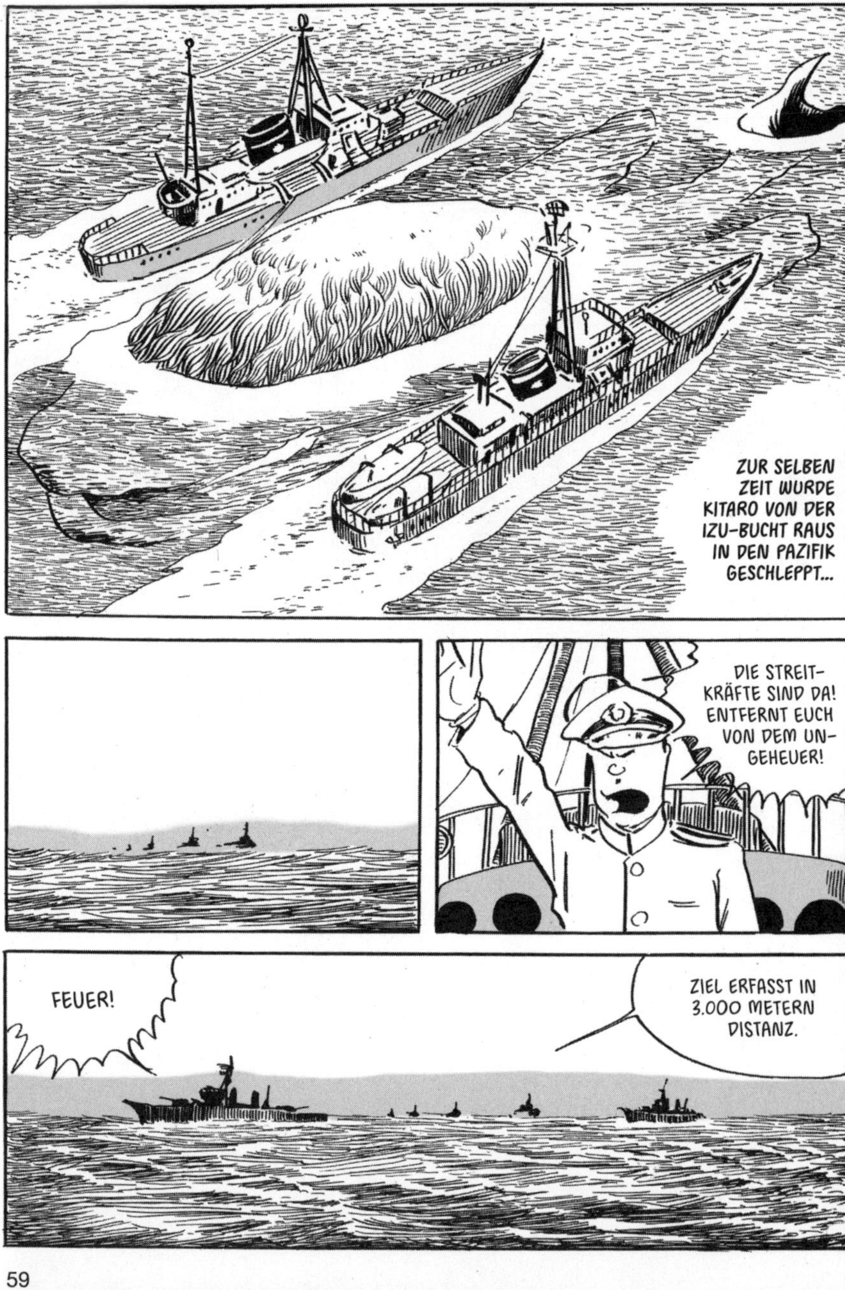
ZUR SELBEN ZEIT WURDE KITARO VON DER IZU-BUCHT RAUS IN DEN PAZIFIK GESCHLEPPT...
DIE STREITKRÄFTE SIND DA! ENTFERNT EUCH VON DEM UNGEHEUER!
ZIEL ERFASST IN 3.000 METERN DISTANZ.
FEUER!

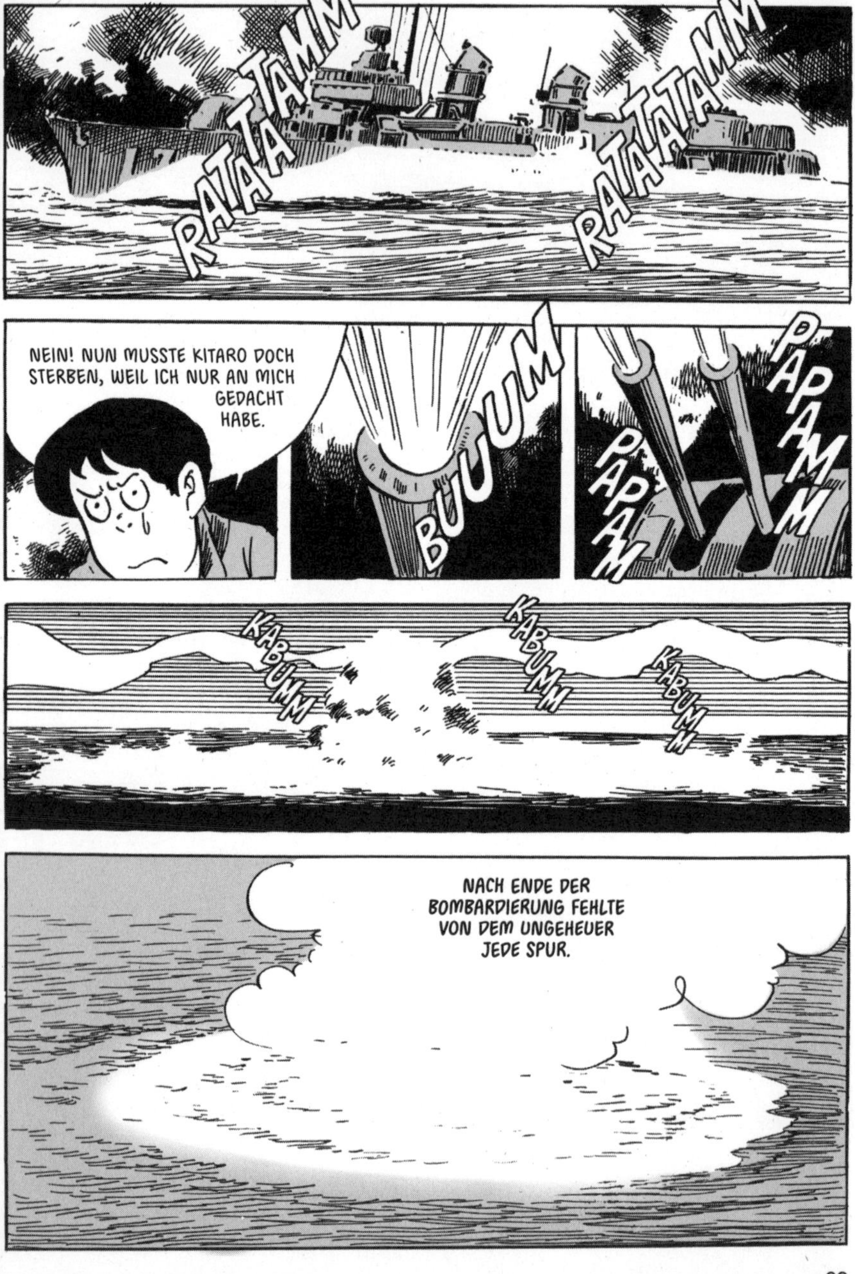
RATATATAMM
RATATATAMM
NEIN! NUN MUSSTE KITARO DOCH STERBEN, WEIL ICH NUR AN MICH GEDACHT HABE.
BUUUM
PAPAMM
PAPAM
KABUMM
KABUMM
KABUMM
NACH ENDE DER BOMBARDIERUNG FEHLTE VON DEM UNGEHEUER JEDE SPUR.

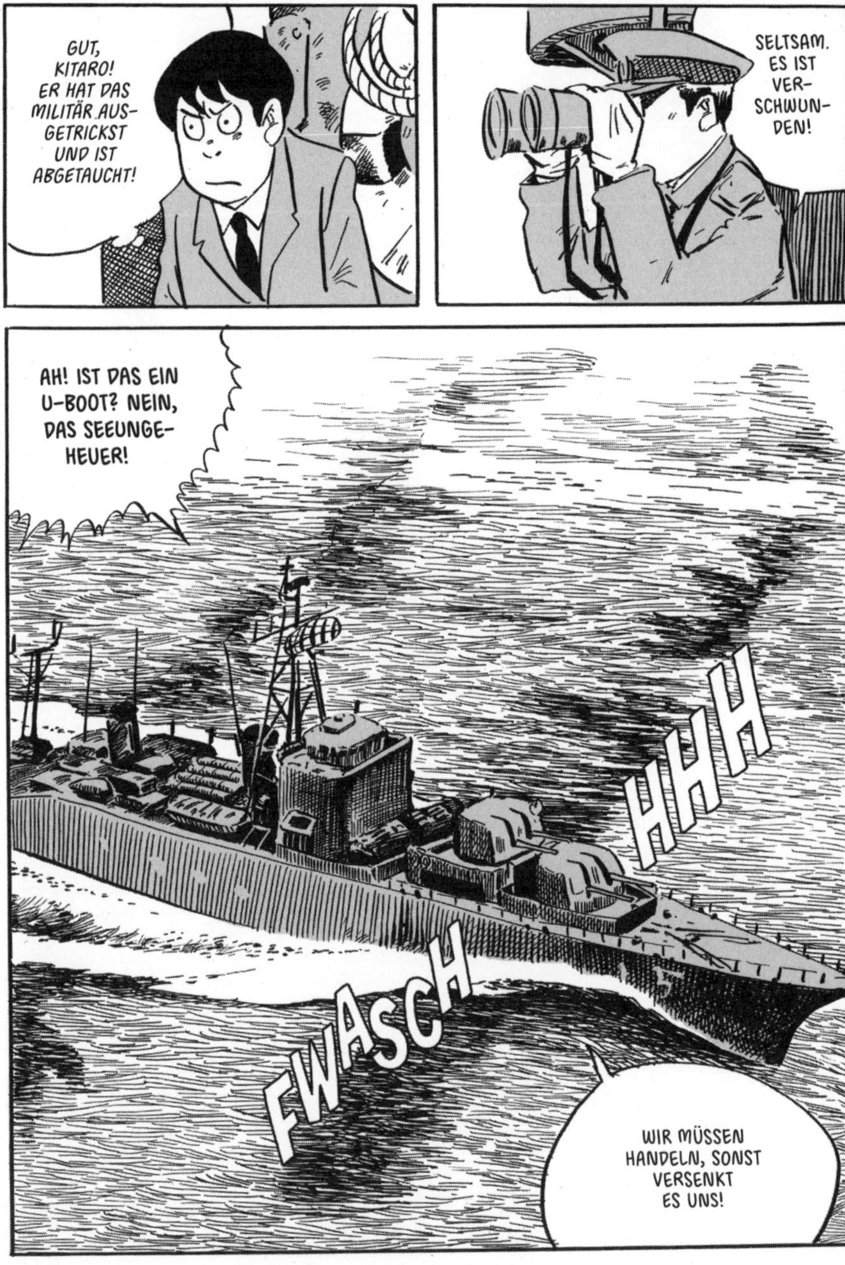

GUT, KITARO! ER HAT DAS MILITÄR AUSGETRICKST UND IST ABGETAUCHT!
SELTSAM. ES IST VERSCHWUNDEN!
AH! IST DAS EIN U-BOOT? NEIN, DAS SEEUNGEHEUER!
HHH
FWASCH
WIR MÜSSEN HANDELN, SONST VERSENKT ES UNS!

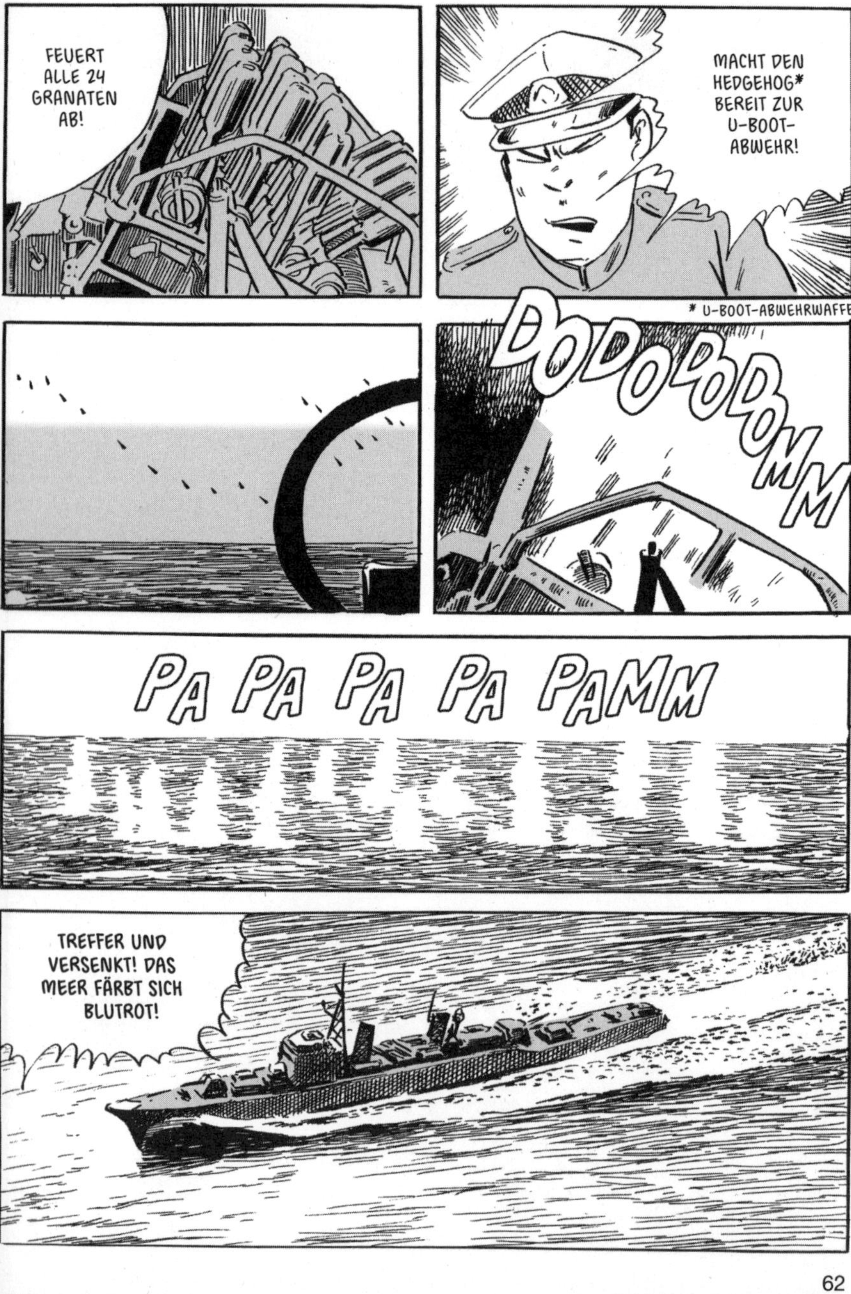
FEUERT ALLE 24 GRANATEN AB!
MACHT DEN HEDGEHOG* BEREIT ZUR U-BOOT-ABWEHR!
* U-BOOT-ABWEHRWAFFE
DODODODOMM
PA PA PA PA PAMM
TREFFER UND VERSENKT! DAS MEER FÄRBT SICH BLUTROT!

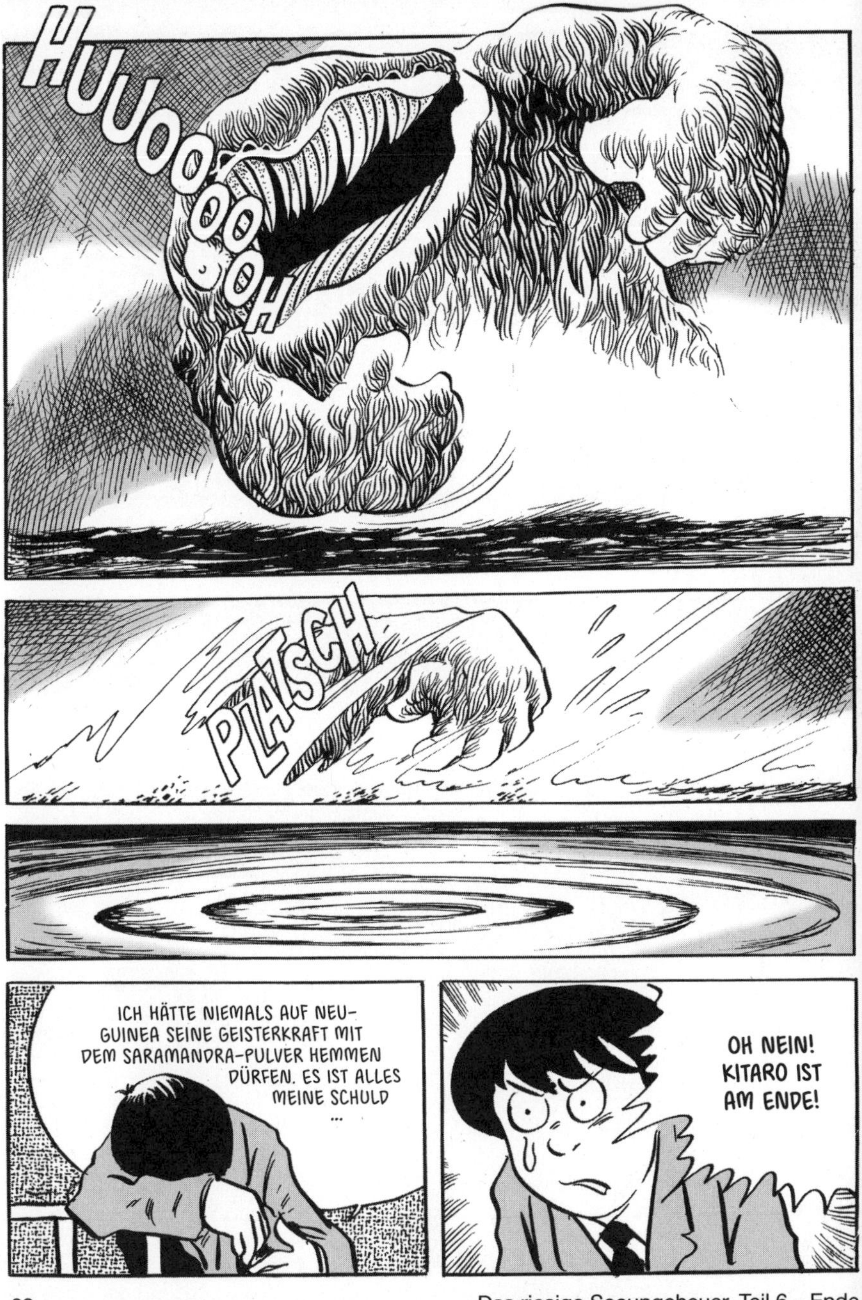
HUUOOOOOOH
PLATSCH
ICH HÄTTE NIEMALS AUF NEU-GUINEA SEINE GEISTERKRAFT MIT DEM SARAMANDRA-PULVER HEMMEN DÜRFEN. ES IST ALLES MEINE SCHULD …
OH NEIN! KITARO IST AM ENDE!

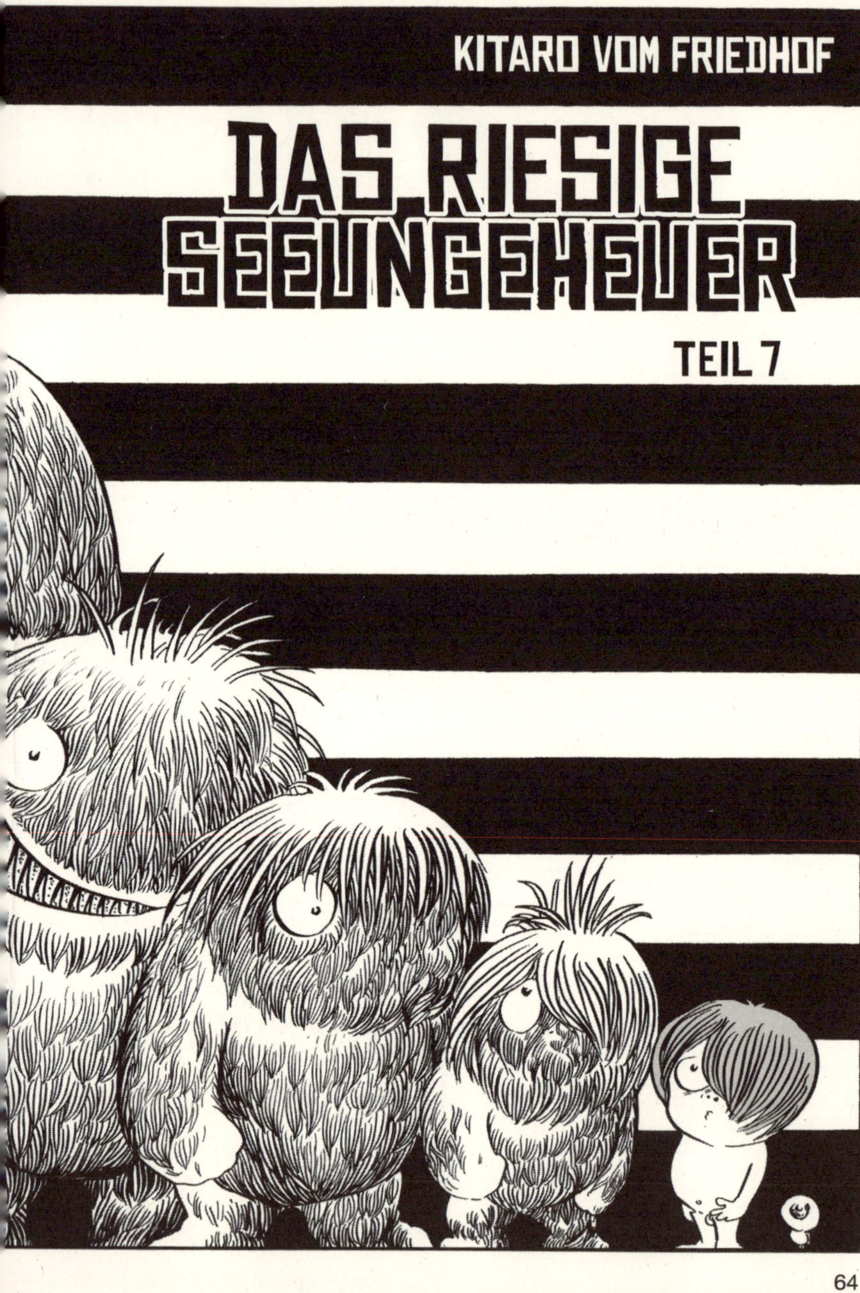
KITARO VOM FRIEDHOF
DAS RIESIGE SEEUNGEHEUER
TEIL 7

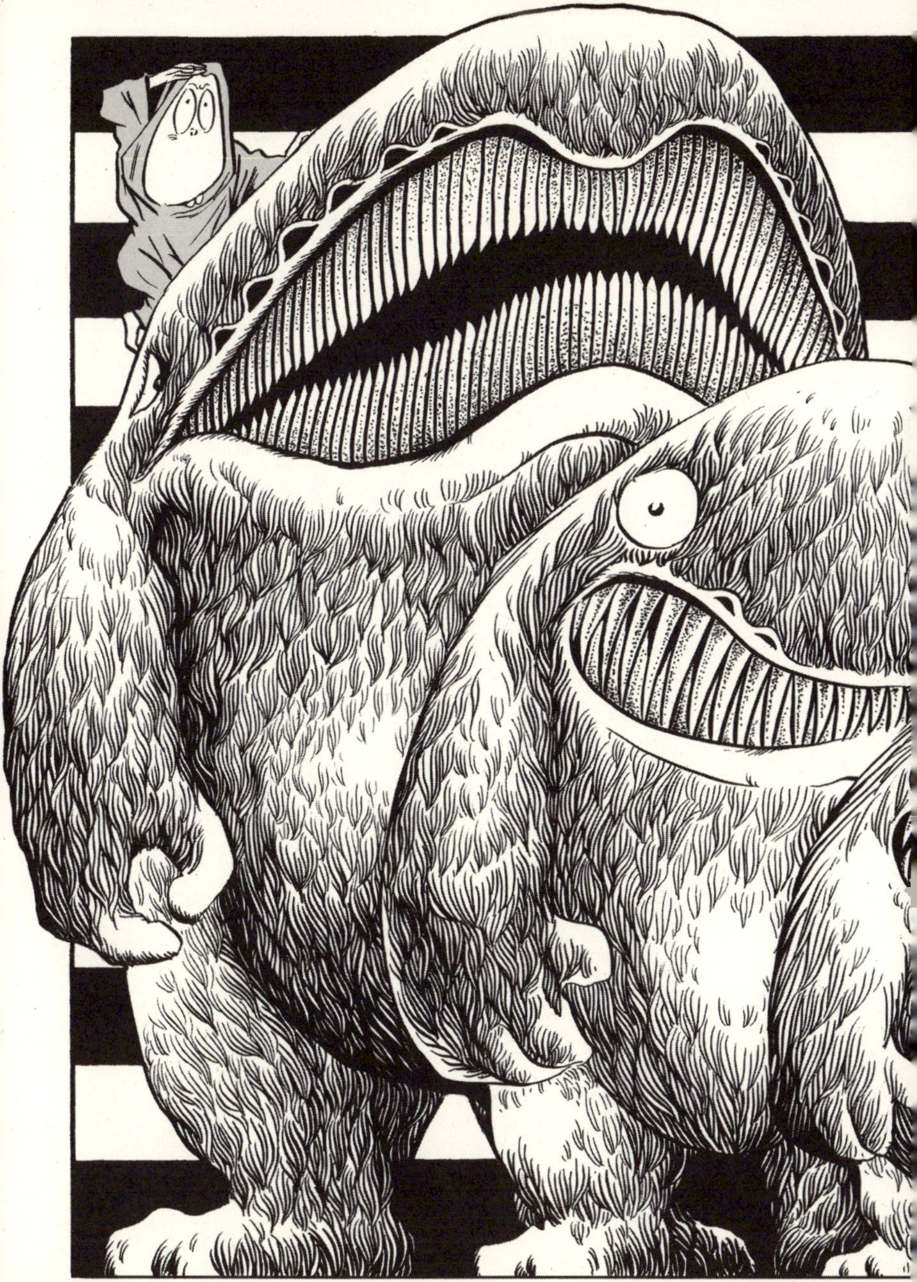

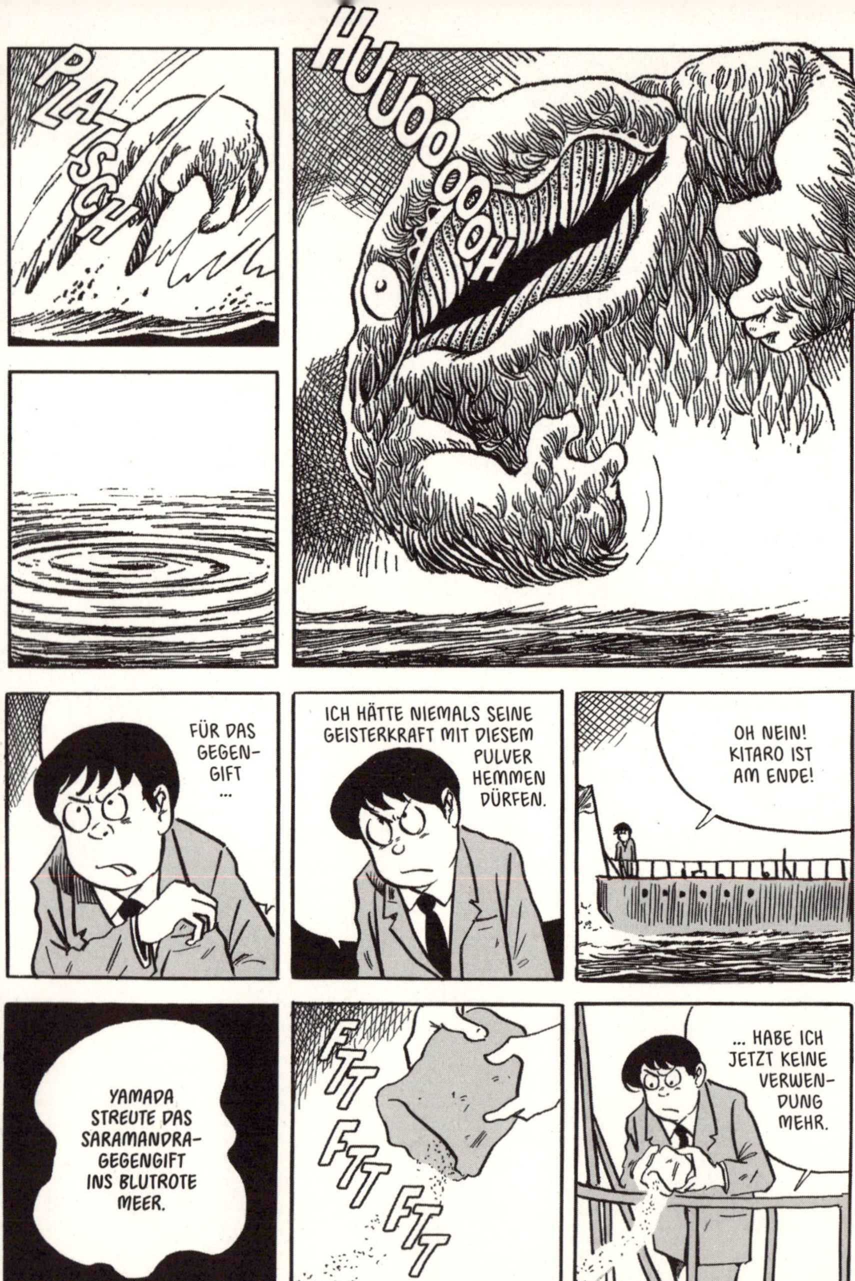
PLATSCH
HUUOOOOOOH
FÜR DAS GEGEN-GIFT ...
ICH HÄTTE NIEMALS SEINE GEISTERKRAFT MIT DIESEM PULVER HEMMEN DÜRFEN.
OH NEIN! KITARO IST AM ENDE!
YAMADA STREUTE DAS SARAMANDRA-GEGENGIFT INS BLUTROTE MEER.
FTT FTT FTT
... HABE ICH JETZT KEINE VERWEN-DUNG MEHR.

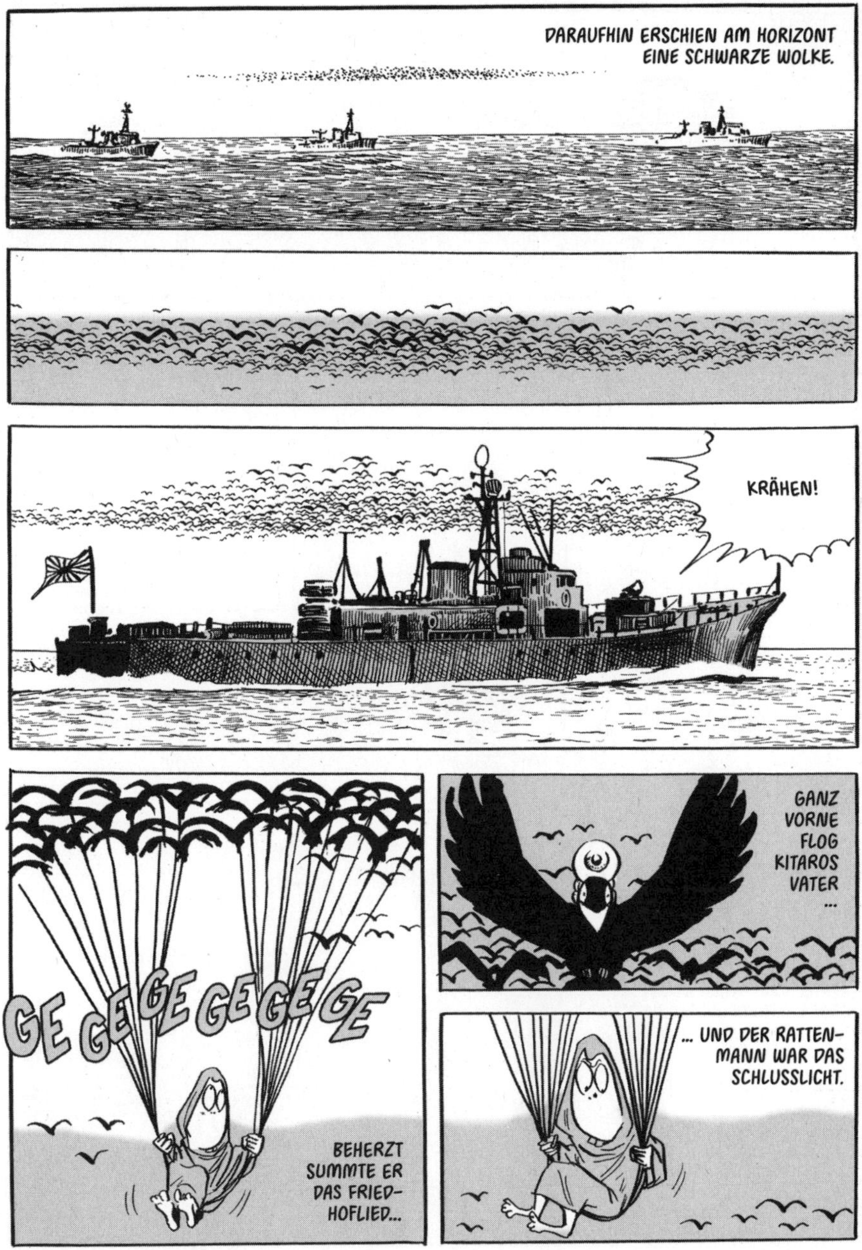
DARAUFHIN ERSCHIEN AM HORIZONT EINE SCHWARZE WOLKE.
KRÄHEN!
GE GE GE GE GE GE GE
BEHERZT SUMMTE ER DAS FRIED-HOFLIED...
GANZ VORNE FLOG KITAROS VATER ...
... UND DER RATTEN-MANN WAR DAS SCHLUSSLICHT.

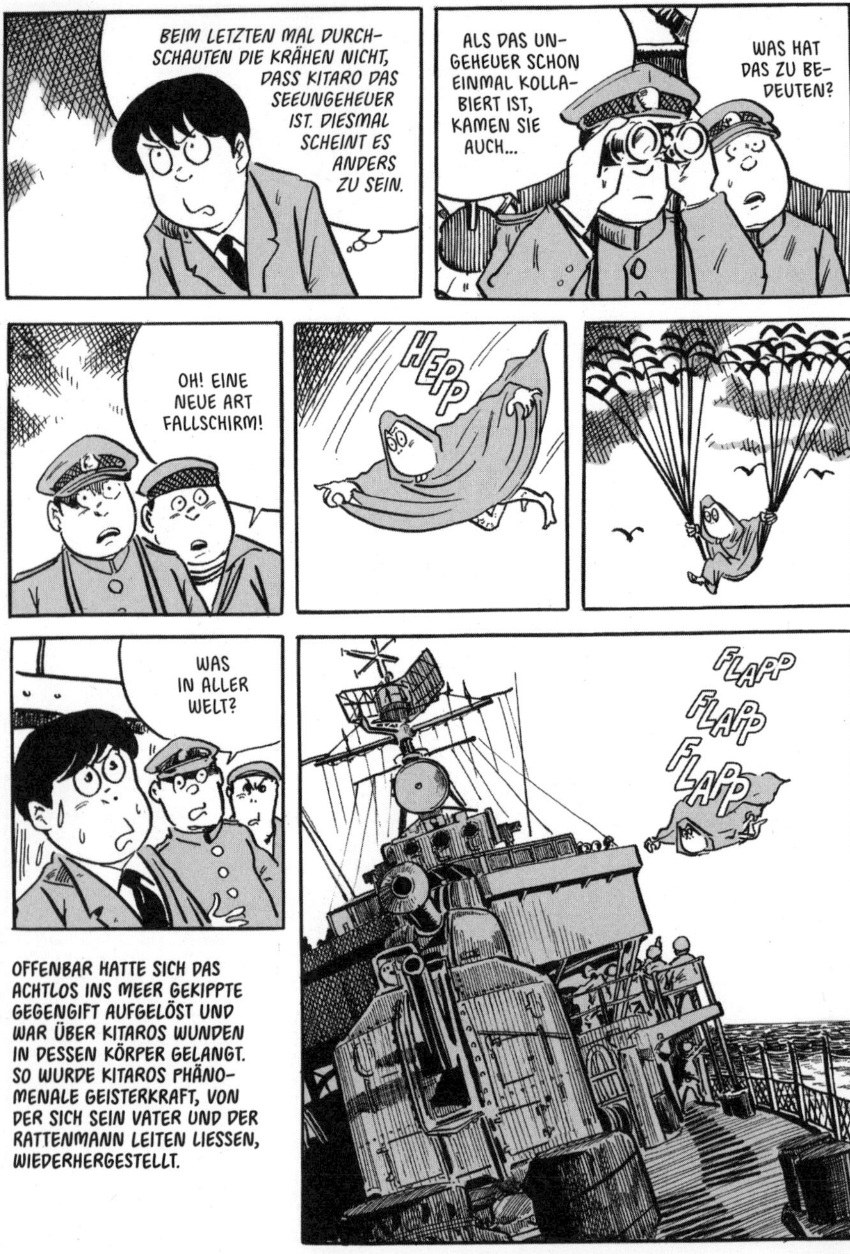
BEIM LETZTEN MAL DURCHSCHAUTEN DIE KRÄHEN NICHT, DASS KITARO DAS SEEUNGEHEUER IST. DIESMAL SCHEINT ES ANDERS ZU SEIN.
ALS DAS UNGEHEUER SCHON EINMAL KOLLABIERT IST, KAMEN SIE AUCH...
WAS HAT DAS ZU BEDEUTEN?
OH! EINE NEUE ART FALLSCHIRM!
HEPP
WAS IN ALLER WELT?
FLAPP
FLAPP
FLAPP
OFFENBAR HATTE SICH DAS ACHTLOS INS MEER GEKIPPTE GEGENGIFT AUFGELÖST UND WAR ÜBER KITAROS WUNDEN IN DESSEN KÖRPER GELANGT. SO WURDE KITAROS PHÄNOMENALE GEISTERKRAFT, VON DER SICH SEIN VATER UND DER RATTENMANN LEITEN LIESSEN, WIEDERHERGESTELLT.

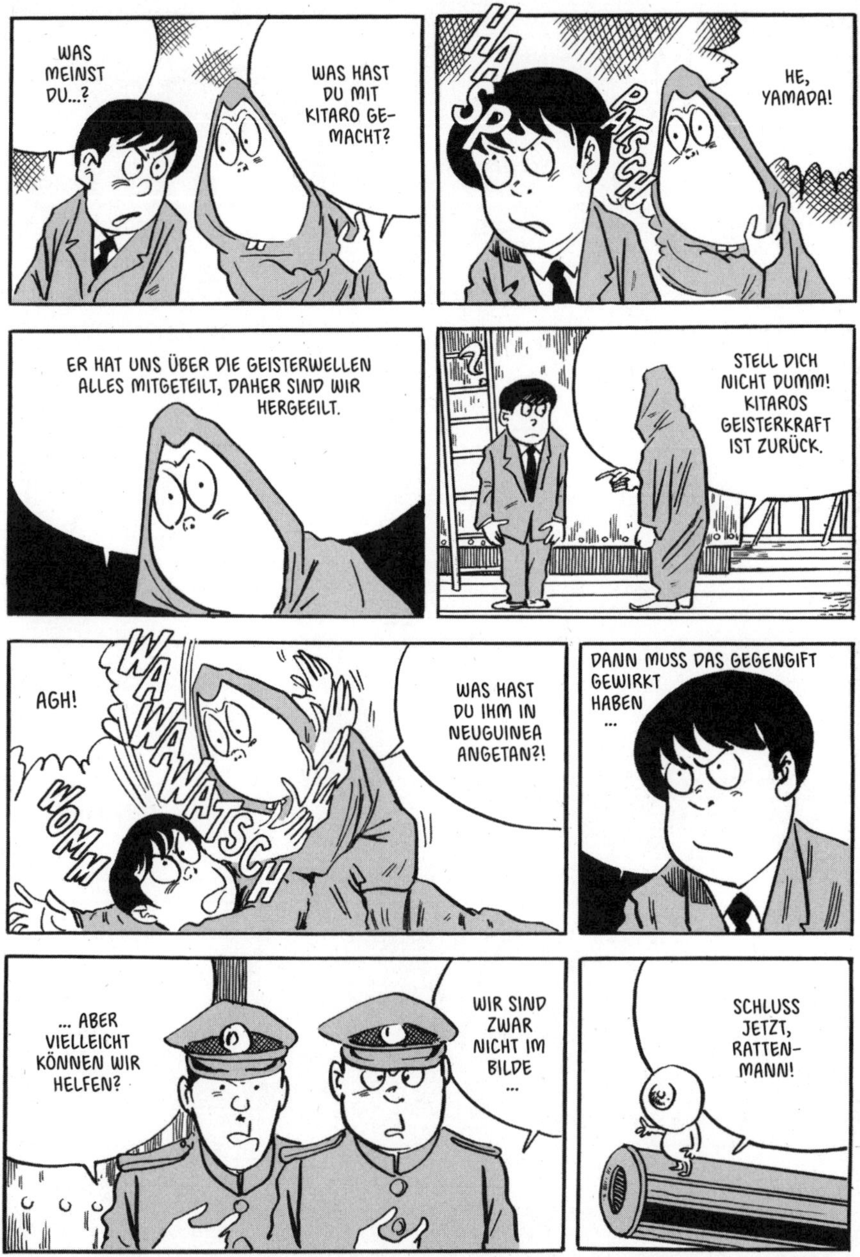
WAS HAST DU MIT KITARO GEMACHT?
WAS MEINST DU...?
HE, YAMADA!
PATSCH
HASP
STELL DICH NICHT DUMM! KITAROS GEISTERKRAFT IST ZURÜCK.
?
ER HAT UNS ÜBER DIE GEISTERWELLEN ALLES MITGETEILT, DAHER SIND WIR HERGEEILT.
DANN MUSS DAS GEGENGIFT GEWIRKT HABEN ...
WAS HAST DU IHM IN NEUGUINEA ANGETAN?!
WAWAWAWATSCH
AGH!
WOMM
SCHLUSS JETZT, RATTENMANN!
WIR SIND ZWAR NICHT IM BILDE ...
... ABER VIELLEICHT KÖNNEN WIR HELFEN?

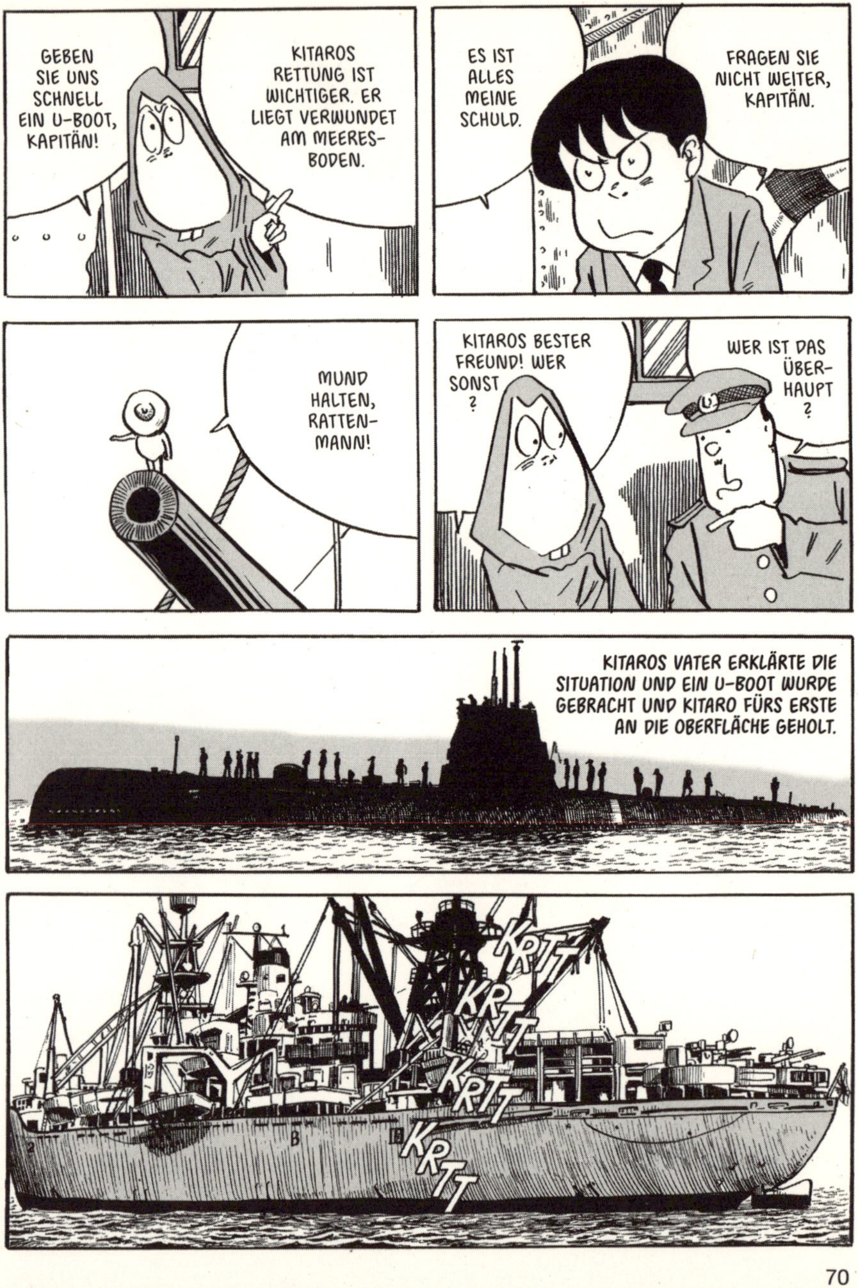
GEBEN SIE UNS SCHNELL EIN U-BOOT, KAPITÄN!
KITAROS RETTUNG IST WICHTIGER. ER LIEGT VERWUNDET AM MEERES-BODEN.
ES IST ALLES MEINE SCHULD.
FRAGEN SIE NICHT WEITER, KAPITÄN.
MUND HALTEN, RATTEN-MANN!
KITAROS BESTER FREUND! WER SONST?
WER IST DAS ÜBER-HAUPT?
KITAROS VATER ERKLÄRTE DIE SITUATION UND EIN U-BOOT WURDE GEBRACHT UND KITARO FÜRS ERSTE AN DIE OBERFLÄCHE GEHOLT.
KRTT
KRTT
KRTT
KRTT

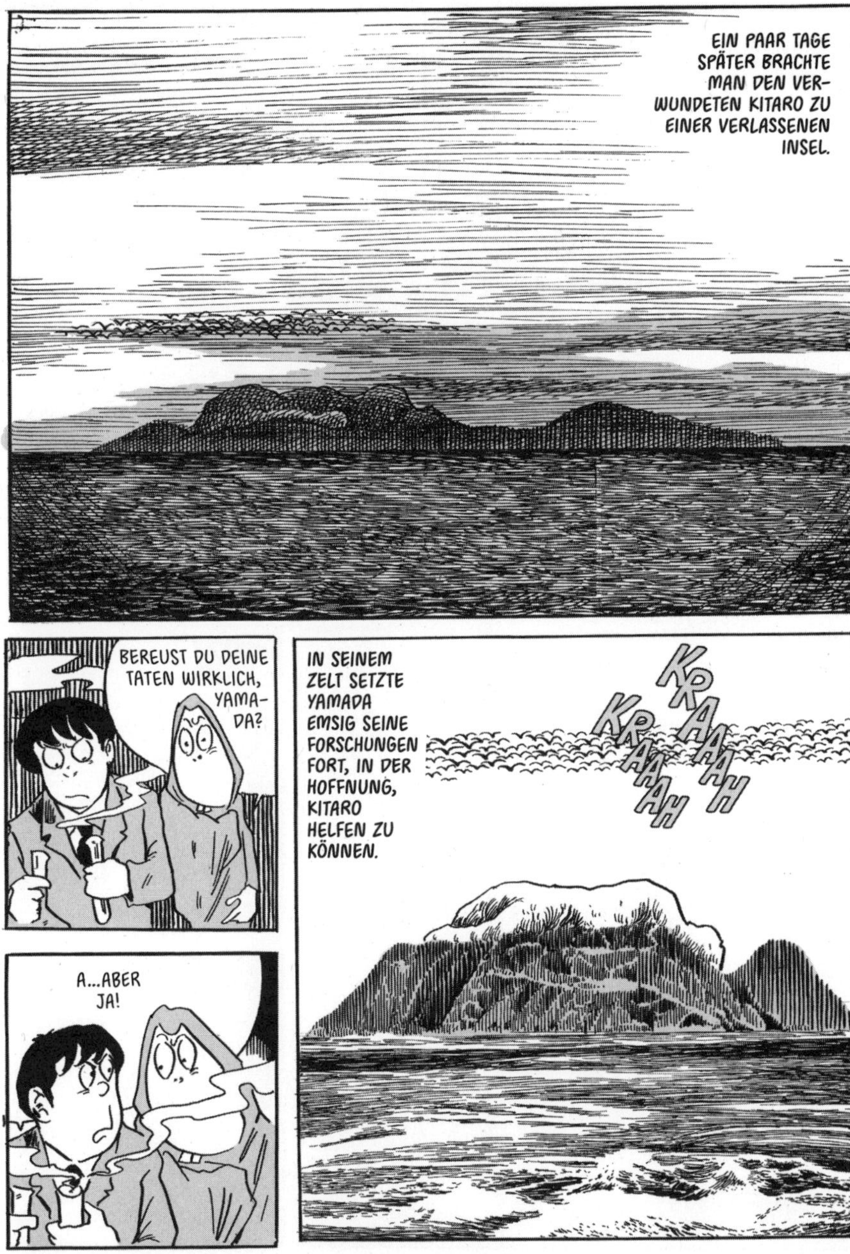
EIN PAAR TAGE SPÄTER BRACHTE MAN DEN VERWUNDETEN KITARO ZU EINER VERLASSENEN INSEL.
IN SEINEM ZELT SETZTE YAMADA EMSIG SEINE FORSCHUNGEN FORT, IN DER HOFFNUNG, KITARO HELFEN ZU KÖNNEN.
KRAAAH
KRAAAH
BEREUST DU DEINE TATEN WIRKLICH, YAMADA?
A...ABER JA!

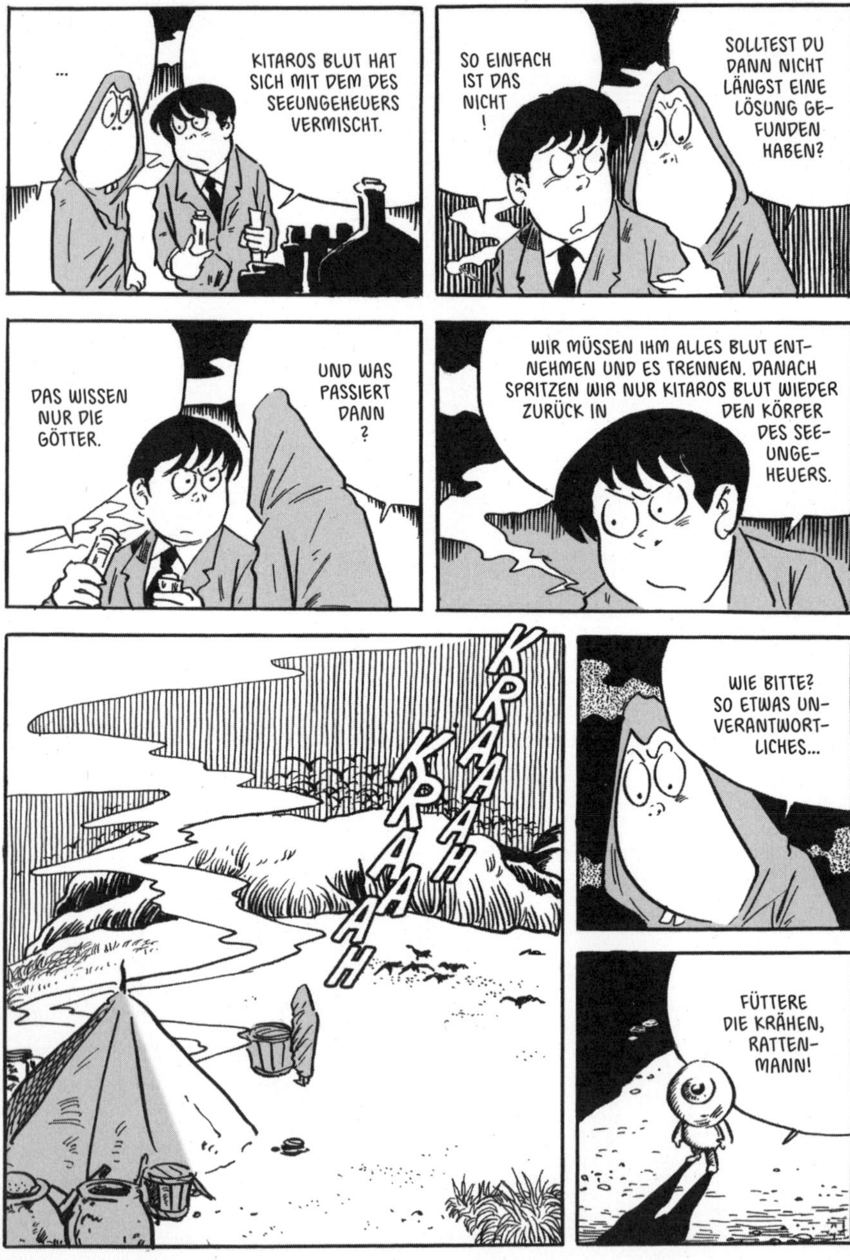
...
KITAROS BLUT HAT SICH MIT DEM DES SEEUNGEHEUERS VERMISCHT.
SOLLTEST DU DANN NICHT LÄNGST EINE LÖSUNG GEFUNDEN HABEN?
SO EINFACH IST DAS NICHT!
UND WAS PASSIERT DANN?
DAS WISSEN NUR DIE GÖTTER.
WIR MÜSSEN IHM ALLES BLUT ENTNEHMEN UND ES TRENNEN. DANACH SPRITZEN WIR NUR KITAROS BLUT WIEDER ZURÜCK IN DEN KÖRPER DES SEEUNGEHEUERS.
KRAAAAH
KRAAAAAH
WIE BITTE? SO ETWAS UNVERANTWORTLICHES...
FÜTTERE DIE KRÄHEN, RATTENMANN!

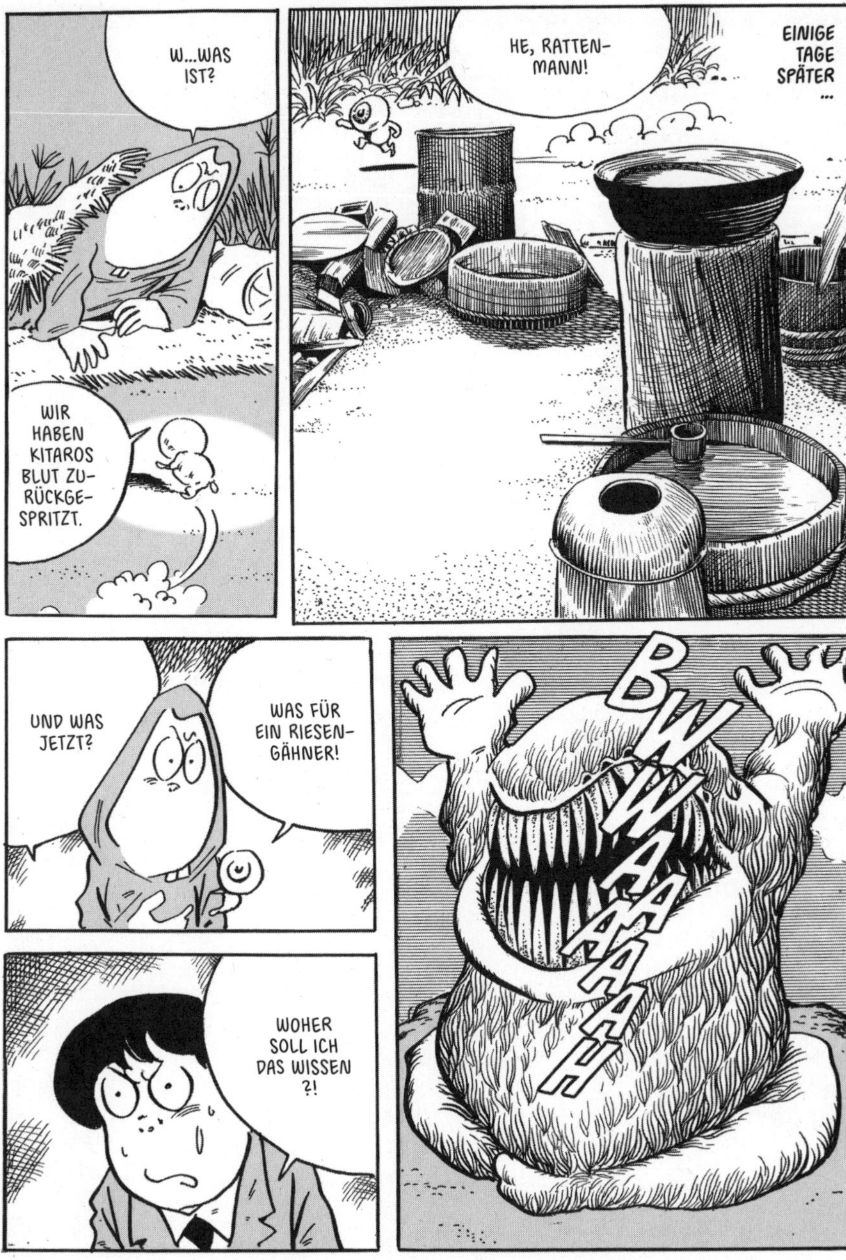
EINIGE TAGE SPÄTER ...
HE, RATTEN-MANN!
W...WAS IST?
WIR HABEN KITAROS BLUT ZU-RÜCKGE-SPRITZT.
BWAAAAAAAH
WAS FÜR EIN RIESEN-GÄHNER!
UND WAS JETZT?
WOHER SOLL ICH DAS WISSEN ?!

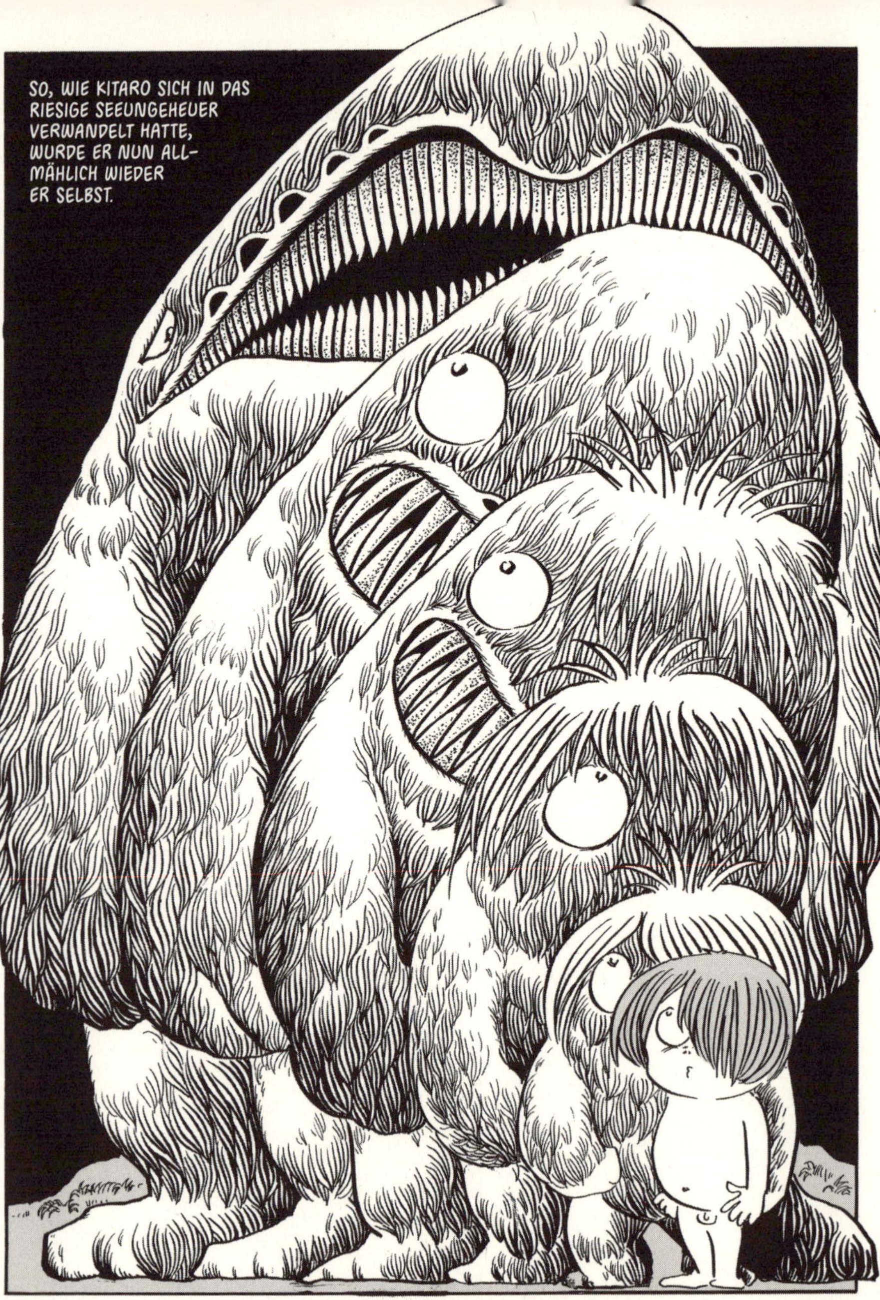
SO, WIE KITARO SICH IN DAS RIESIGE SEEUNGEHEUER VERWANDELT HATTE, WURDE ER NUN ALLMÄHLICH WIEDER ER SELBST.

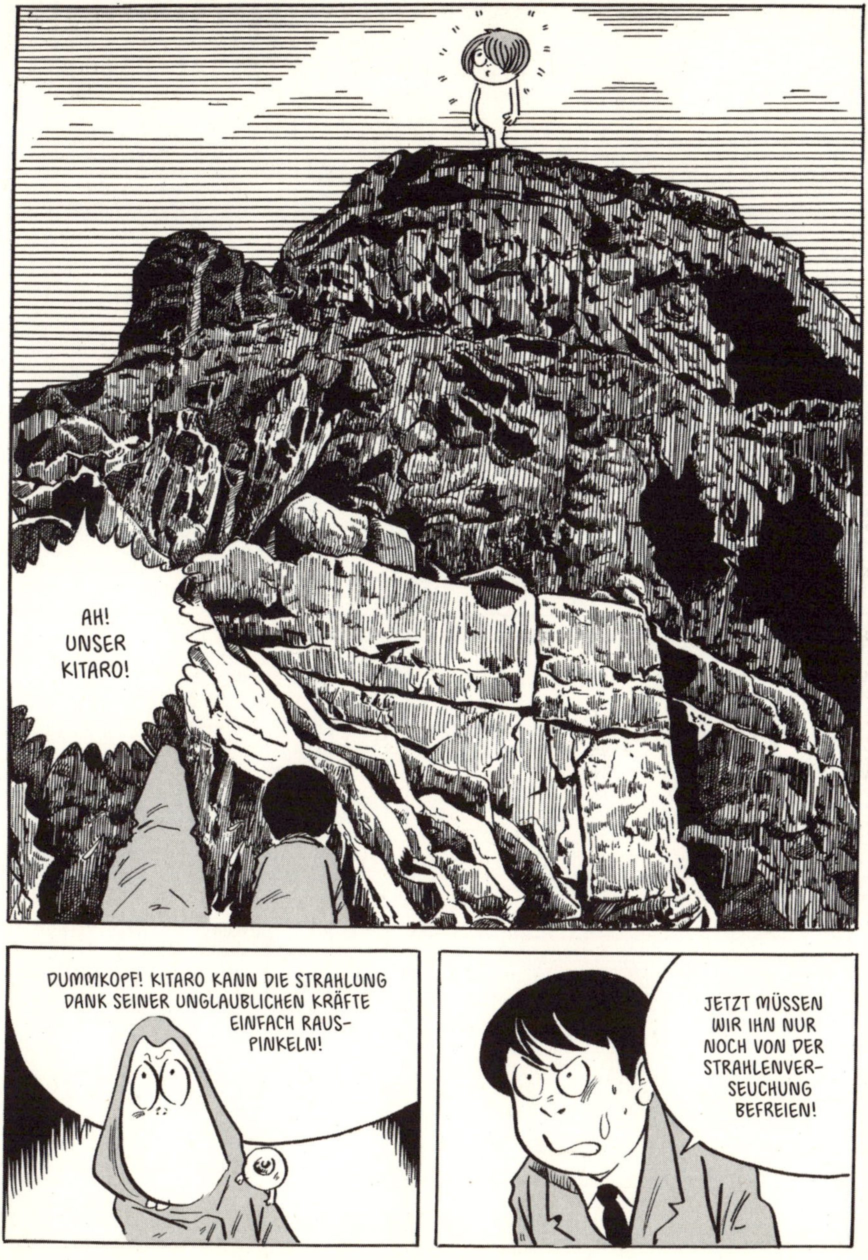
AH! UNSER KITARO!
DUMMKOPF! KITARO KANN DIE STRAHLUNG DANK SEINER UNGLAUBLICHEN KRÄFTE EINFACH RAUS-PINKELN!
JETZT MÜSSEN WIR IHN NUR NOCH VON DER STRAHLENVER-SEUCHUNG BEFREIEN!

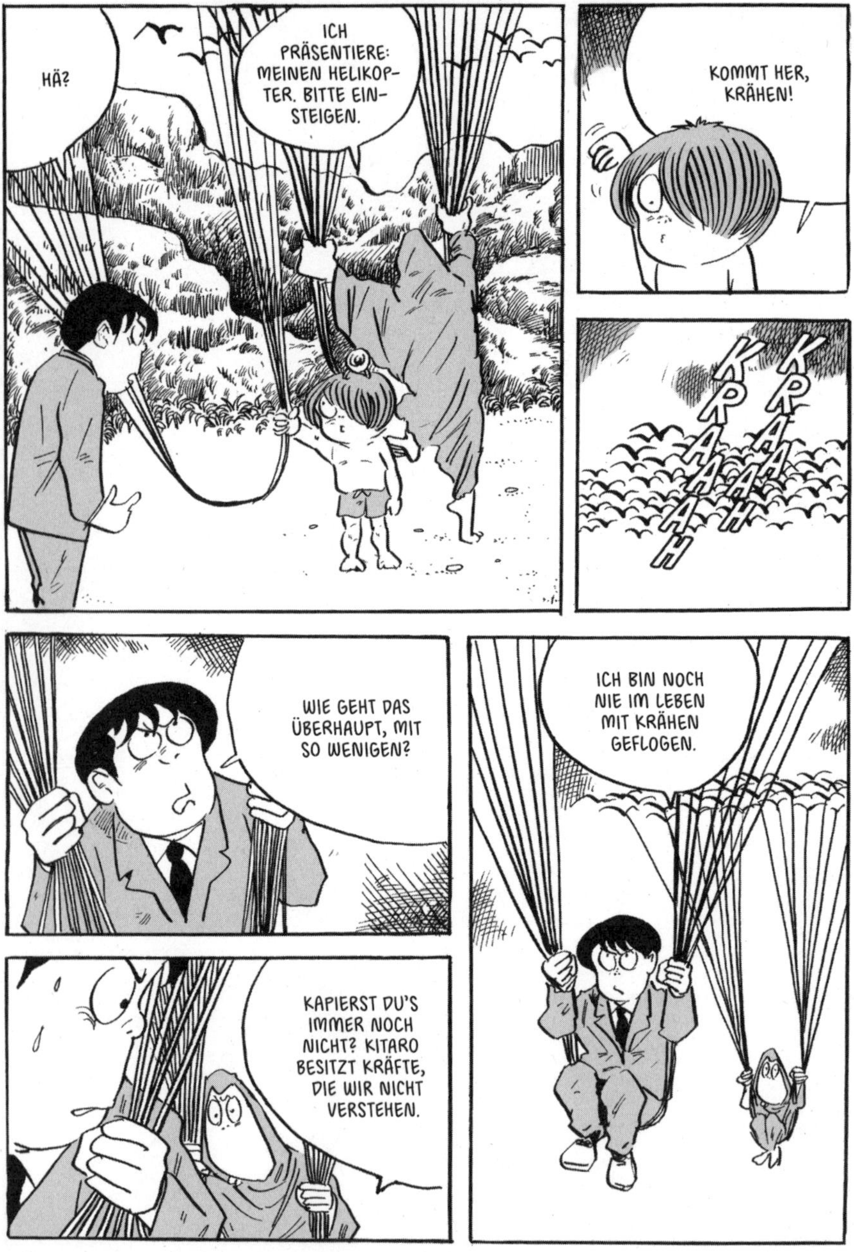
HÄ?
ICH PRÄSENTIERE: MEINEN HELIKOPTER. BITTE EINSTEIGEN.
KOMMT HER, KRÄHEN!
KRAAAAAH
KRAAAAAH
WIE GEHT DAS ÜBERHAUPT, MIT SO WENIGEN?
KAPIERST DU'S IMMER NOCH NICHT? KITARO BESITZT KRÄFTE, DIE WIR NICHT VERSTEHEN.
ICH BIN NOCH NIE IM LEBEN MIT KRÄHEN GEFLOGEN.

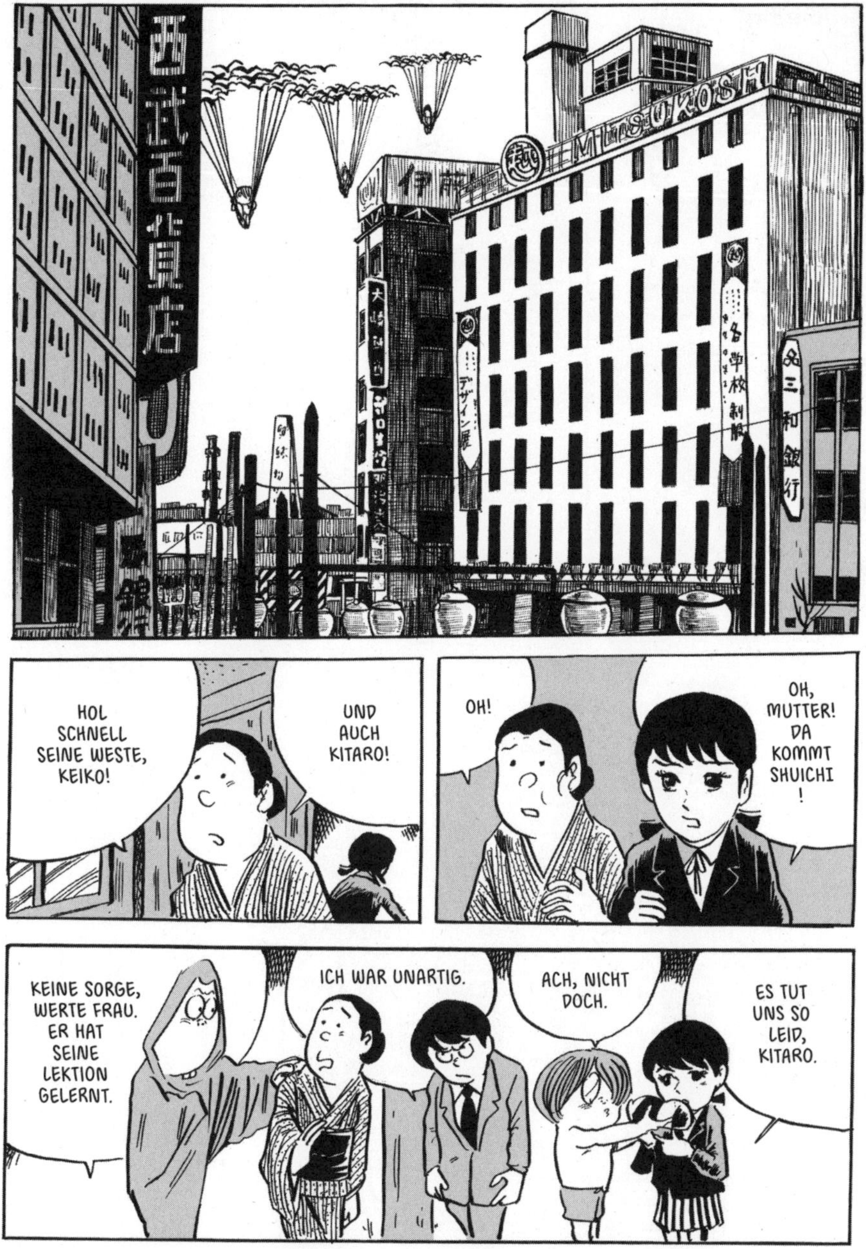
西武百貨店
デザイン展
三和銀行
OH, MUTTER! DA KOMMT SHUICHI!
OH!
UND AUCH KITARO!
HOL SCHNELL SEINE WESTE, KEIKO!
ES TUT UNS SO LEID, KITARO.
ACH, NICHT DOCH.
ICH WAR UNARTIG.
KEINE SORGE, WERTE FRAU. ER HAT SEINE LEKTION GELERNT.

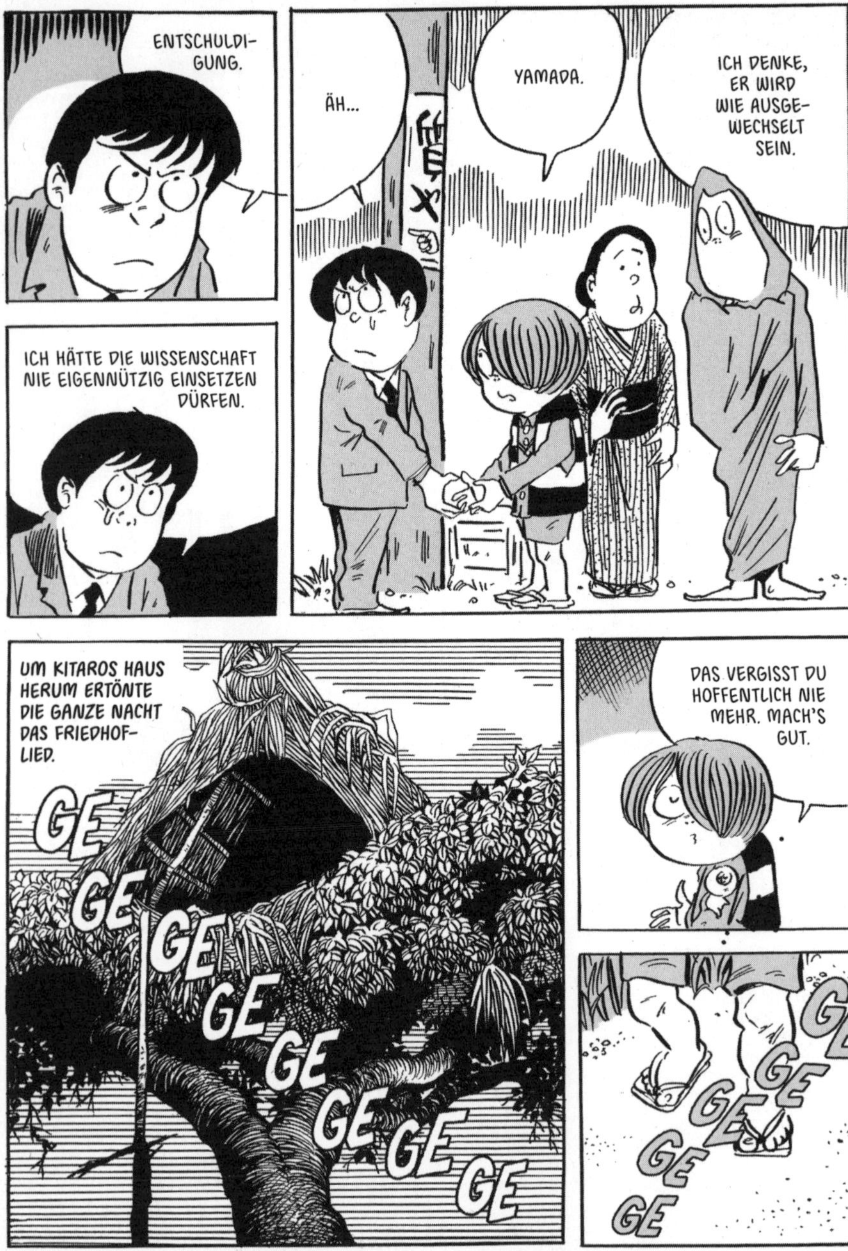
ENTSCHULDI-GUNG.
ÄH...
YAMADA.
ICH DENKE, ER WIRD WIE AUSGE-WECHSELT SEIN.
ICH HÄTTE DIE WISSENSCHAFT NIE EIGENNÜTZIG EINSETZEN DÜRFEN.
UM KITAROS HAUS HERUM ERTÖNTE DIE GANZE NACHT DAS FRIEDHOF-LIED.
GE GE GE GE GE GE GE GE GE
DAS VERGISST DU HOFFENTLICH NIE MEHR. MACH'S GUT.
GE GE GE GE GE GE

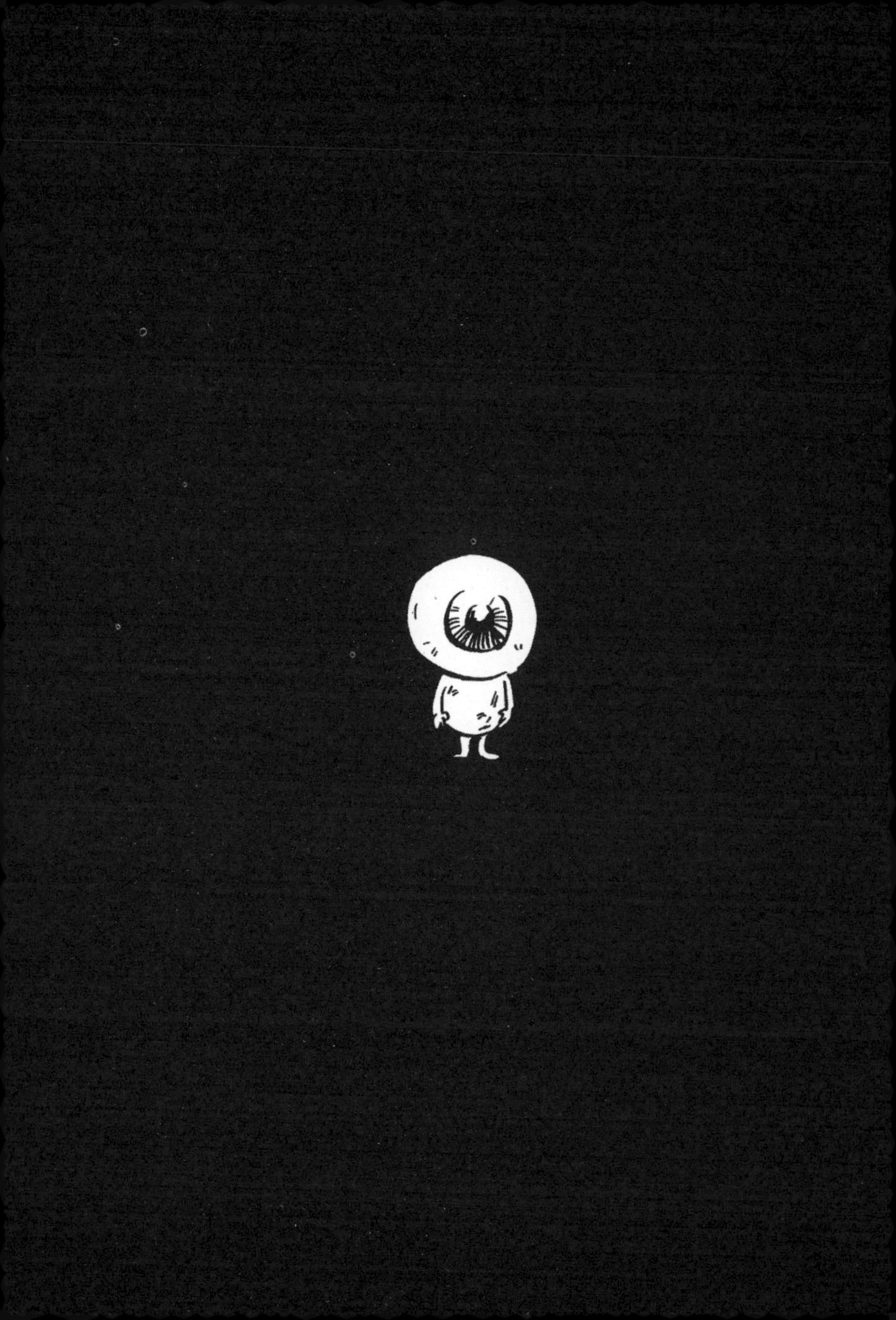

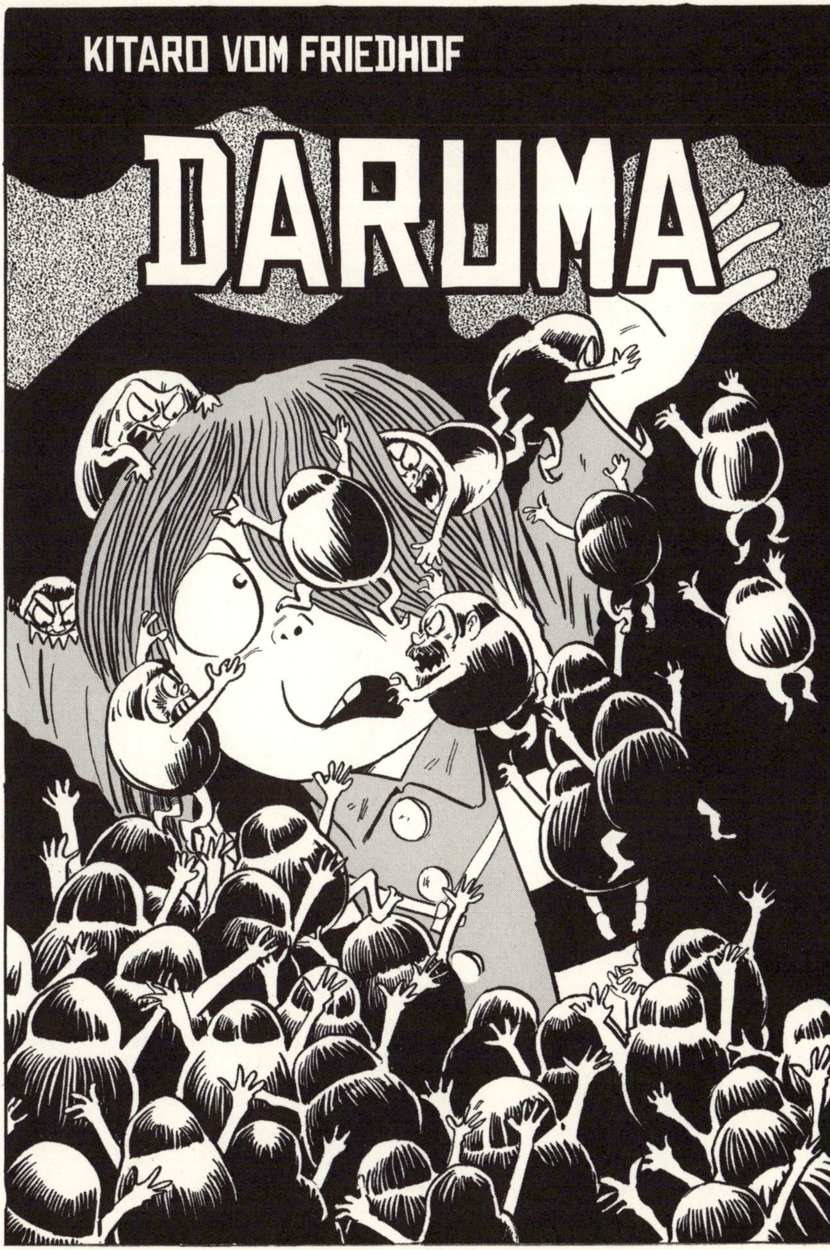
KITARO VOM FRIEDHOF
DARUMA

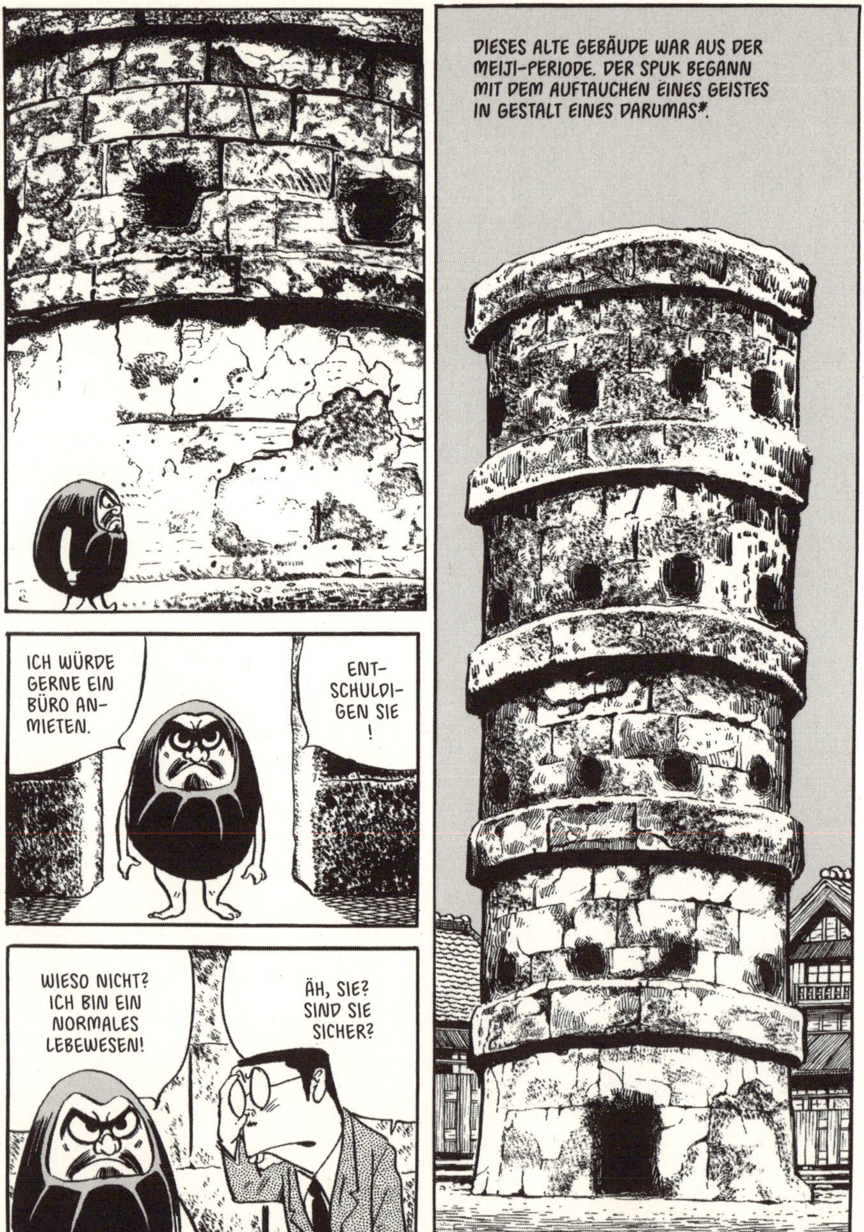

* JAPANISCHER GLÜCKSBRINGER AUS PAPPMACHÉ

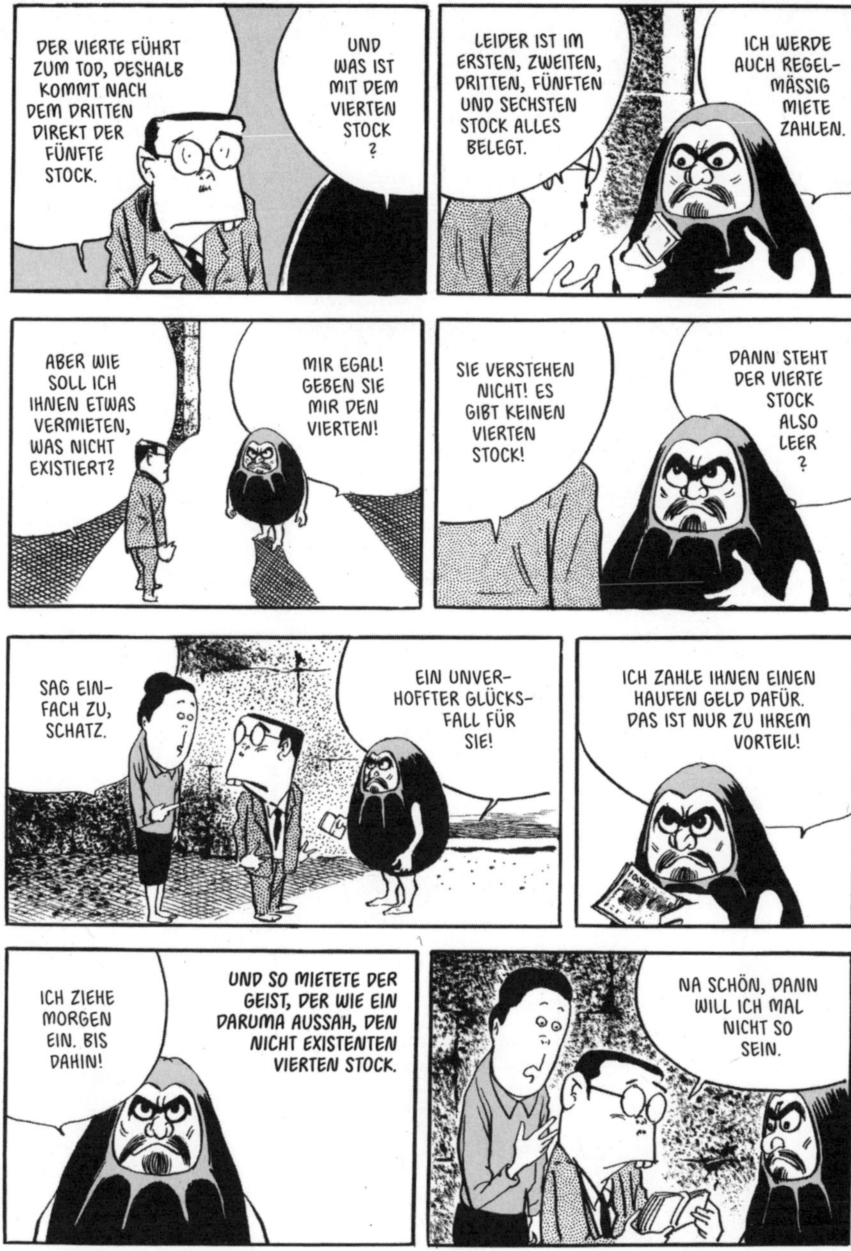

UND WAS IST MIT DEM VIERTEN STOCK?
DER VIERTE FÜHRT ZUM TOD, DESHALB KOMMT NACH DEM DRITTEN DIREKT DER FÜNFTE STOCK.
ICH WERDE AUCH REGELMÄSSIG MIETE ZAHLEN.
LEIDER IST IM ERSTEN, ZWEITEN, DRITTEN, FÜNFTEN UND SECHSTEN STOCK ALLES BELEGT.
MIR EGAL! GEBEN SIE MIR DEN VIERTEN!
ABER WIE SOLL ICH IHNEN ETWAS VERMIETEN, WAS NICHT EXISTIERT?
DANN STEHT DER VIERTE STOCK ALSO LEER?
SIE VERSTEHEN NICHT! ES GIBT KEINEN VIERTEN STOCK!
ICH ZAHLE IHNEN EINEN HAUFEN GELD DAFÜR. DAS IST NUR ZU IHREM VORTEIL!
EIN UNVERHOFFTER GLÜCKSFALL FÜR SIE!
SAG EINFACH ZU, SCHATZ.
NA SCHÖN, DANN WILL ICH MAL NICHT SO SEIN.
UND SO MIETETE DER GEIST, DER WIE EIN DARUMA AUSSAH, DEN NICHT EXISTENTEN VIERTEN STOCK.
ICH ZIEHE MORGEN EIN. BIS DAHIN!

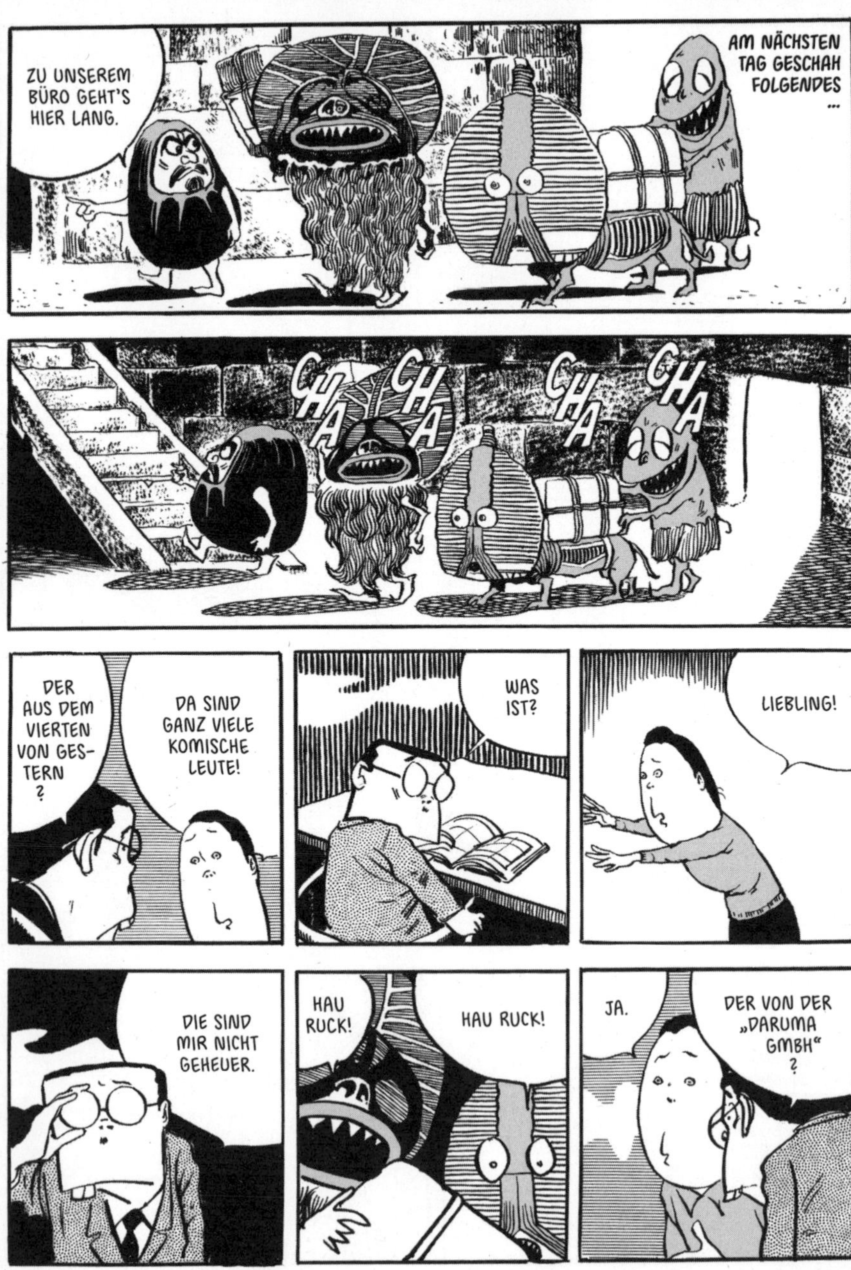

AM NÄCHSTEN TAG GESCHAH FOLGENDES ...
ZU UNSEREM BÜRO GEHT'S HIER LANG.
CHA CHA CHA CHA
DER AUS DEM VIERTEN VON GESTERN ?
DA SIND GANZ VIELE KOMISCHE LEUTE!
WAS IST?
LIEBLING!
DIE SIND MIR NICHT GEHEUER.
HAU RUCK!
HAU RUCK!
JA.
DER VON DER „DARUMA GMBH" ?

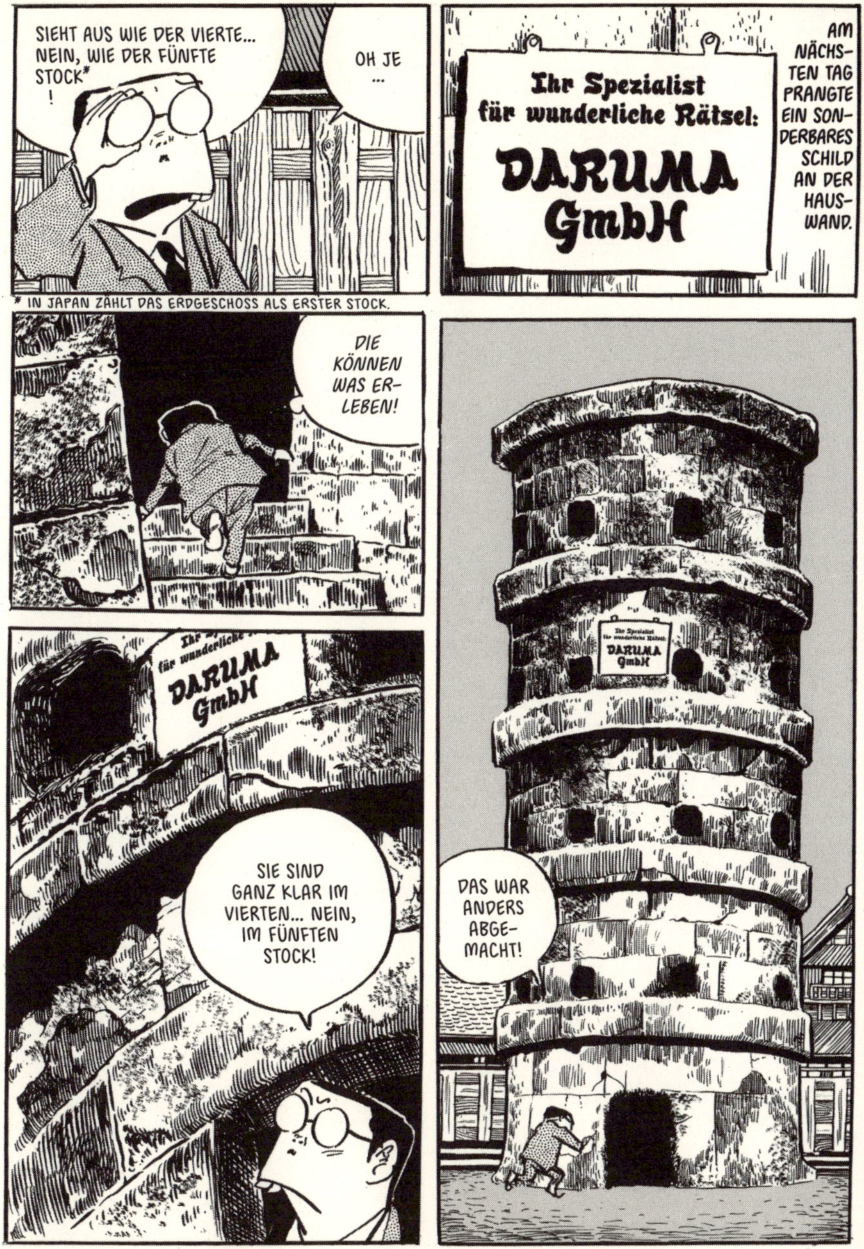

* IN JAPAN ZÄHLT DAS ERDGESCHOSS ALS ERSTER STOCK.

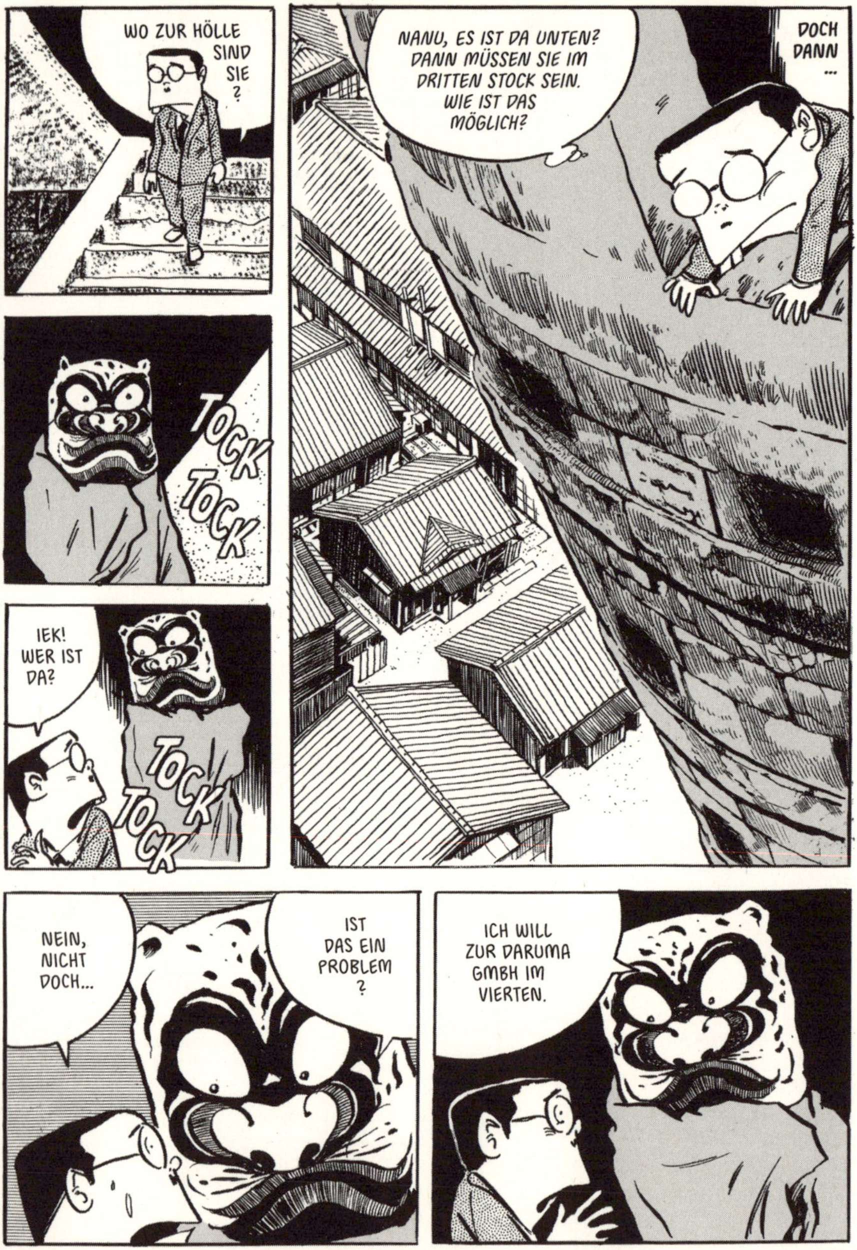

WO ZUR HÖLLE SIND SIE?
NANU, ES IST DA UNTEN? DANN MÜSSEN SIE IM DRITTEN STOCK SEIN. WIE IST DAS MÖGLICH?
DOCH DANN ...
TOCK TOCK
IEK! WER IST DA?
TOCK TOCK
NEIN, NICHT DOCH...
IST DAS EIN PROBLEM?
ICH WILL ZUR DARUMA GMBH IM VIERTEN.

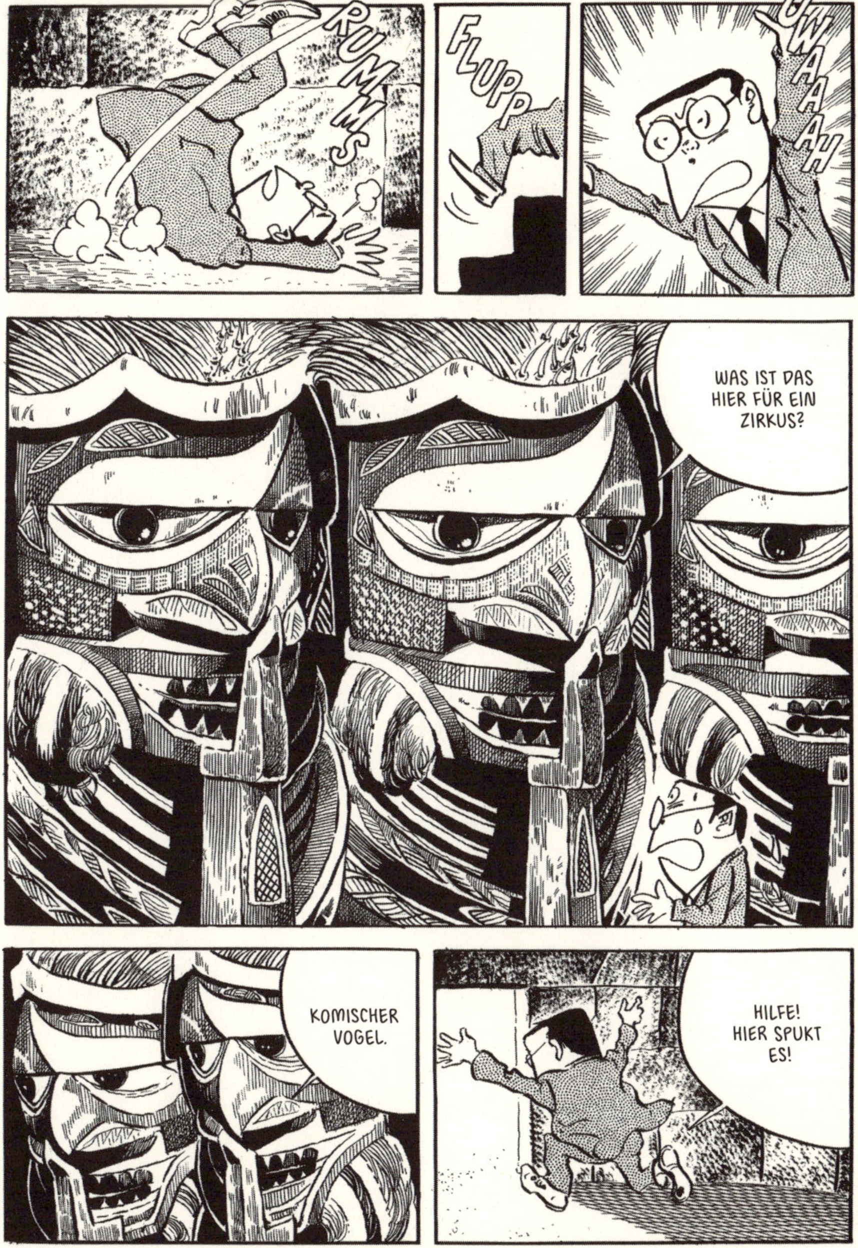
RUMMS
FLUPP
UWAAAH
WAS IST DAS HIER FÜR EIN ZIRKUS?
KOMISCHER VOGEL.
HILFE! HIER SPUKT ES!

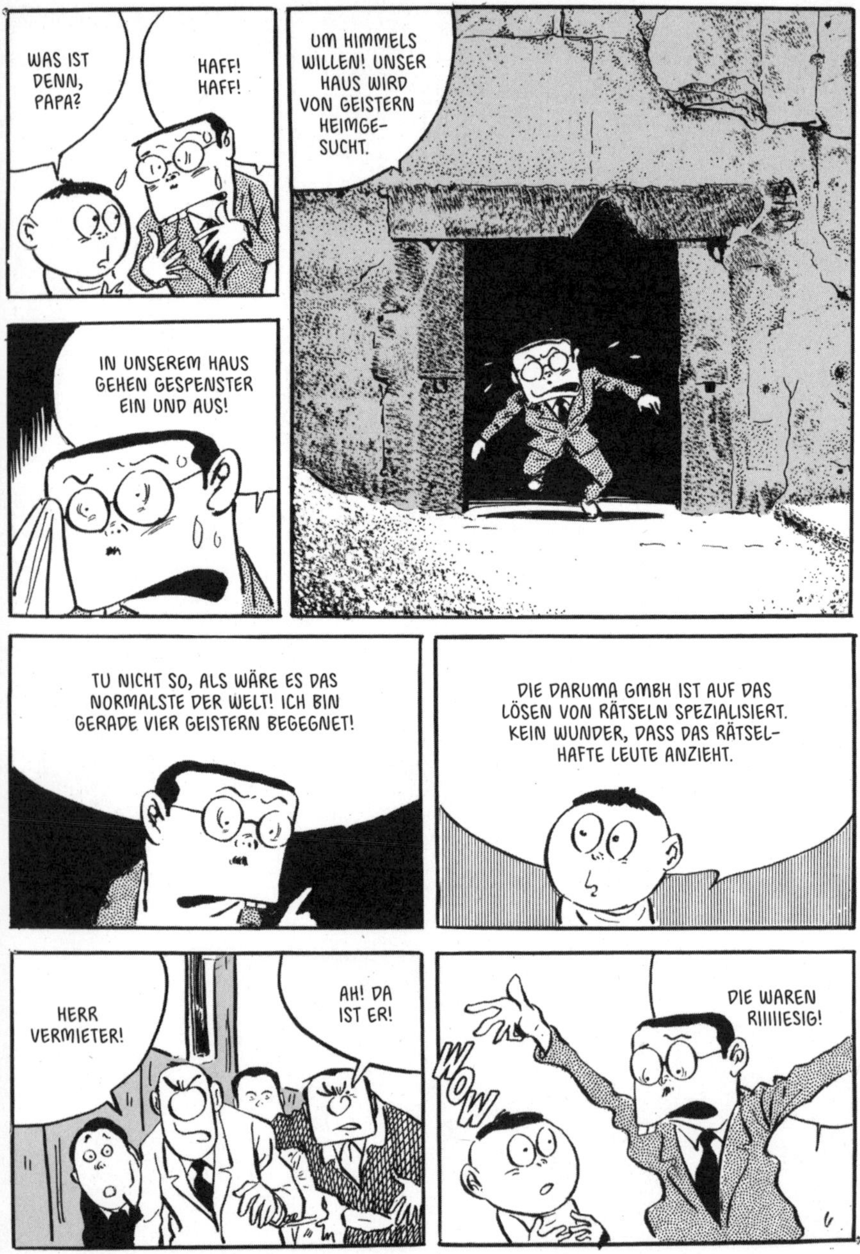
WAS IST DENN, PAPA?
HAFF! HAFF!
UM HIMMELS WILLEN! UNSER HAUS WIRD VON GEISTERN HEIMGE-SUCHT.
IN UNSEREM HAUS GEHEN GESPENSTER EIN UND AUS!
TU NICHT SO, ALS WÄRE ES DAS NORMALSTE DER WELT! ICH BIN GERADE VIER GEISTERN BEGEGNET!
DIE DARUMA GMBH IST AUF DAS LÖSEN VON RÄTSELN SPEZIALISIERT. KEIN WUNDER, DASS DAS RÄTSEL-HAFTE LEUTE ANZIEHT.
HERR VERMIETER!
AH! DA IST ER!
WOW
DIE WAREN RIIIIIESIG!

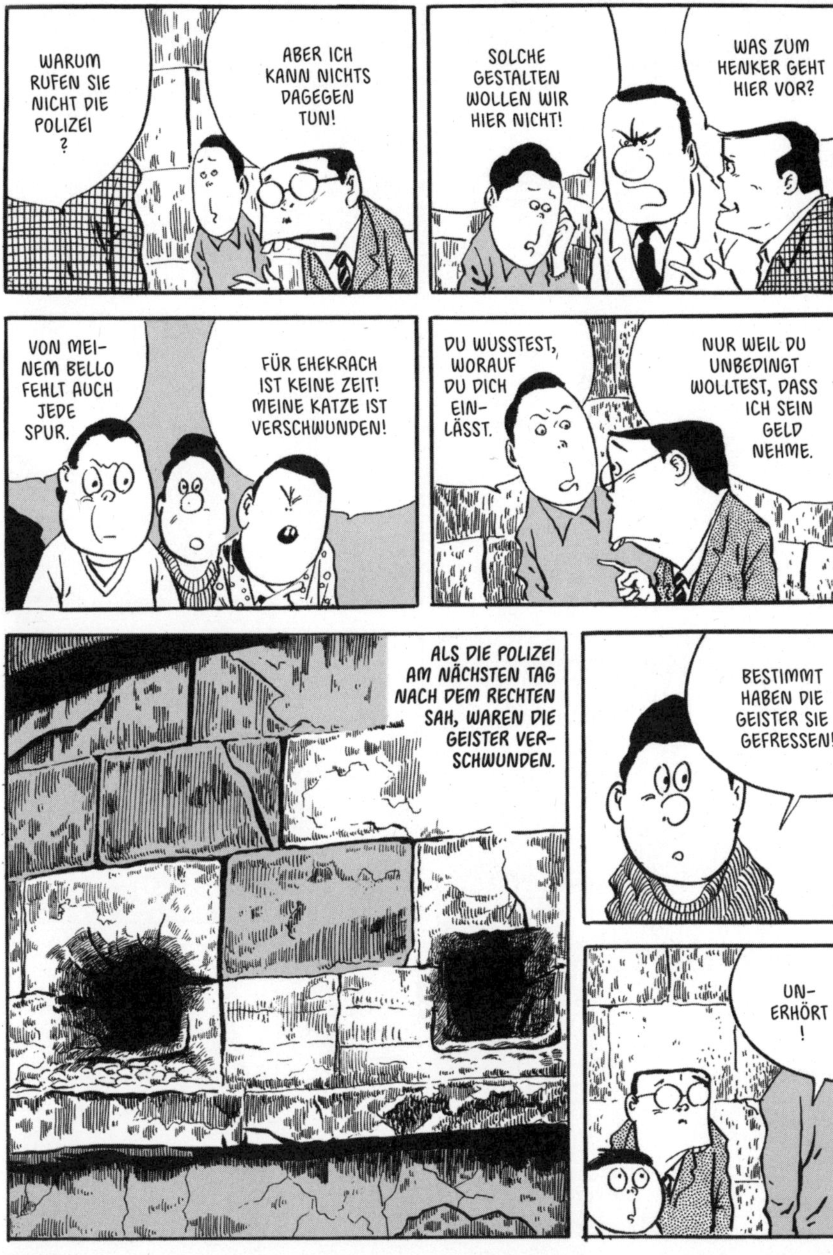

WARUM RUFEN SIE NICHT DIE POLIZEI ?
ABER ICH KANN NICHTS DAGEGEN TUN!
SOLCHE GESTALTEN WOLLEN WIR HIER NICHT!
WAS ZUM HENKER GEHT HIER VOR?
VON MEINEM BELLO FEHLT AUCH JEDE SPUR.
FÜR EHEKRACH IST KEINE ZEIT! MEINE KATZE IST VERSCHWUNDEN!
DU WUSSTEST, WORAUF DU DICH EINLÄSST.
NUR WEIL DU UNBEDINGT WOLLTEST, DASS ICH SEIN GELD NEHME.
ALS DIE POLIZEI AM NÄCHSTEN TAG NACH DEM RECHTEN SAH, WAREN DIE GEISTER VERSCHWUNDEN.
BESTIMMT HABEN DIE GEISTER SIE GEFRESSEN!
UNERHÖRT !

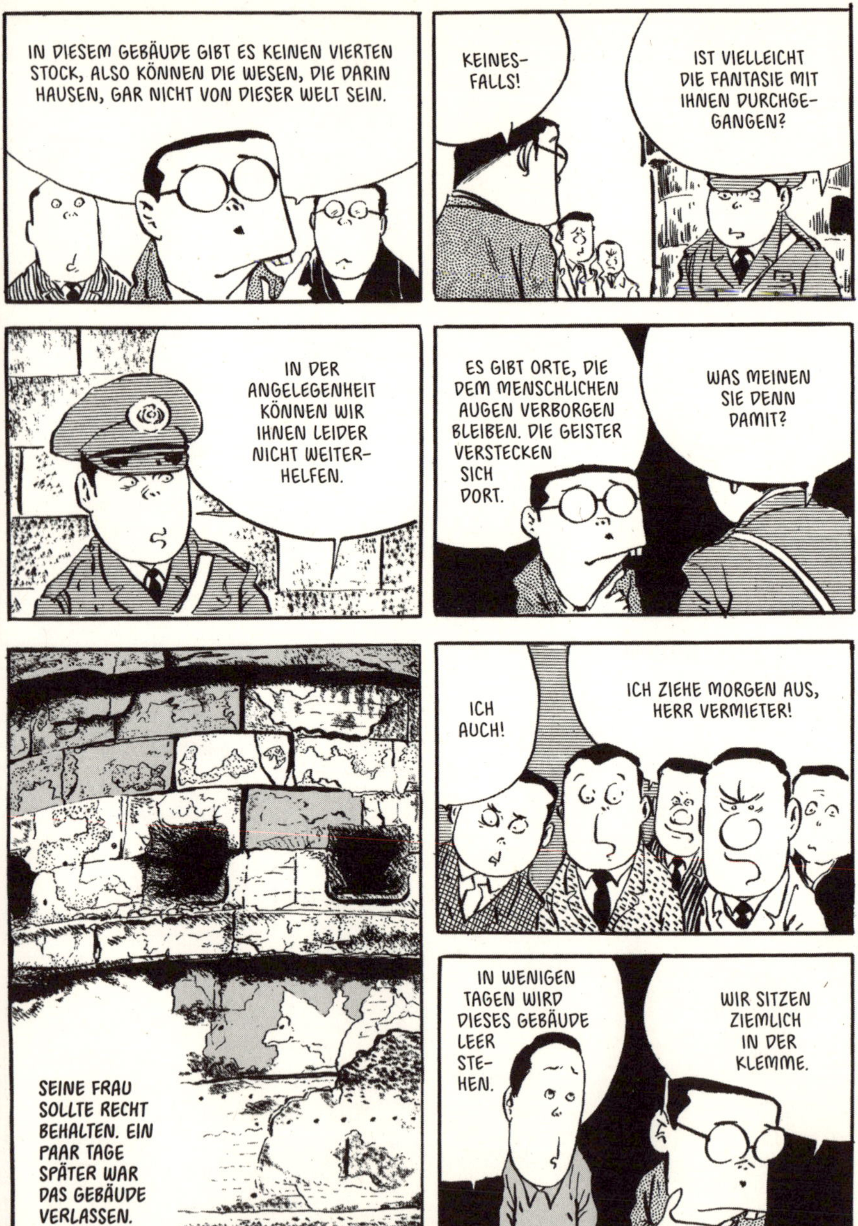

IN DIESEM GEBÄUDE GIBT ES KEINEN VIERTEN STOCK, ALSO KÖNNEN DIE WESEN, DIE DARIN HAUSEN, GAR NICHT VON DIESER WELT SEIN.
KEINES-FALLS!
IST VIELLEICHT DIE FANTASIE MIT IHNEN DURCHGE-GANGEN?
IN DER ANGELEGENHEIT KÖNNEN WIR IHNEN LEIDER NICHT WEITER-HELFEN.
ES GIBT ORTE, DIE DEM MENSCHLICHEN AUGEN VERBORGEN BLEIBEN. DIE GEISTER VERSTECKEN SICH DORT.
WAS MEINEN SIE DENN DAMIT?
SEINE FRAU SOLLTE RECHT BEHALTEN. EIN PAAR TAGE SPÄTER WAR DAS GEBÄUDE VERLASSEN.
ICH AUCH!
ICH ZIEHE MORGEN AUS, HERR VERMIETER!
IN WENIGEN TAGEN WIRD DIESES GEBÄUDE LEER STE-HEN.
WIR SITZEN ZIEMLICH IN DER KLEMME.

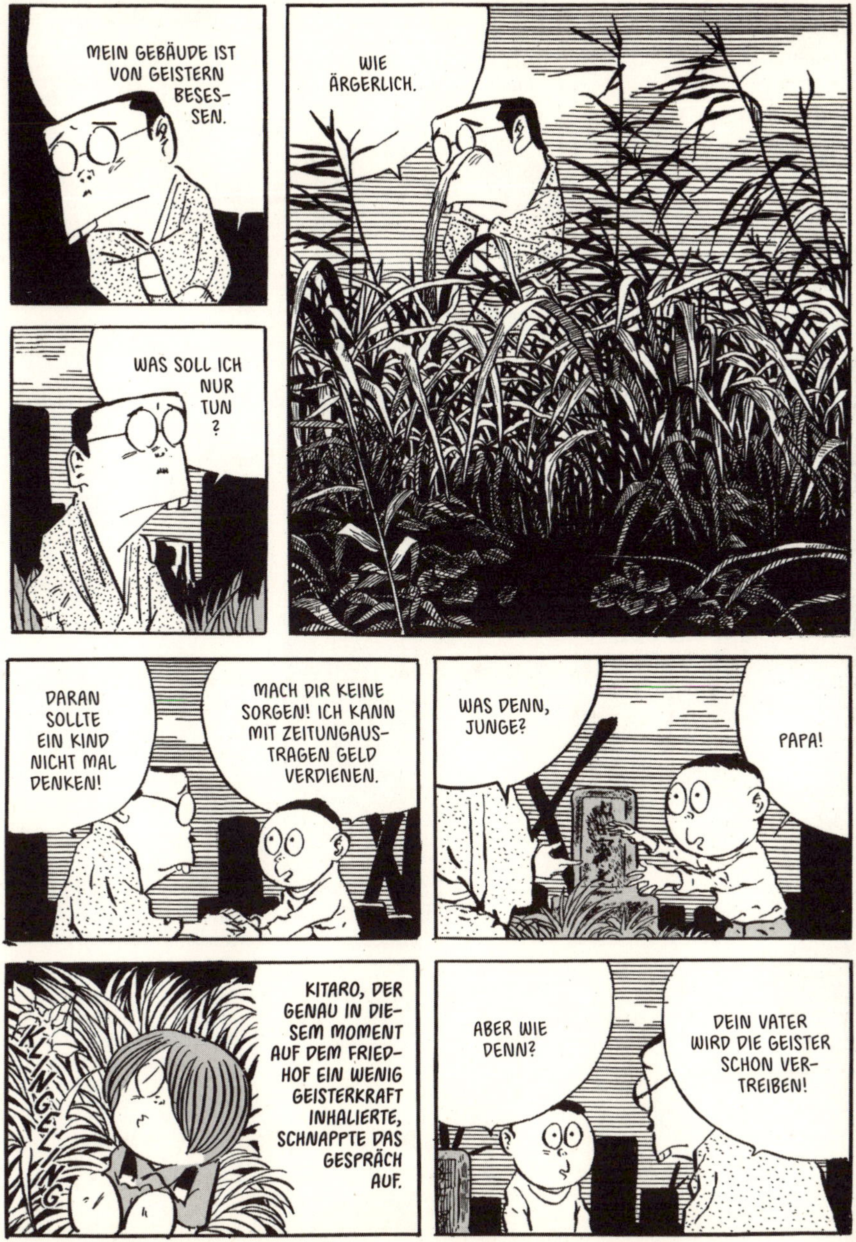
MEIN GEBÄUDE IST VON GEISTERN BESESSEN.
WIE ÄRGERLICH.
WAS SOLL ICH NUR TUN?
MACH DIR KEINE SORGEN! ICH KANN MIT ZEITUNGAUSTRAGEN GELD VERDIENEN.
DARAN SOLLTE EIN KIND NICHT MAL DENKEN!
WAS DENN, JUNGE?
PAPA!
KITARO, DER GENAU IN DIESEM MOMENT AUF DEM FRIEDHOF EIN WENIG GEISTERKRAFT INHALIERTE, SCHNAPPTE DAS GESPRÄCH AUF.
KLINGELING
DEIN VATER WIRD DIE GEISTER SCHON VERTREIBEN!
ABER WIE DENN?

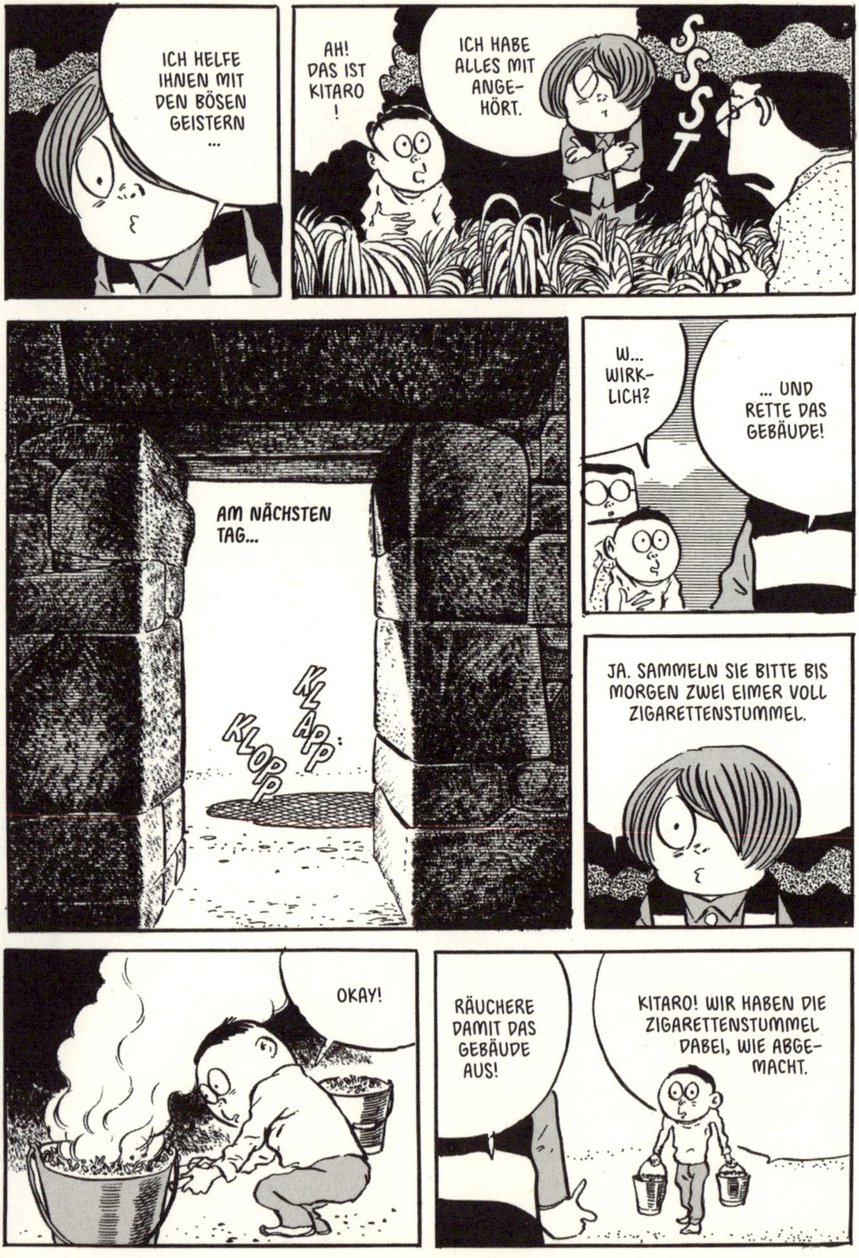
ICH HELFE IHNEN MIT DEN BÖSEN GEISTERN ...
AH! DAS IST KITARO !
ICH HABE ALLES MIT ANGE-HÖRT.
SSST
W... WIRK-LICH?
... UND RETTE DAS GEBÄUDE!
JA. SAMMELN SIE BITTE BIS MORGEN ZWEI EIMER VOLL ZIGARETTENSTUMMEL.
AM NÄCHSTEN TAG...
KLAPP
KLOPP
KITARO! WIR HABEN DIE ZIGARETTENSTUMMEL DABEI, WIE ABGE-MACHT.
RÄUCHERE DAMIT DAS GEBÄUDE AUS!
OKAY!

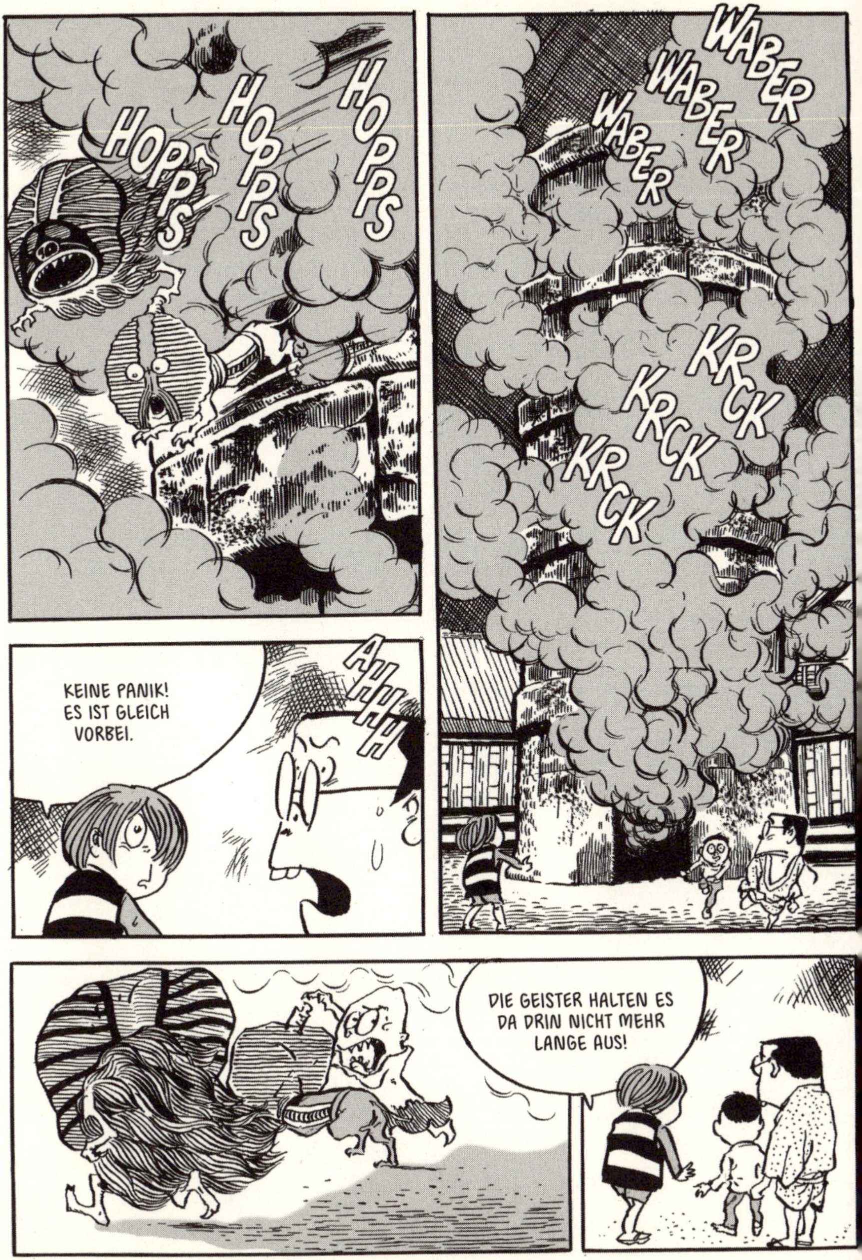
HOPPS
HOPPS
HOPPS
WABER
WABER
WABER
KRCK
KRCK
KRCK
KEINE PANIK! ES IST GLEICH VORBEI.
AHHH
DIE GEISTER HALTEN ES DA DRIN NICHT MEHR LANGE AUS!

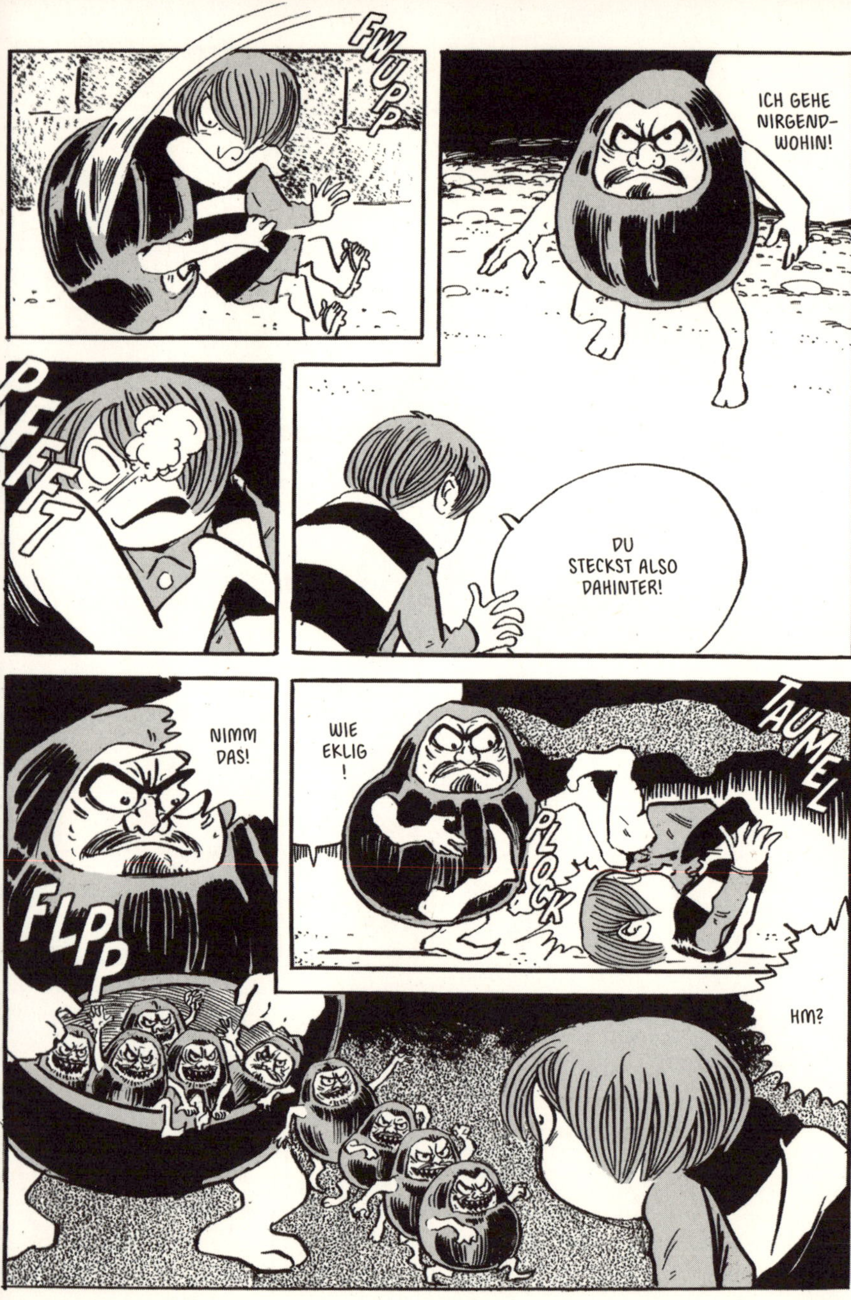
FWUPP
ICH GEHE NIRGENDWOHIN!
PFFFT
DU STECKST ALSO DAHINTER!
TAUMEL
PLOCK
WIE EKLIG!
NIMM DAS!
FLPP
HM?

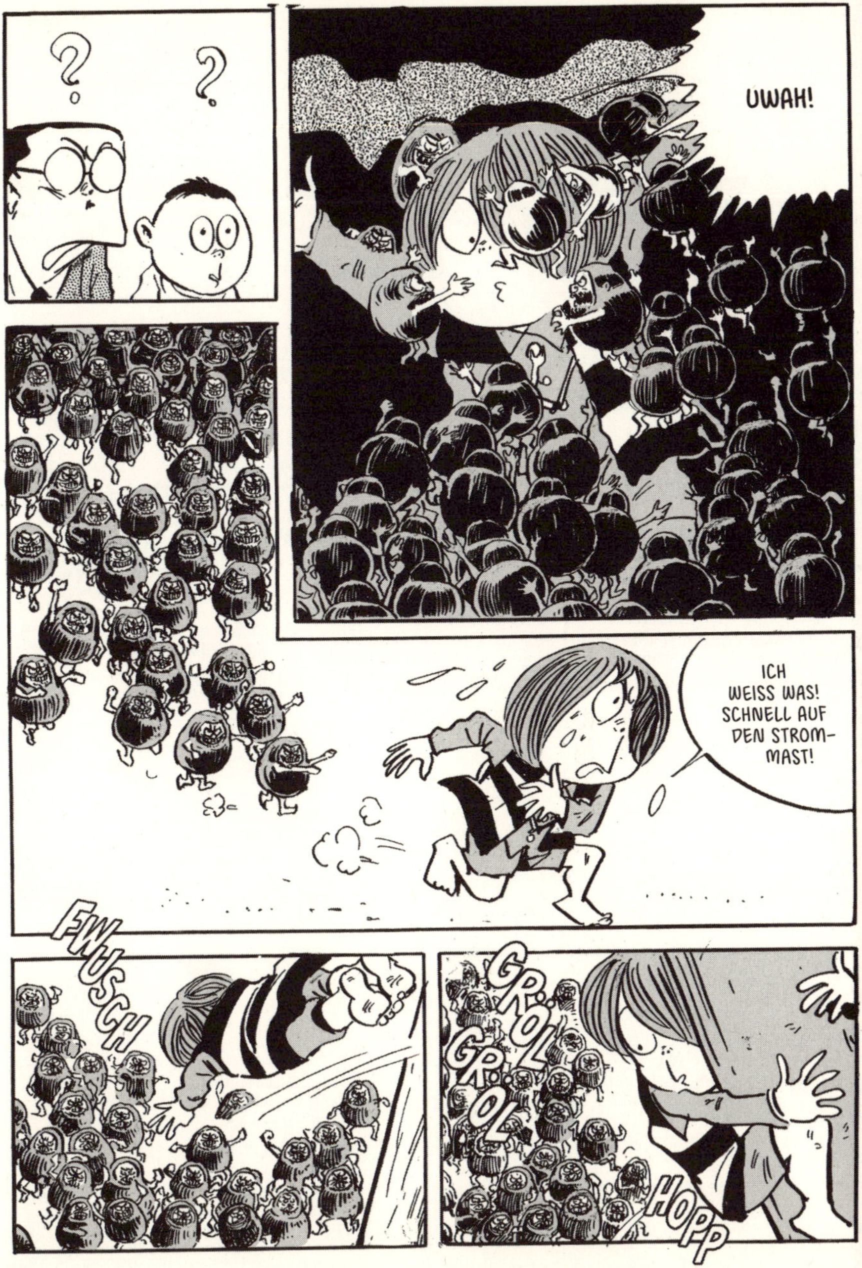
UWAH!
ICH WEISS WAS! SCHNELL AUF DEN STROM-MAST!
FWUSCH
GRÖL GRÖL
HOPP

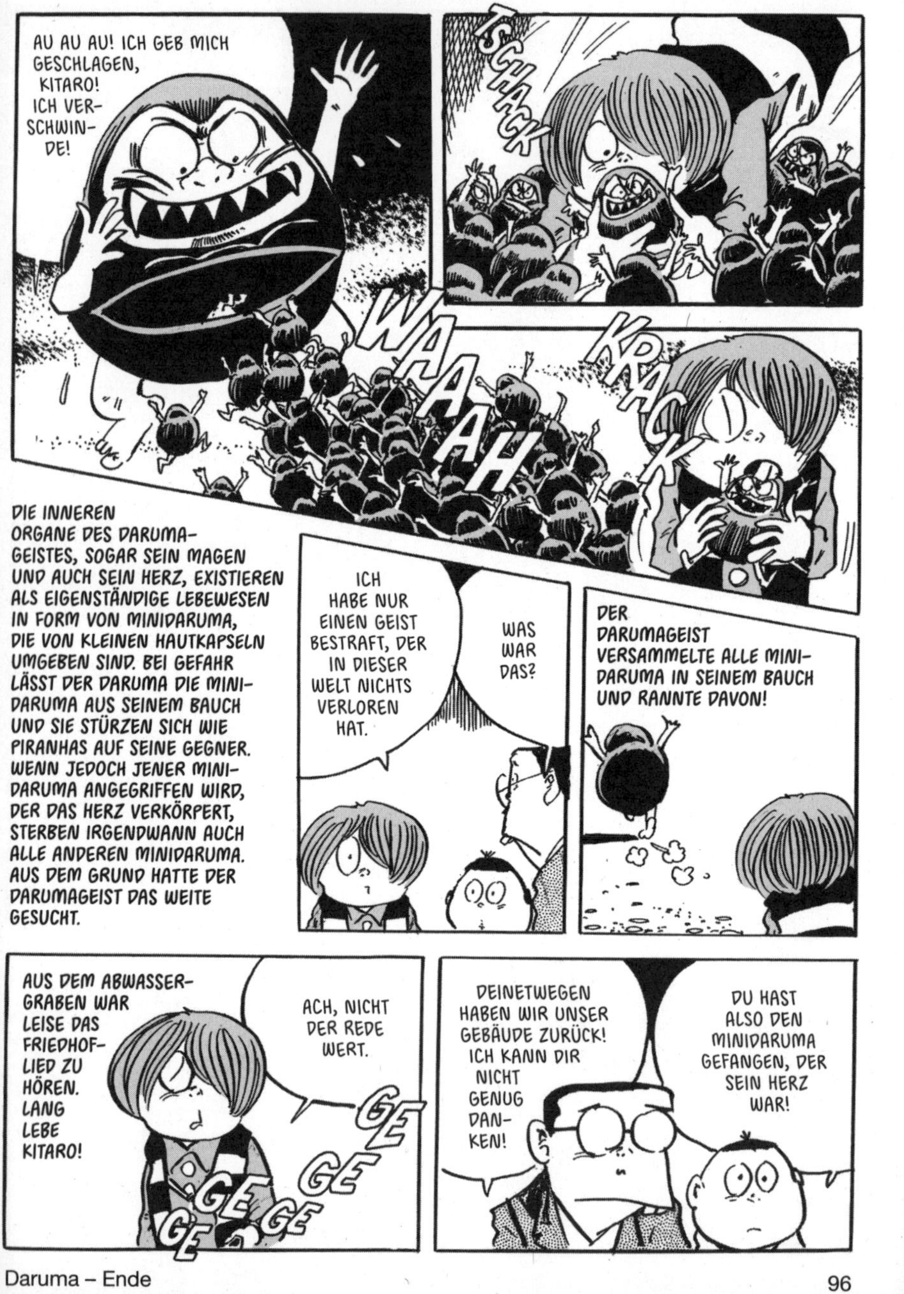
AU AU AU! ICH GEB MICH GESCHLAGEN, KITARO! ICH VERSCHWINDE!
TSCHACK
WAAAAH
KRACK
DIE INNEREN ORGANE DES DARUMAGEISTES, SOGAR SEIN MAGEN UND AUCH SEIN HERZ, EXISTIEREN ALS EIGENSTÄNDIGE LEBEWESEN IN FORM VON MINIDARUMA, DIE VON KLEINEN HAUTKAPSELN UMGEBEN SIND. BEI GEFAHR LÄSST DER DARUMA DIE MINIDARUMA AUS SEINEM BAUCH UND SIE STÜRZEN SICH WIE PIRANHAS AUF SEINE GEGNER. WENN JEDOCH JENER MINIDARUMA ANGEGRIFFEN WIRD, DER DAS HERZ VERKÖRPERT, STERBEN IRGENDWANN AUCH ALLE ANDEREN MINIDARUMA. AUS DEM GRUND HATTE DER DARUMAGEIST DAS WEITE GESUCHT.
ICH HABE NUR EINEN GEIST BESTRAFT, DER IN DIESER WELT NICHTS VERLOREN HAT.
WAS WAR DAS?
DER DARUMAGEIST VERSAMMELTE ALLE MINIDARUMA IN SEINEM BAUCH UND RANNTE DAVON!
AUS DEM ABWASSERGRABEN WAR LEISE DAS FRIEDHOFLIED ZU HÖREN. LANG LEBE KITARO!
ACH, NICHT DER REDE WERT.
GE GE GE GE GE GE
DEINETWEGEN HABEN WIR UNSER GEBÄUDE ZURÜCK! ICH KANN DIR NICHT GENUG DANKEN!
DU HAST ALSO DEN MINIDARUMA GEFANGEN, DER SEIN HERZ WAR!

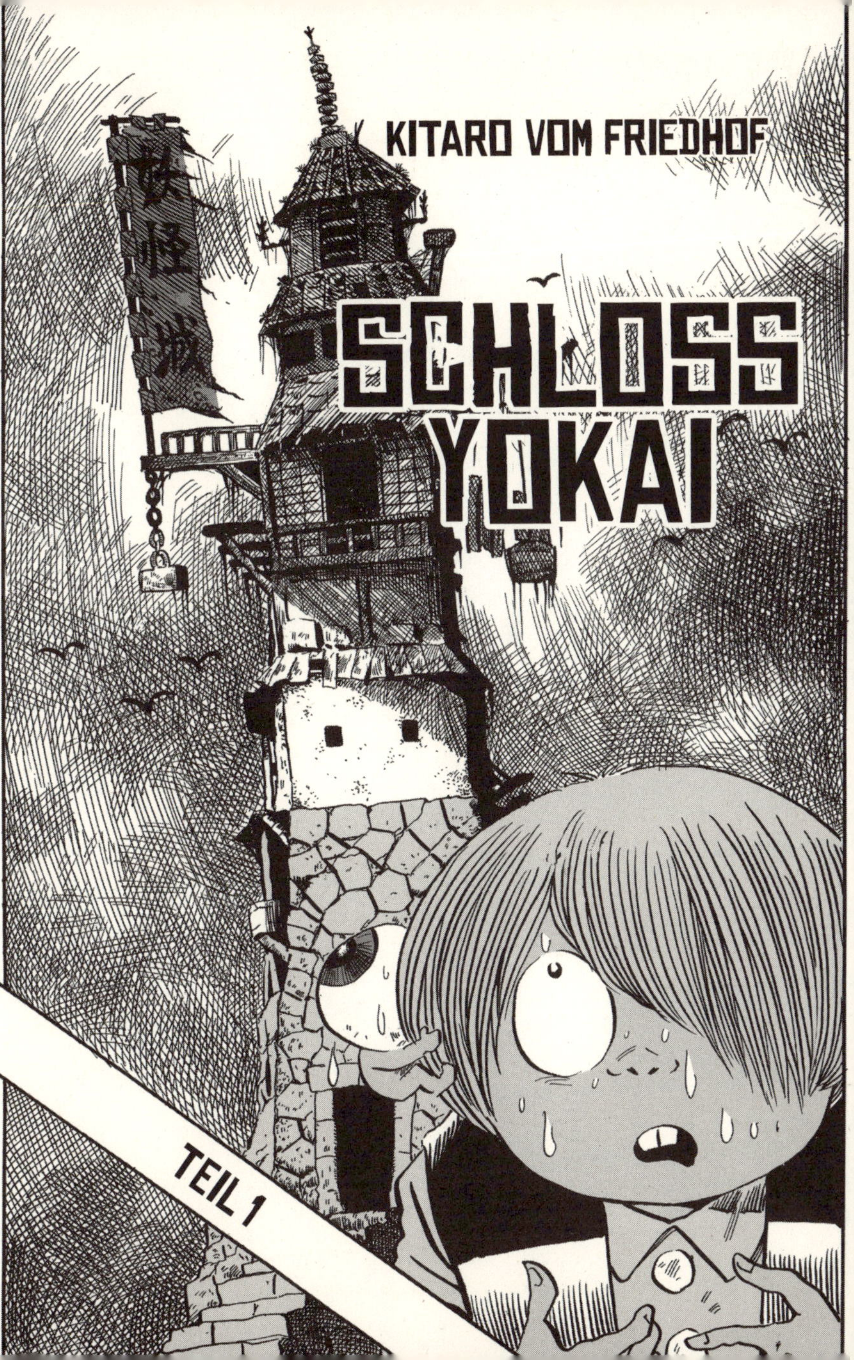

KITARO VOM FRIEDHOF
妖怪城
SCHLOSS YOKAI
TEIL 1

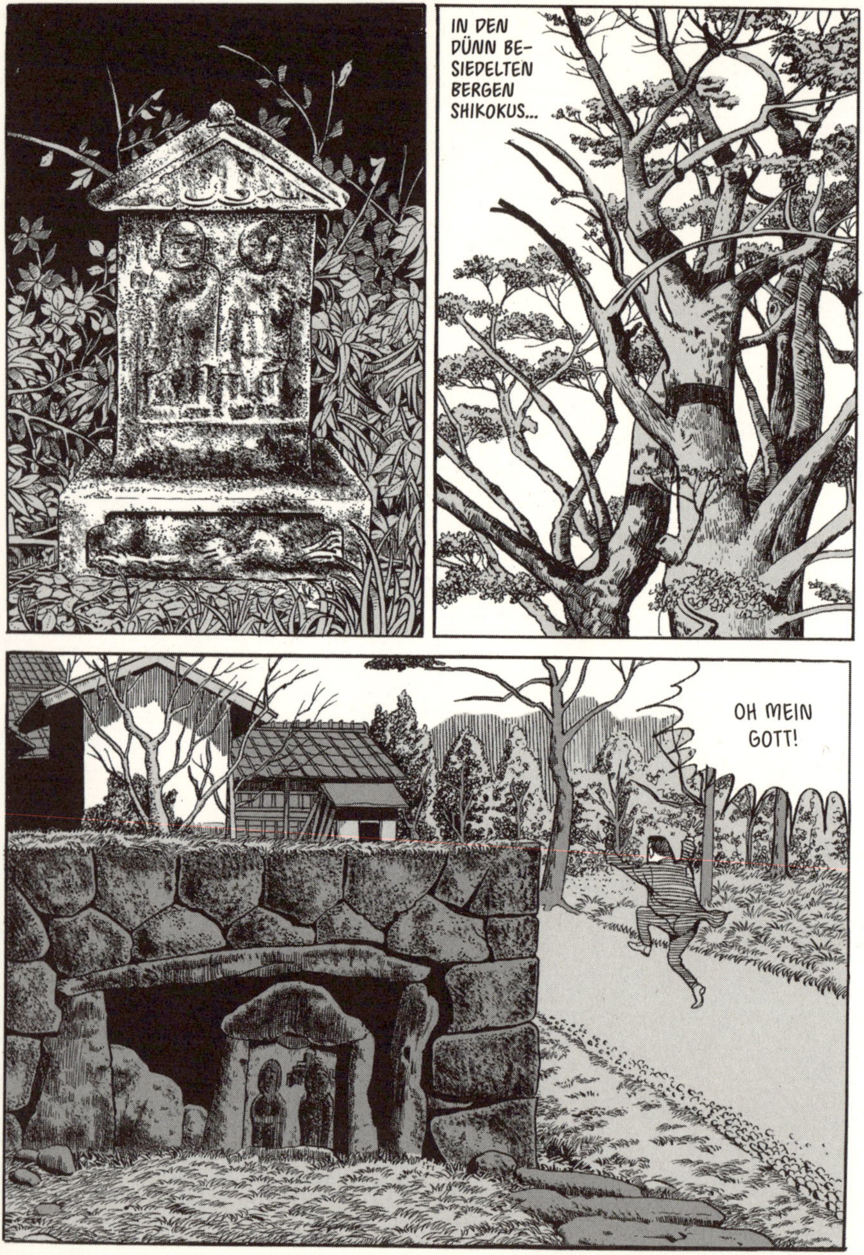
IN DEN DÜNN BESIEDELTEN BERGEN SHIKOKUS...
OH MEIN GOTT!

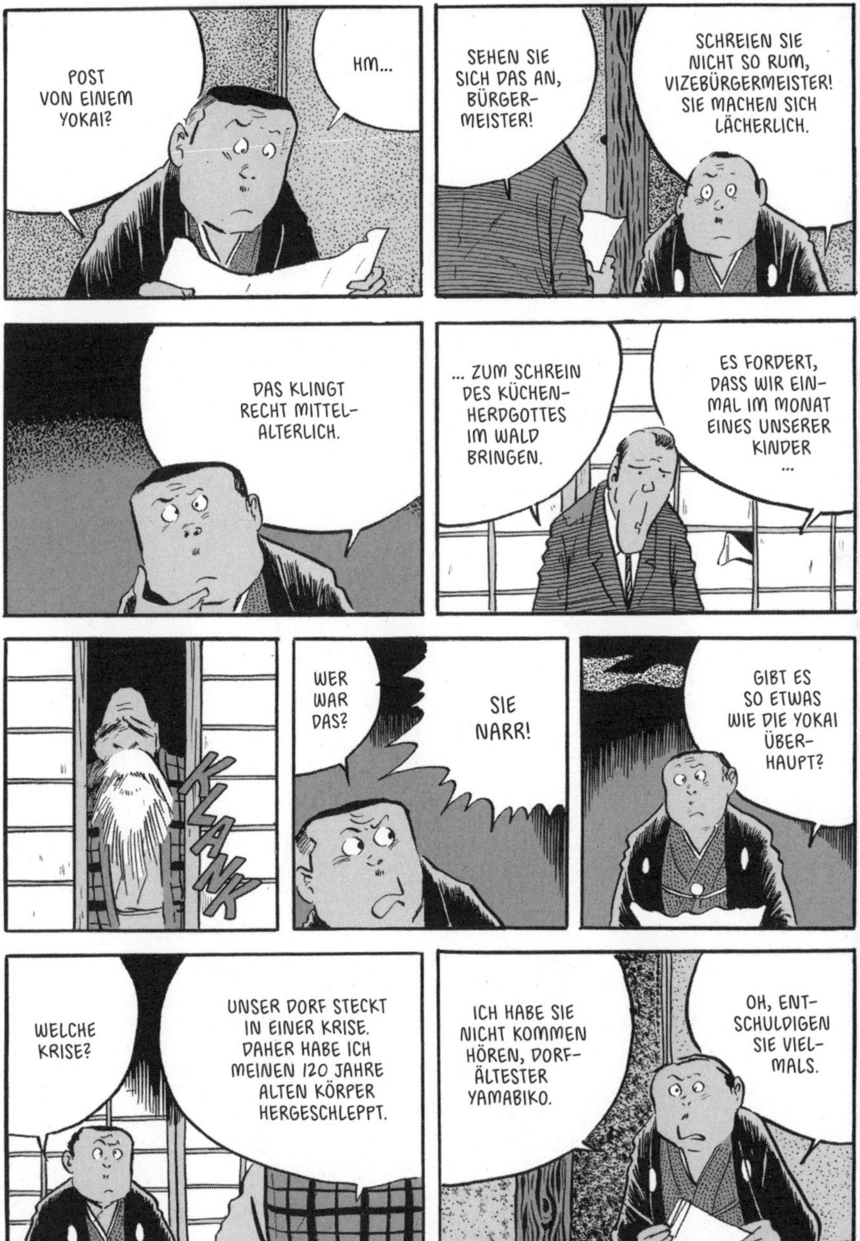

SCHREIEN SIE NICHT SO RUM, VIZEBÜRGERMEISTER! SIE MACHEN SICH LÄCHERLICH.
SEHEN SIE SICH DAS AN, BÜRGER-MEISTER!
HM...
POST VON EINEM YOKAI?
ES FORDERT, DASS WIR EIN-MAL IM MONAT EINES UNSERER KINDER ...
... ZUM SCHREIN DES KÜCHEN-HERDGOTTES IM WALD BRINGEN.
DAS KLINGT RECHT MITTEL-ALTERLICH.
GIBT ES SO ETWAS WIE DIE YOKAI ÜBER-HAUPT?
SIE NARR!
WER WAR DAS?
KLANK
OH, ENT-SCHULDIGEN SIE VIEL-MALS.
ICH HABE SIE NICHT KOMMEN HÖREN, DORF-ÄLTESTER YAMABIKO.
UNSER DORF STECKT IN EINER KRISE. DAHER HABE ICH MEINEN 120 JAHRE ALTEN KÖRPER HERGESCHLEPPT.
WELCHE KRISE?

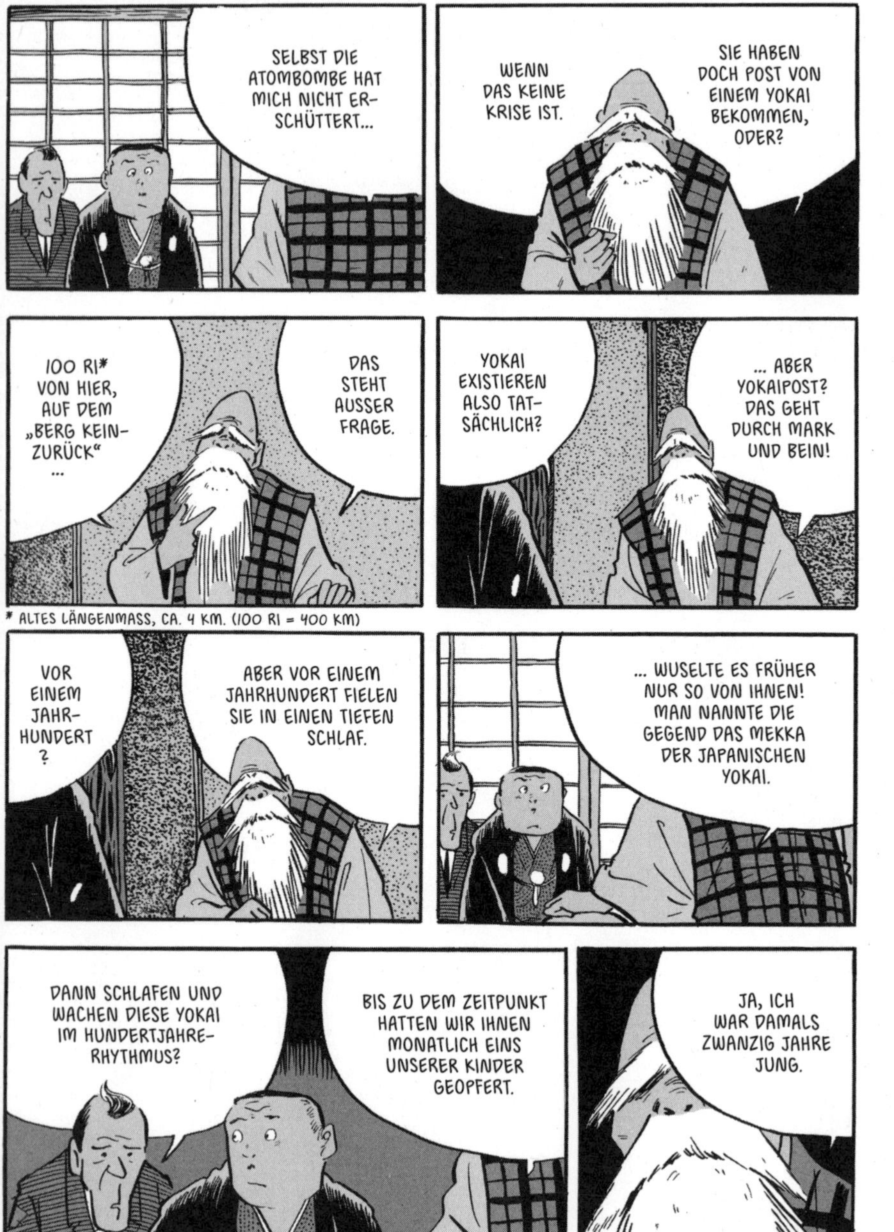

* ALTES LÄNGENMASS, CA. 4 KM. (100 RI = 400 KM)

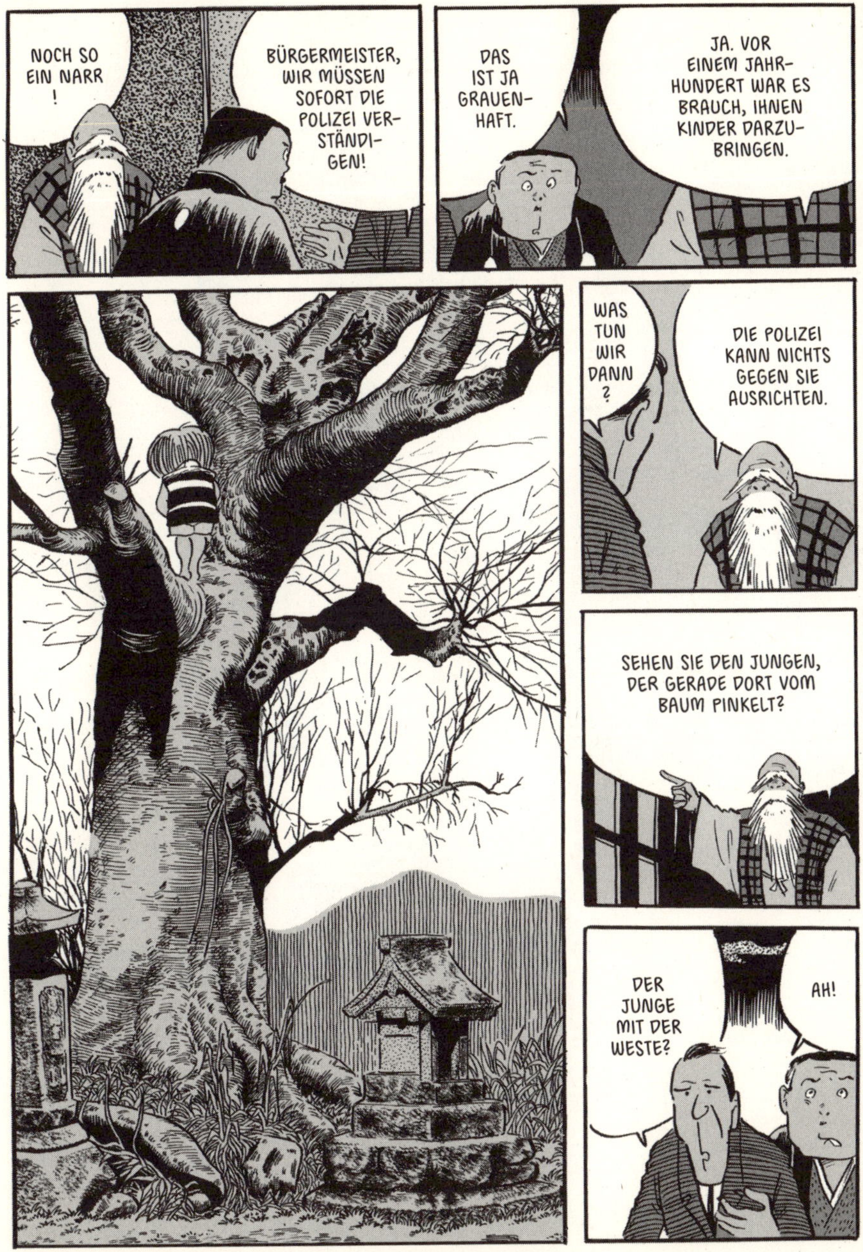
NOCH SO EIN NARR !
BÜRGERMEISTER, WIR MÜSSEN SOFORT DIE POLIZEI VERSTÄNDIGEN!
DAS IST JA GRAUENHAFT.
JA. VOR EINEM JAHRHUNDERT WAR ES BRAUCH, IHNEN KINDER DARZUBRINGEN.
WAS TUN WIR DANN ?
DIE POLIZEI KANN NICHTS GEGEN SIE AUSRICHTEN.
SEHEN SIE DEN JUNGEN, DER GERADE DORT VOM BAUM PINKELT?
DER JUNGE MIT DER WESTE?
AH!

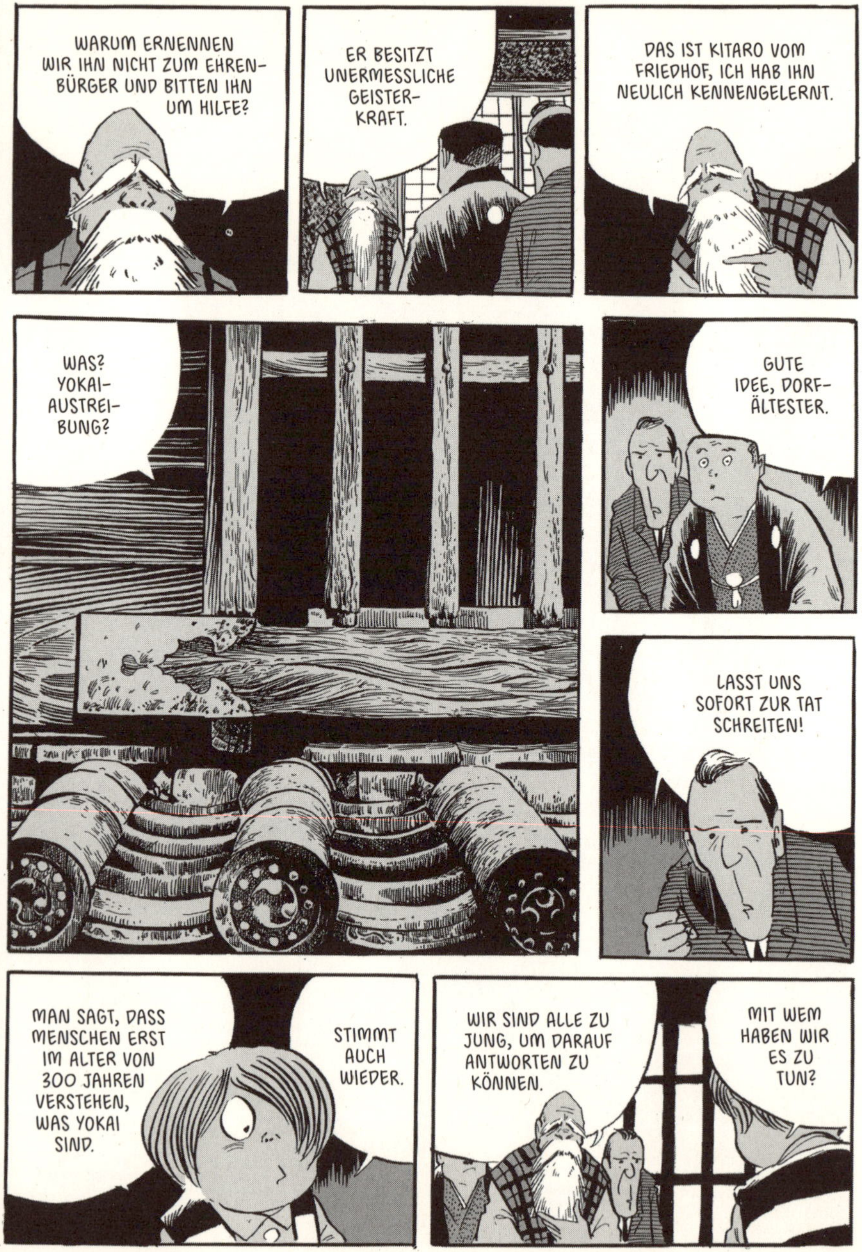
WARUM ERNENNEN WIR IHN NICHT ZUM EHRENBÜRGER UND BITTEN IHN UM HILFE?
ER BESITZT UNERMESSLICHE GEISTERKRAFT.
DAS IST KITARO VOM FRIEDHOF, ICH HAB IHN NEULICH KENNENGELERNT.
WAS? YOKAI-AUSTREIBUNG?
GUTE IDEE, DORFÄLTESTER.
LASST UNS SOFORT ZUR TAT SCHREITEN!
MAN SAGT, DASS MENSCHEN ERST IM ALTER VON 300 JAHREN VERSTEHEN, WAS YOKAI SIND.
STIMMT AUCH WIEDER.
WIR SIND ALLE ZU JUNG, UM DARAUF ANTWORTEN ZU KÖNNEN.
MIT WEM HABEN WIR ES ZU TUN?

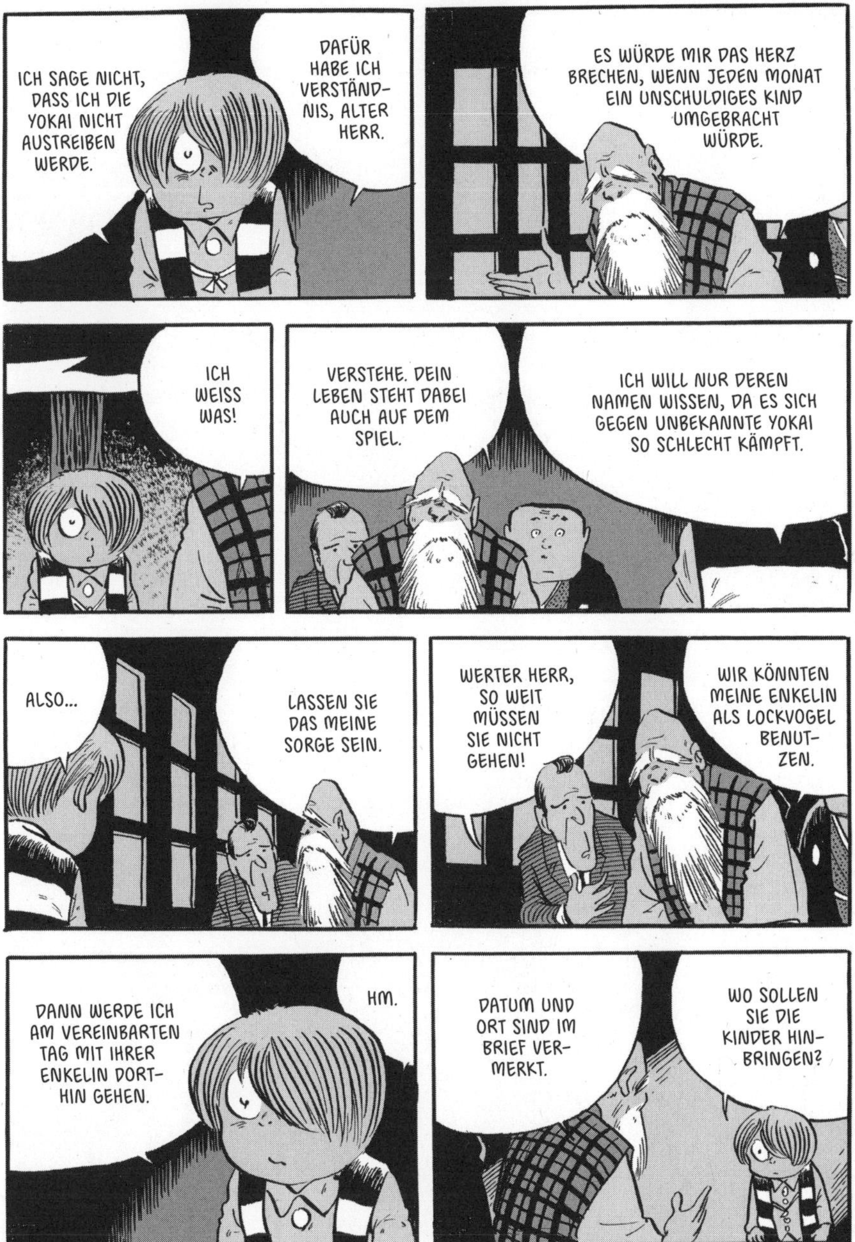
ICH SAGE NICHT, DASS ICH DIE YOKAI NICHT AUSTREIBEN WERDE.
DAFÜR HABE ICH VERSTÄNDNIS, ALTER HERR.
ES WÜRDE MIR DAS HERZ BRECHEN, WENN JEDEN MONAT EIN UNSCHULDIGES KIND UMGEBRACHT WÜRDE.
ICH WEISS WAS!
VERSTEHE. DEIN LEBEN STEHT DABEI AUCH AUF DEM SPIEL.
ICH WILL NUR DEREN NAMEN WISSEN, DA ES SICH GEGEN UNBEKANNTE YOKAI SO SCHLECHT KÄMPFT.
ALSO...
LASSEN SIE DAS MEINE SORGE SEIN.
WERTER HERR, SO WEIT MÜSSEN SIE NICHT GEHEN!
WIR KÖNNTEN MEINE ENKELIN ALS LOCKVOGEL BENUTZEN.
DANN WERDE ICH AM VEREINBARTEN TAG MIT IHRER ENKELIN DORTHIN GEHEN.
HM.
DATUM UND ORT SIND IM BRIEF VERMERKT.
WO SOLLEN SIE DIE KINDER HINBRINGEN?

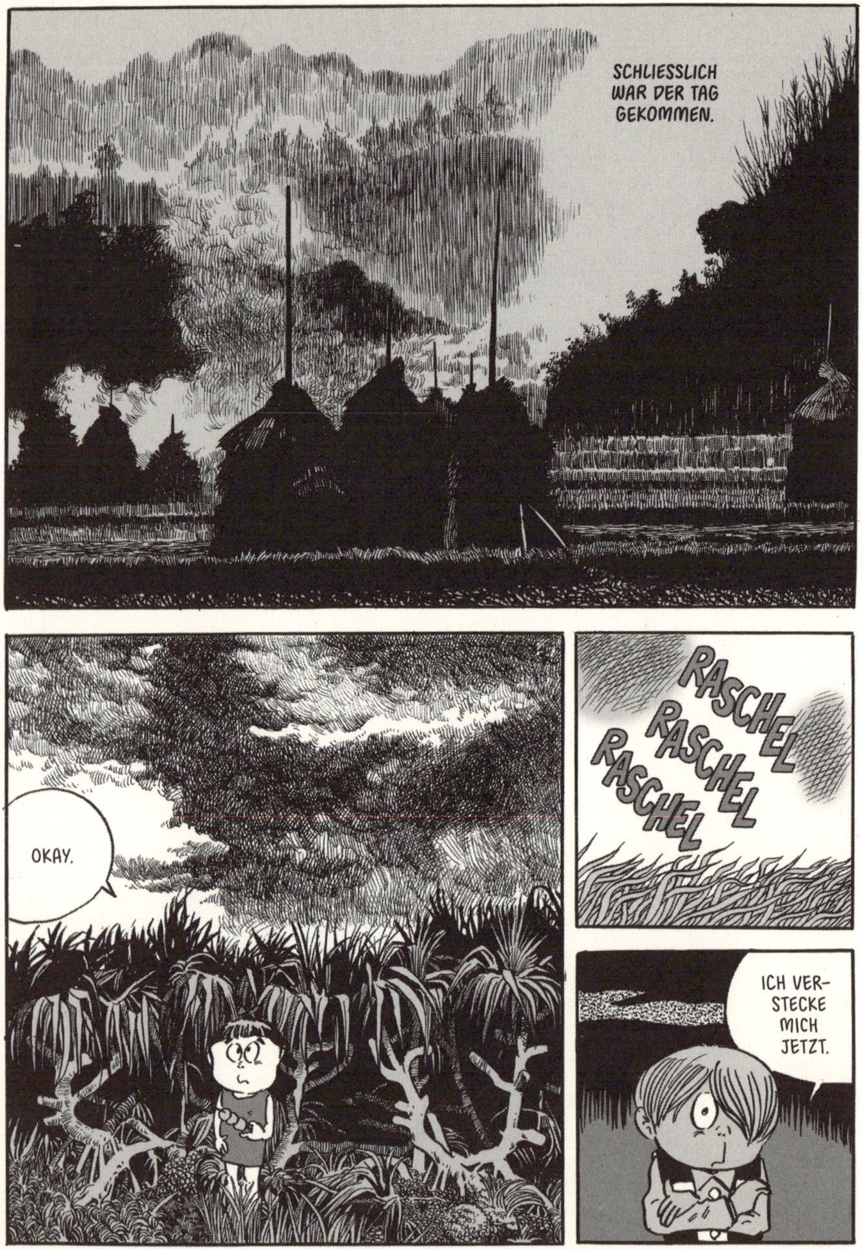
SCHLIESSLICH WAR DER TAG GEKOMMEN.
RASCHEL RASCHEL RASCHEL
ICH VER-STECKE MICH JETZT.
OKAY.

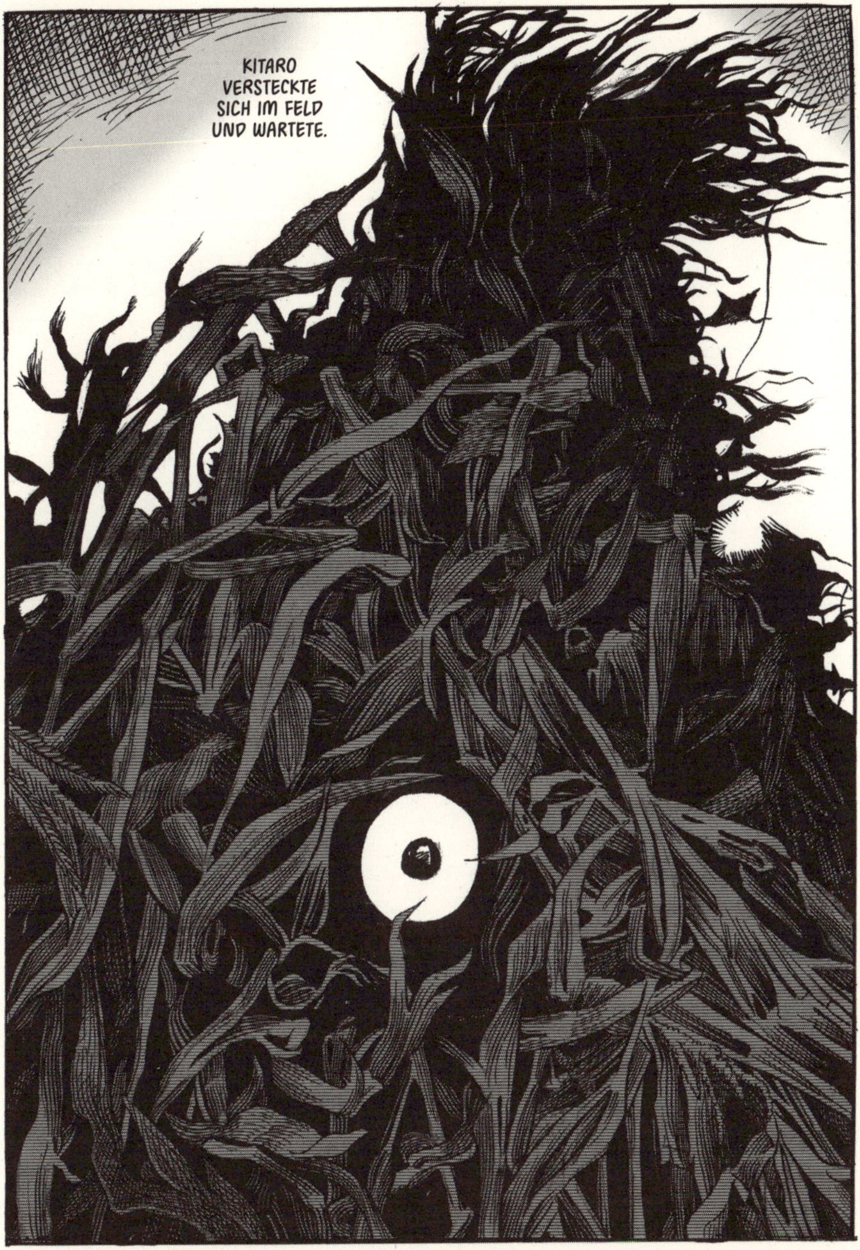
KITARO VERSTECKTE SICH IM FELD UND WARTETE.

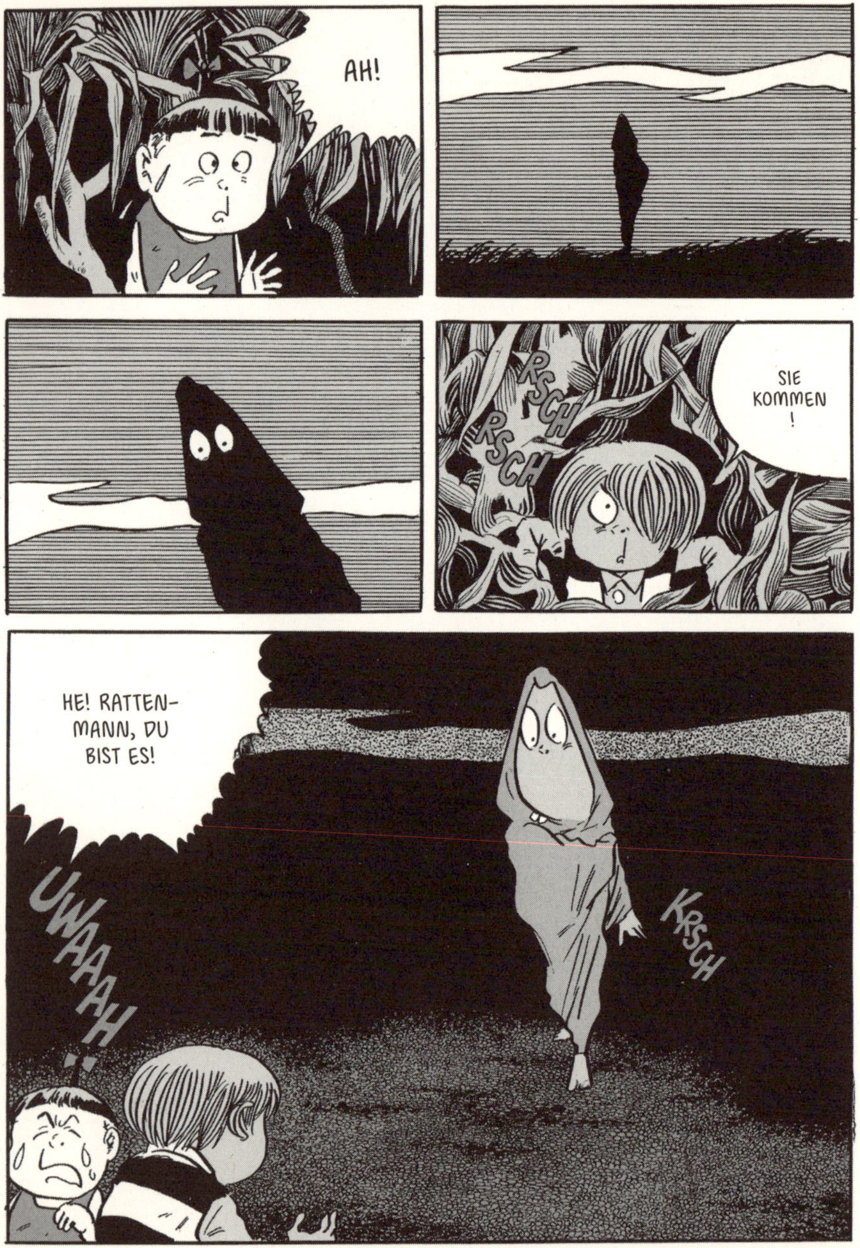
AH!
RSCH RSCH
SIE KOMMEN !
HE! RATTEN-MANN, DU BIST ES!
KRSCH
UWAAAAH!!

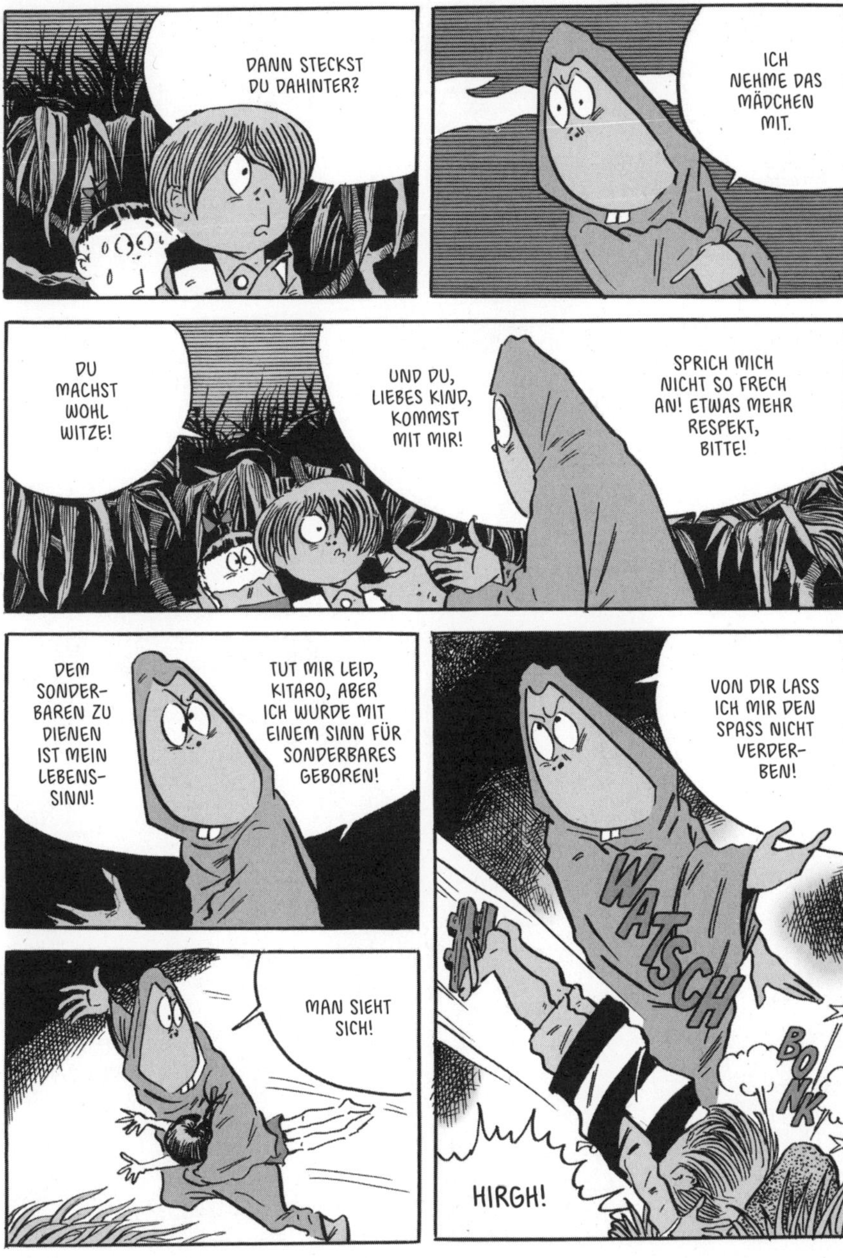
DANN STECKST DU DAHINTER?
ICH NEHME DAS MÄDCHEN MIT.
DU MACHST WOHL WITZE!
UND DU, LIEBES KIND, KOMMST MIT MIR!
SPRICH MICH NICHT SO FRECH AN! ETWAS MEHR RESPEKT, BITTE!
DEM SONDER-BAREN ZU DIENEN IST MEIN LEBENS-SINN!
TUT MIR LEID, KITARO, ABER ICH WURDE MIT EINEM SINN FÜR SONDERBARES GEBOREN!
VON DIR LASS ICH MIR DEN SPASS NICHT VERDER-BEN!
WATSCH
BONK
HIRGH!
MAN SIEHT SICH!

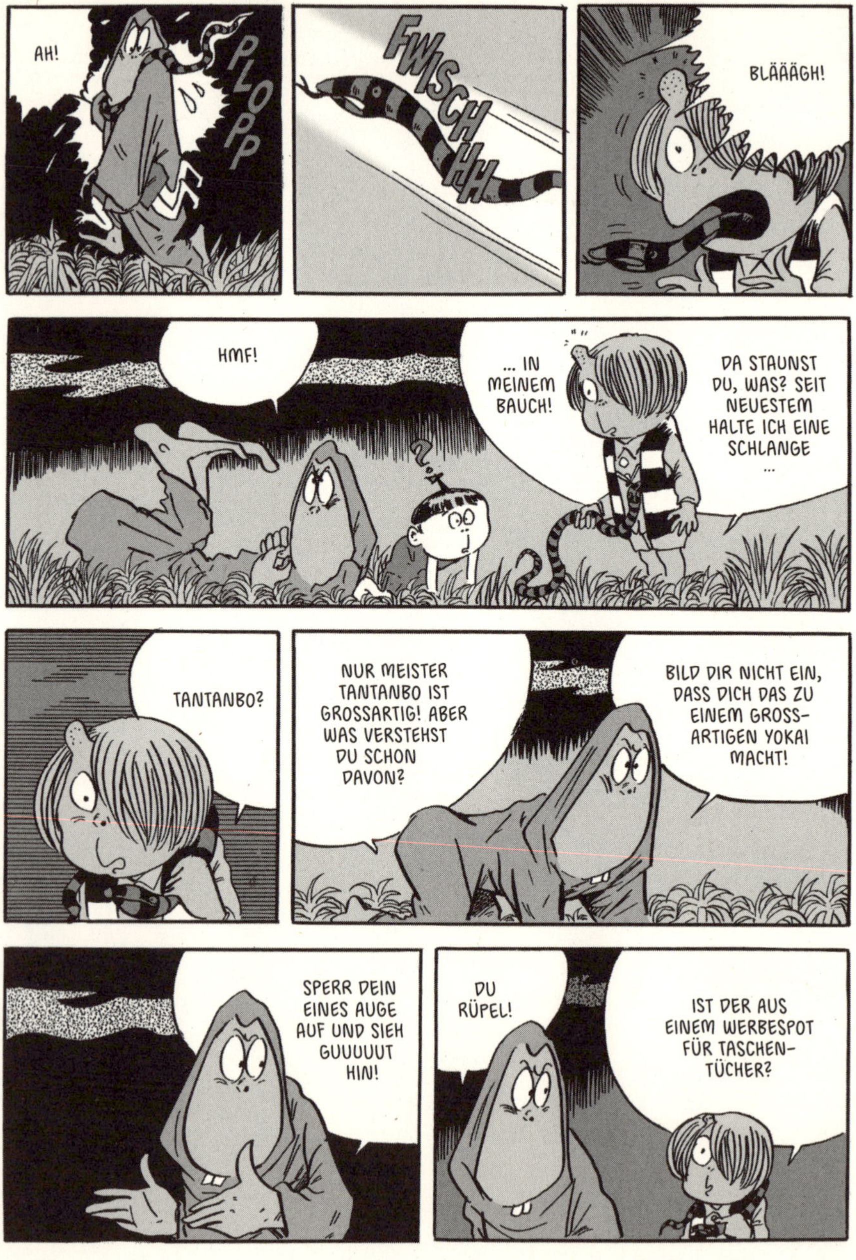
AH!
PLOPP
FWISCHHH
BLÄÄÄGH!
HMF!
... IN MEINEM BAUCH!
DA STAUNST DU, WAS? SEIT NEUESTEM HALTE ICH EINE SCHLANGE ...
TANTANBO?
NUR MEISTER TANTANBO IST GROSSARTIG! ABER WAS VERSTEHST DU SCHON DAVON?
BILD DIR NICHT EIN, DASS DICH DAS ZU EINEM GROSS-ARTIGEN YOKAI MACHT!
SPERR DEIN EINES AUGE AUF UND SIEH GUUUUUT HIN!
DU RÜPEL!
IST DER AUS EINEM WERBESPOT FÜR TASCHEN-TÜCHER?

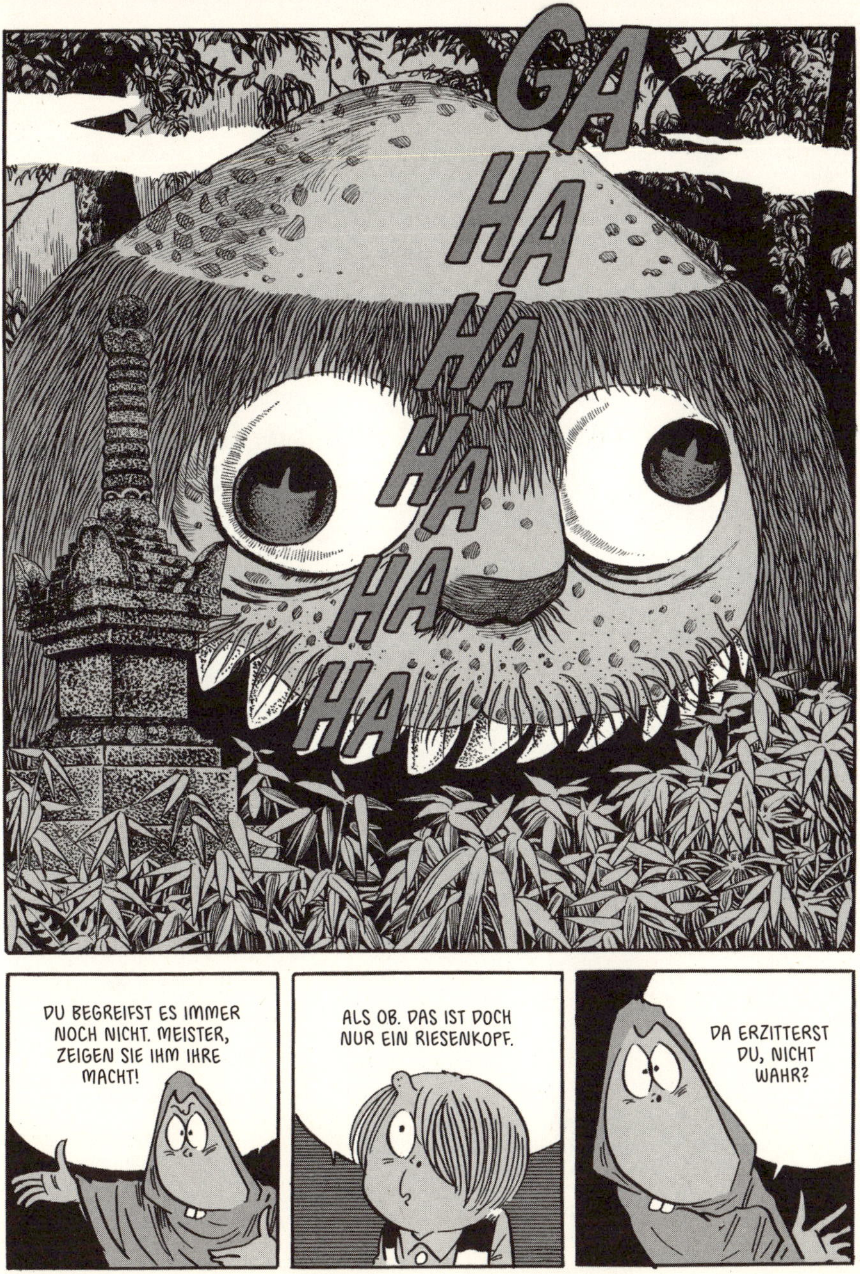
GA HA HA HA HA HA
DU BEGREIFST ES IMMER NOCH NICHT. MEISTER, ZEIGEN SIE IHM IHRE MACHT!
ALS OB. DAS IST DOCH NUR EIN RIESENKOPF.
DA ERZITTERST DU, NICHT WAHR?

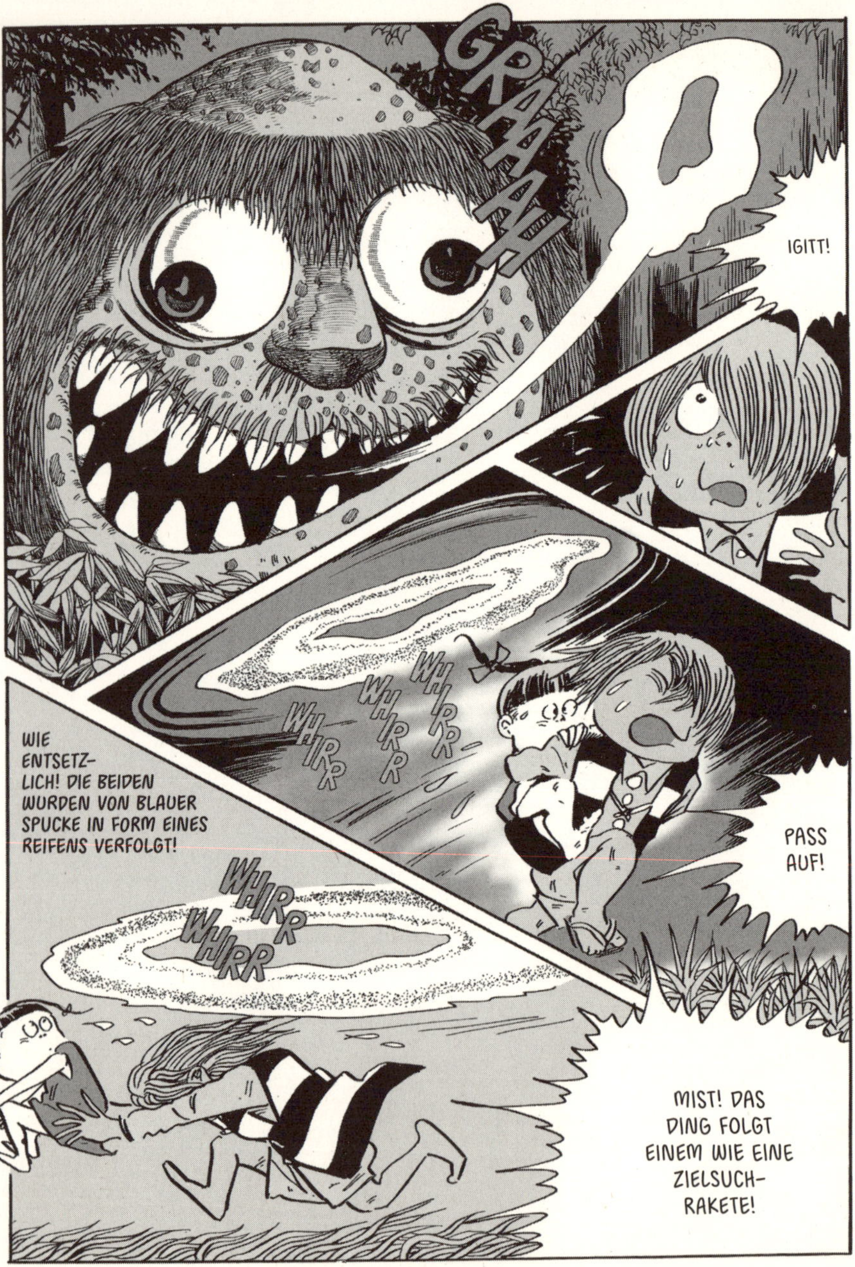
GRAAAH
IGITT!
WHIRR WHIRR WHIRR
WIE ENTSETZLICH! DIE BEIDEN WURDEN VON BLAUER SPUCKE IN FORM EINES REIFENS VERFOLGT!
PASS AUF!
WHIRR WHIRR
MIST! DAS DING FOLGT EINEM WIE EINE ZIELSUCH-RAKETE!

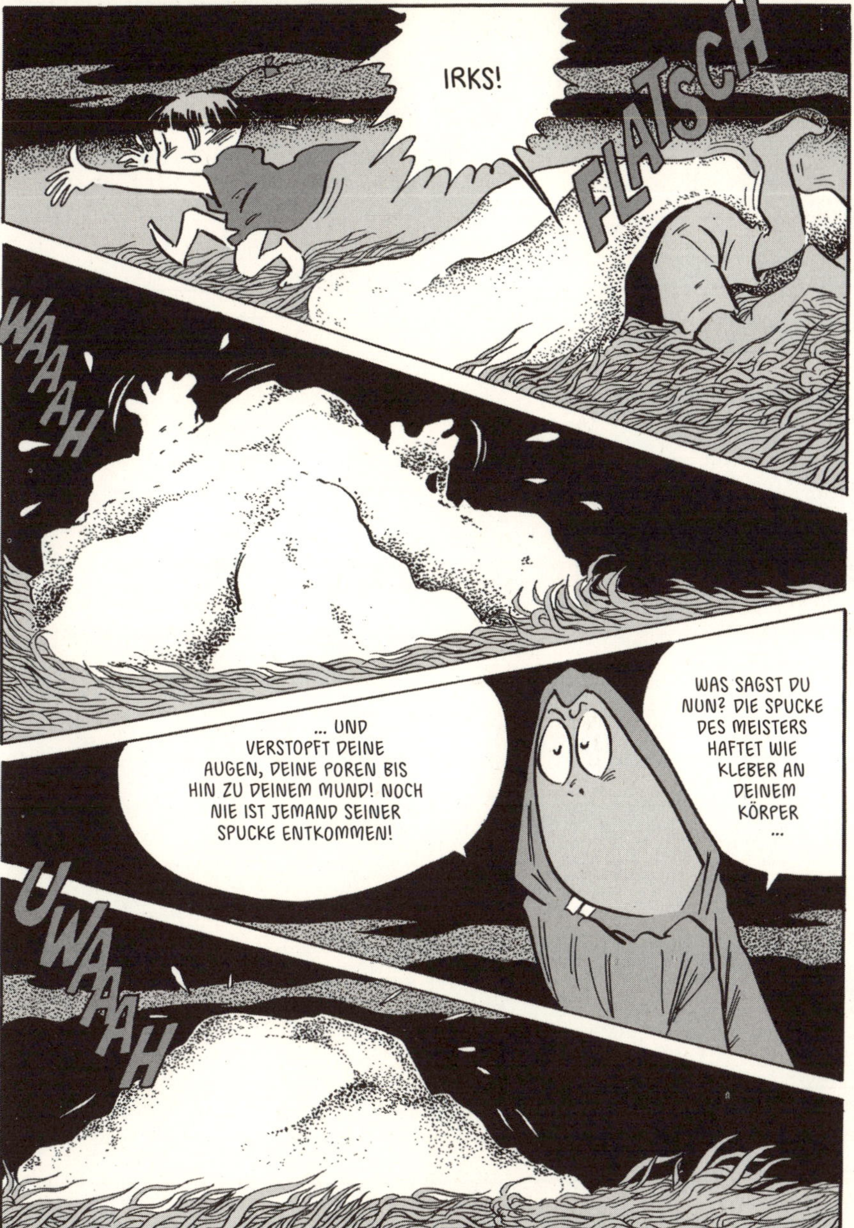
IRKS!
FLATSCH
WAAAAH
WAS SAGST DU NUN? DIE SPUCKE DES MEISTERS HAFTET WIE KLEBER AN DEINEM KÖRPER ...
... UND VERSTOPFT DEINE AUGEN, DEINE POREN BIS HIN ZU DEINEM MUND! NOCH NIE IST JEMAND SEINER SPUCKE ENTKOMMEN!
UWAAAAH

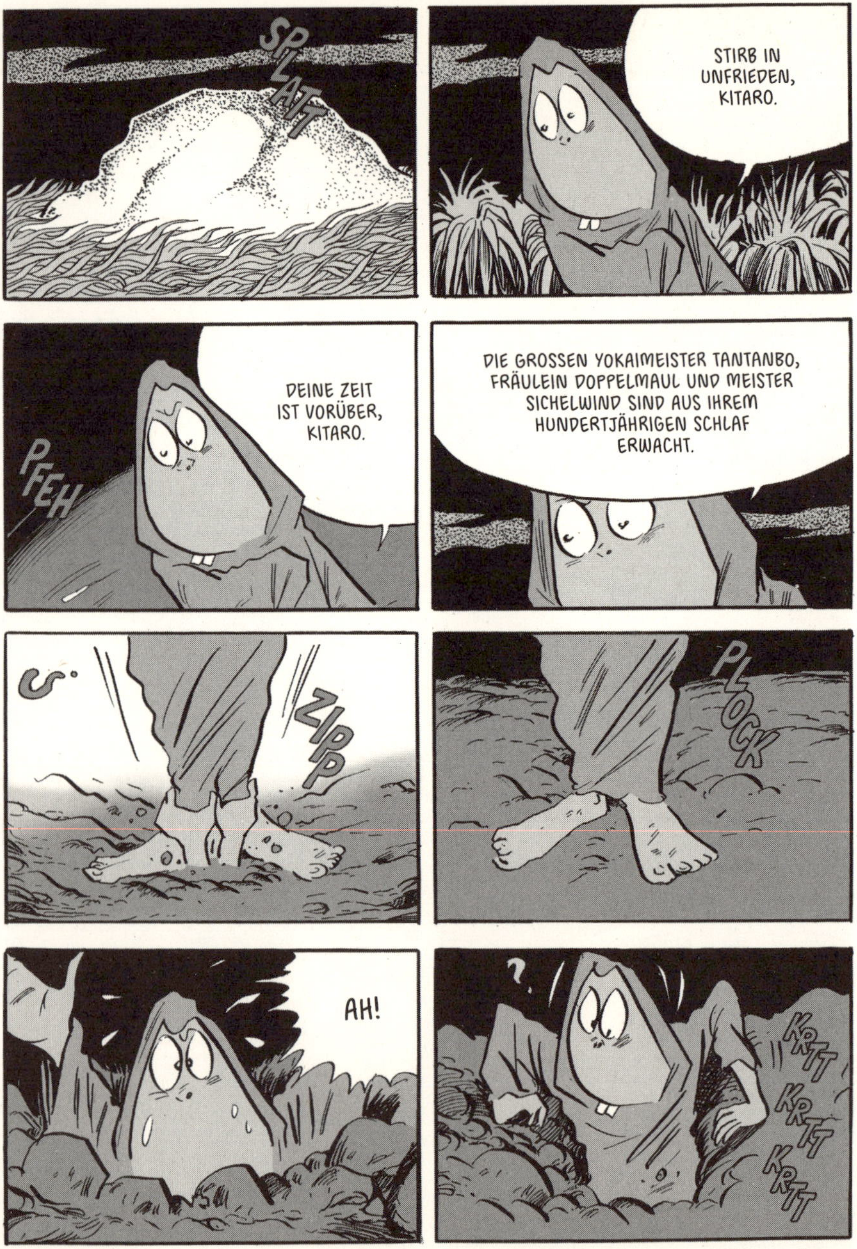
SPLATT
STIRB IN UNFRIEDEN, KITARO.
PFEH
DEINE ZEIT IST VORÜBER, KITARO.
DIE GROSSEN YOKAIMEISTER TANTANBO, FRÄULEIN DOPPELMAUL UND MEISTER SICHELWIND SIND AUS IHREM HUNDERTJÄHRIGEN SCHLAF ERWACHT.
ZIPP
PLOCK
AH!
?
KRTT
KRTT
KRTT

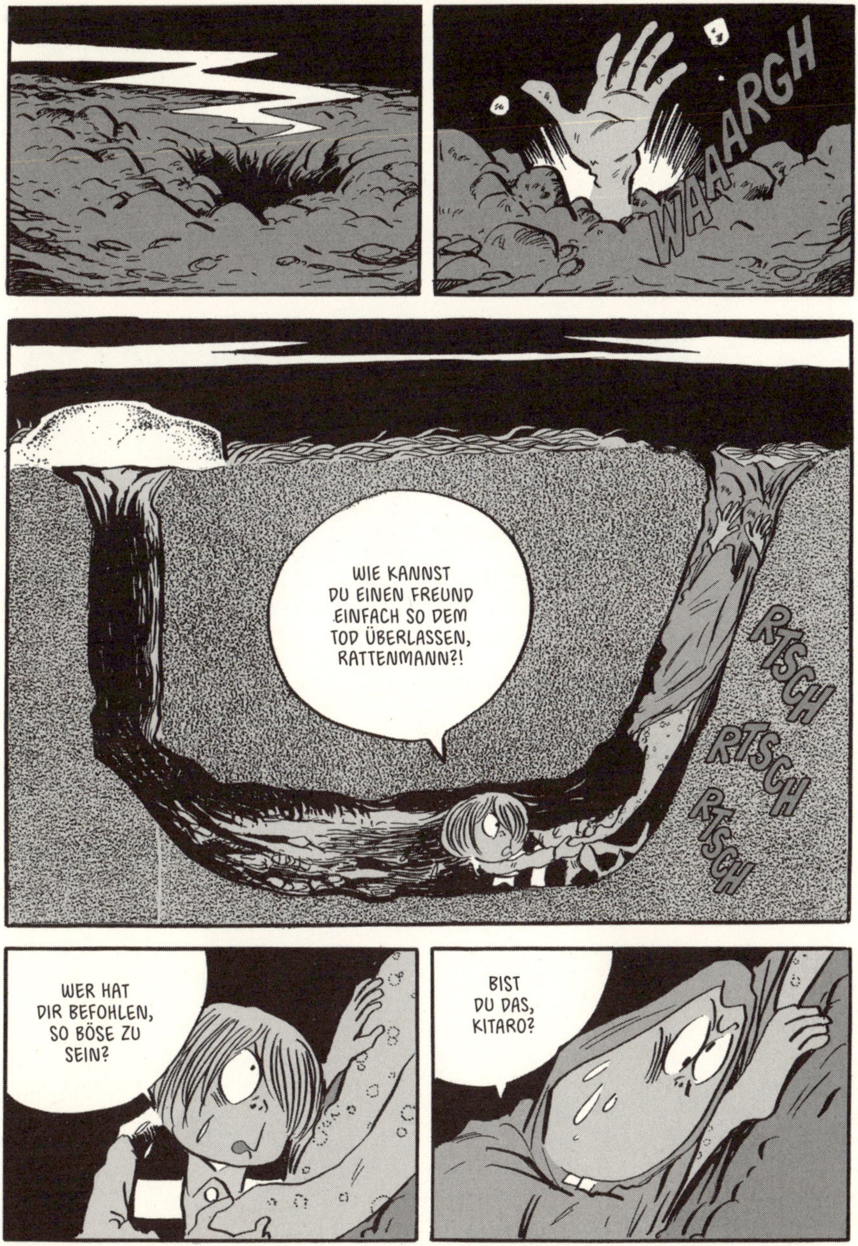
WAAARGH
WIE KANNST DU EINEN FREUND EINFACH SO DEM TOD ÜBERLASSEN, RATTENMANN?!
RTSCH
RTSCH
RTSCH
WER HAT DIR BEFOHLEN, SO BÖSE ZU SEIN?
BIST DU DAS, KITARO?

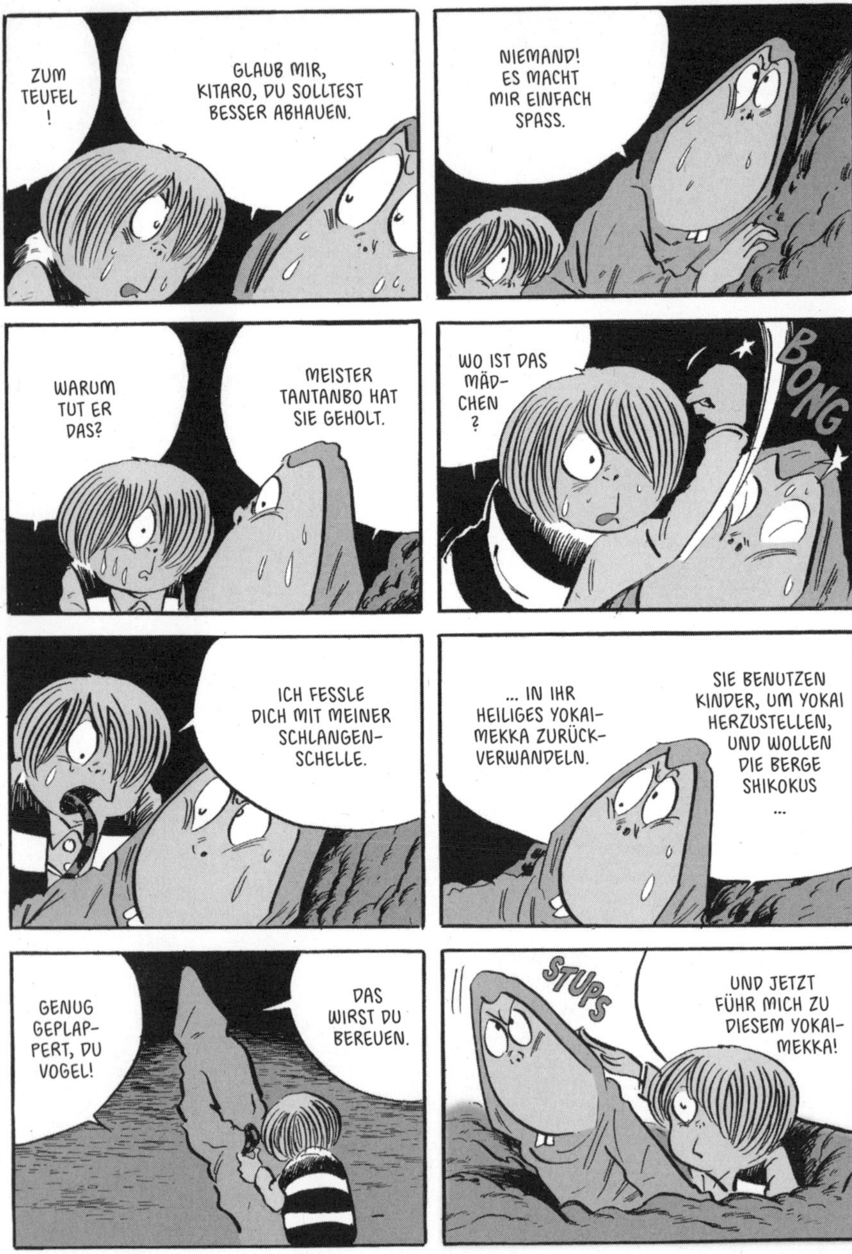
NIEMAND! ES MACHT MIR EINFACH SPASS.
GLAUB MIR, KITARO, DU SOLLTEST BESSER ABHAUEN.
ZUM TEUFEL !
WO IST DAS MÄD-CHEN ?
BONG
MEISTER TANTANBO HAT SIE GEHOLT.
WARUM TUT ER DAS?
SIE BENUTZEN KINDER, UM YOKAI HERZUSTELLEN, UND WOLLEN DIE BERGE SHIKOKUS ...
... IN IHR HEILIGES YOKAI-MEKKA ZURÜCK-VERWANDELN.
ICH FESSLE DICH MIT MEINER SCHLANGEN-SCHELLE.
UND JETZT FÜHR MICH ZU DIESEM YOKAI-MEKKA!
STUPS
DAS WIRST DU BEREUEN.
GENUG GEPLAP-PERT, DU VOGEL!

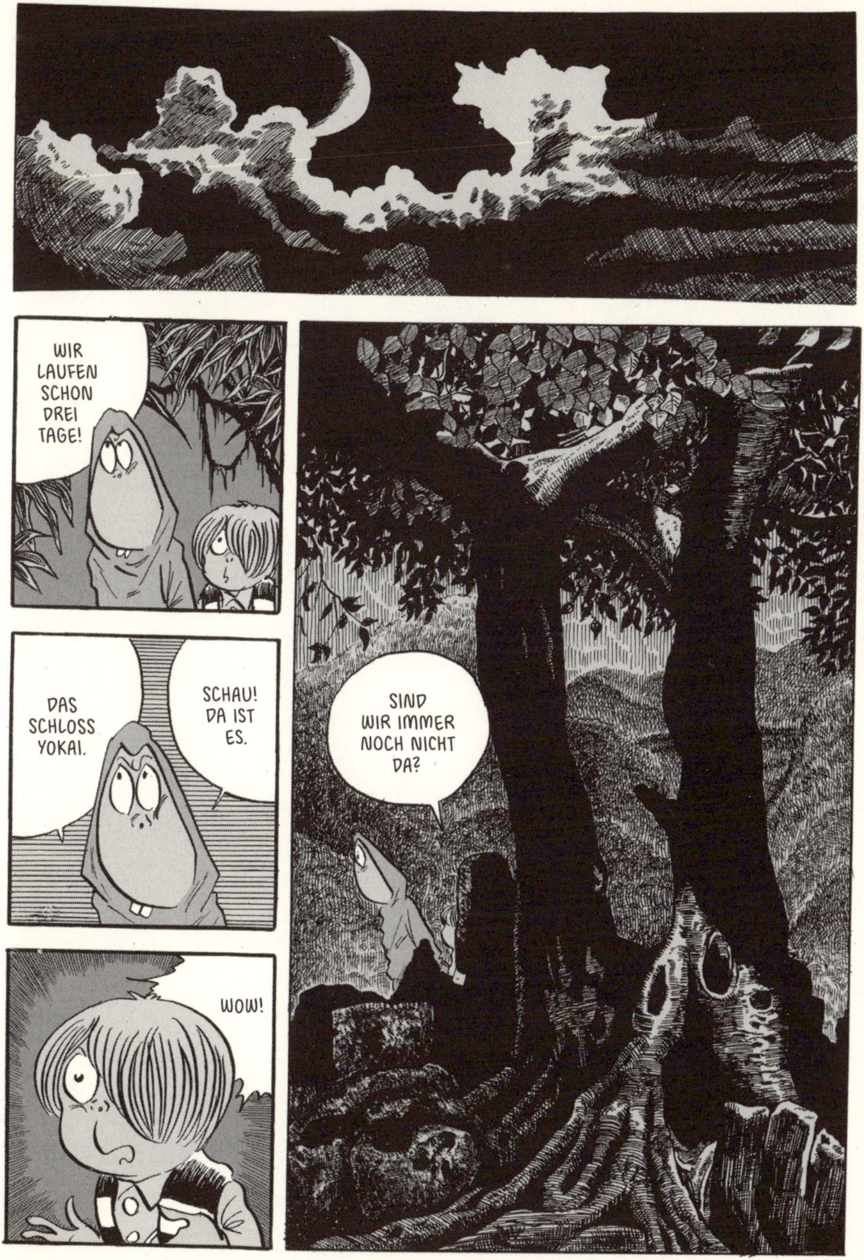
WIR LAUFEN SCHON DREI TAGE!
DAS SCHLOSS YOKAI.
SCHAU! DA IST ES.
WOW!
SIND WIR IMMER NOCH NICHT DA?

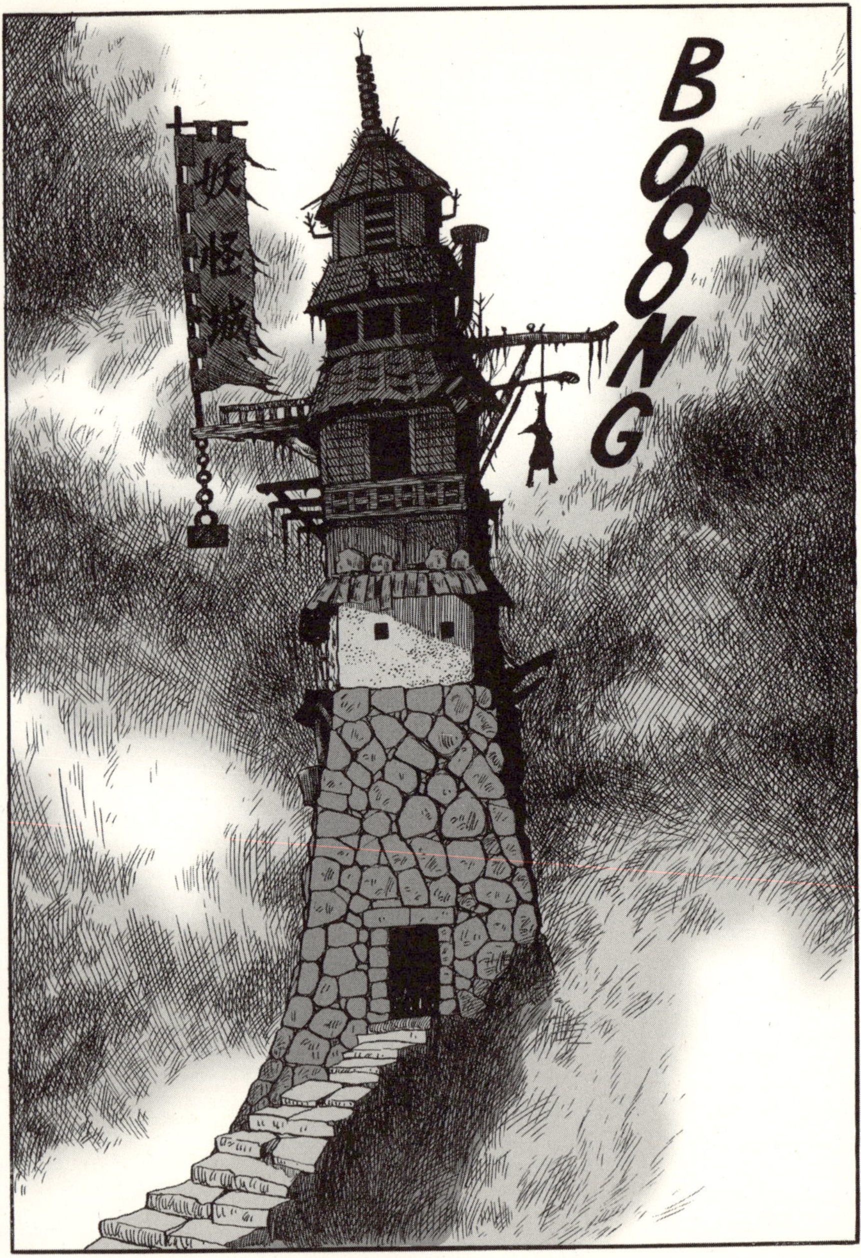
妖怪城
BOOONG

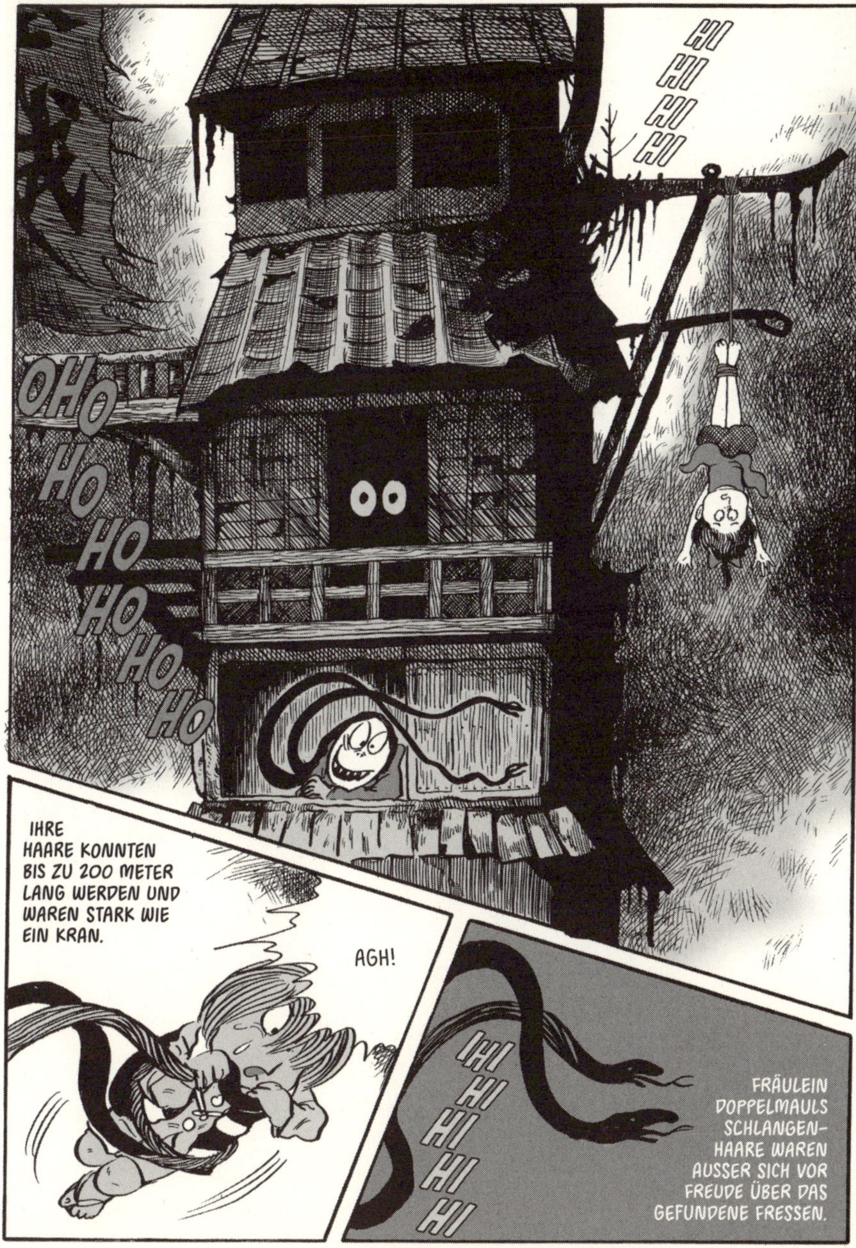
HI HI HI HI HI
OHO HO HO HO HO HO
IHRE HAARE KONNTEN BIS ZU 200 METER LANG WERDEN UND WAREN STARK WIE EIN KRAN.
AGH!
IHI HI HI HI HI
FRÄULEIN DOPPELMAULS SCHLANGEN-HAARE WAREN AUSSER SICH VOR FREUDE ÜBER DAS GEFUNDENE FRESSEN.

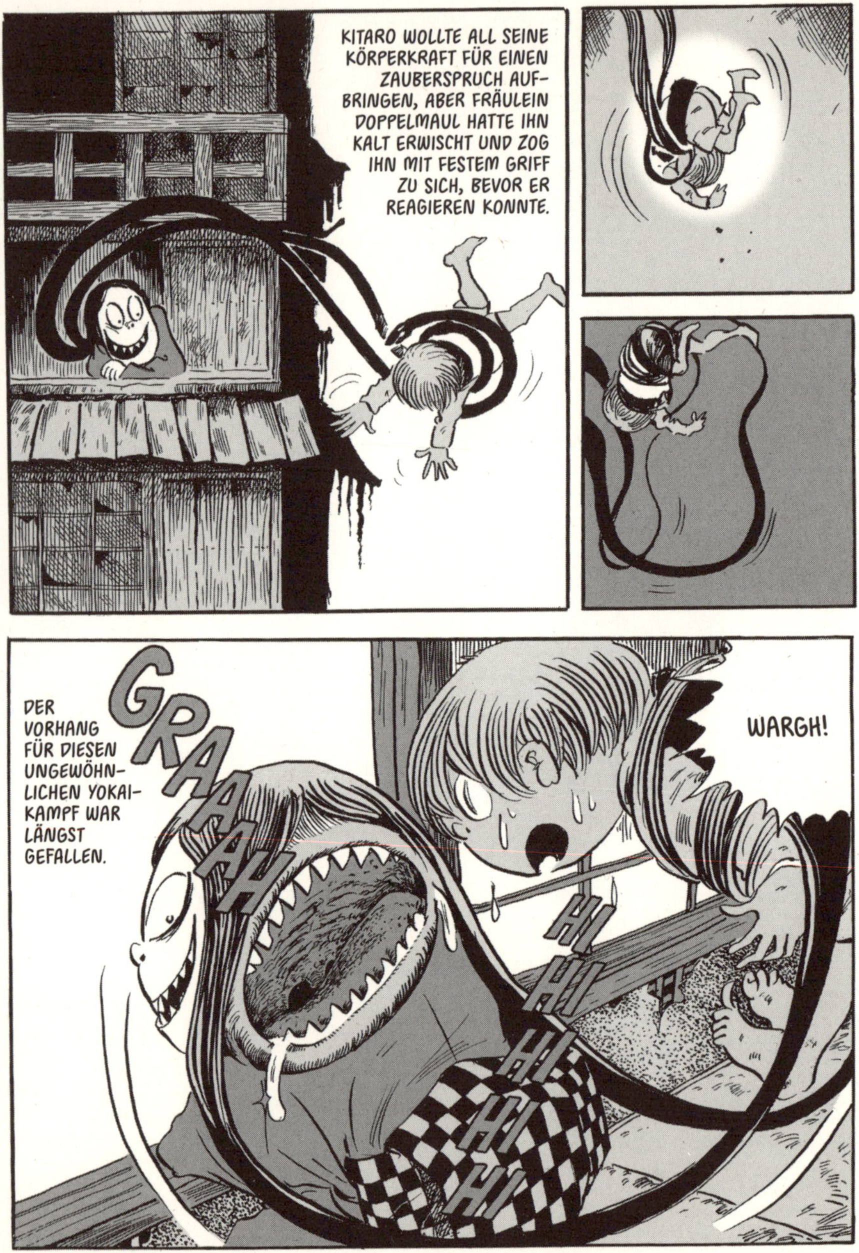
KITARO WOLLTE ALL SEINE KÖRPERKRAFT FÜR EINEN ZAUBERSPRUCH AUF-BRINGEN, ABER FRÄULEIN DOPPELMAUL HATTE IHN KALT ERWISCHT UND ZOG IHN MIT FESTEM GRIFF ZU SICH, BEVOR ER REAGIEREN KONNTE.
DER VORHANG FÜR DIESEN UNGEWÖHN-LICHEN YOKAI-KAMPF WAR LÄNGST GEFALLEN.
GRAAAAH
WARGH!
HI HI HI HI HI HI

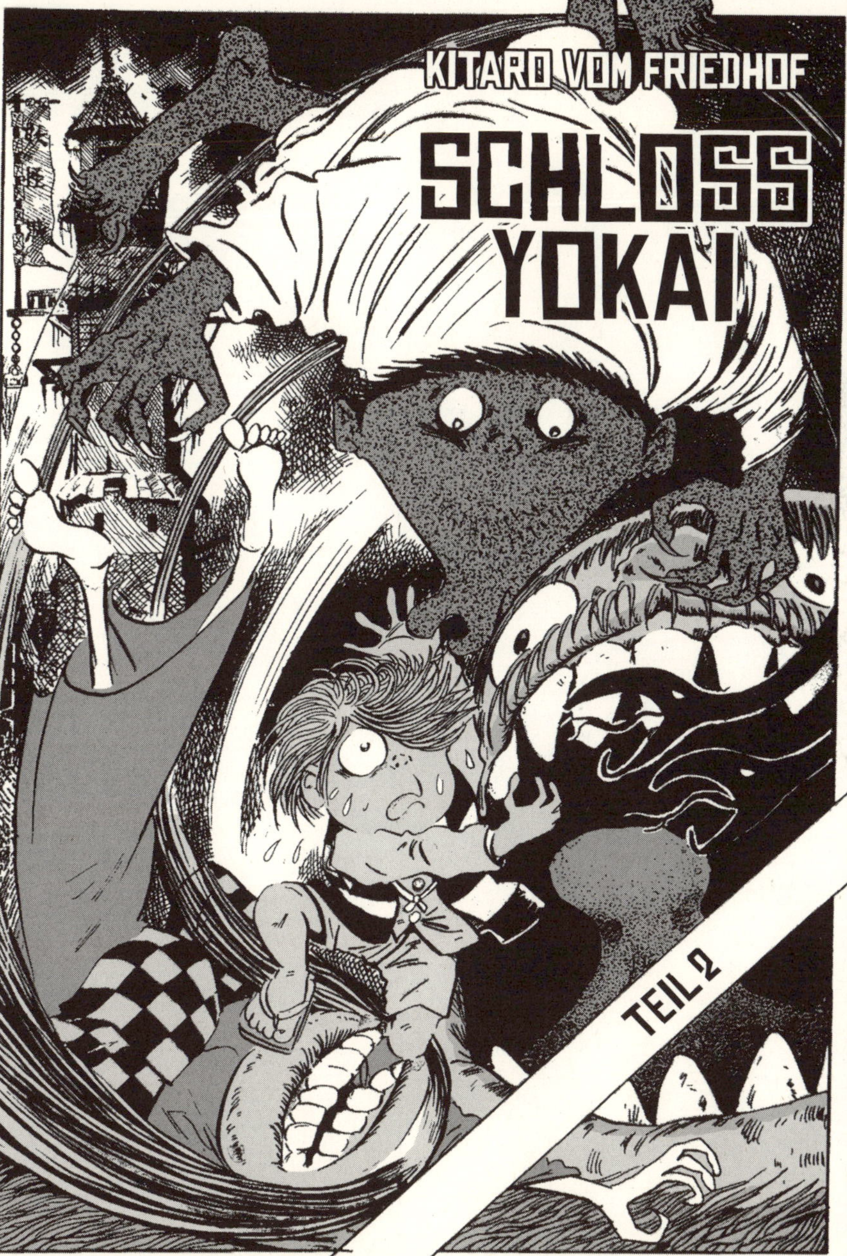
KITARO VOM FRIEDHOF
SCHLOSS YOKAI
TEIL 2

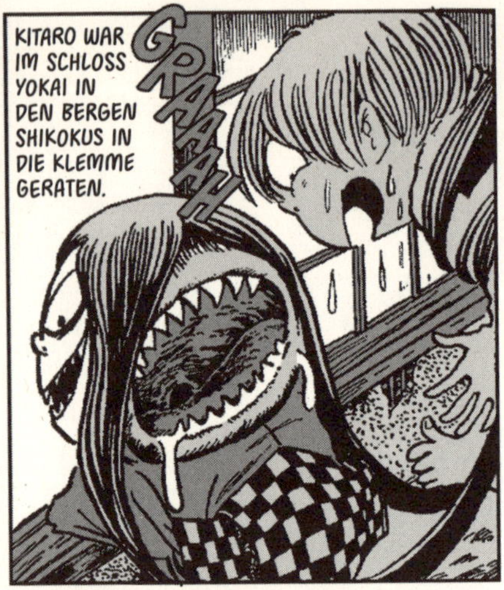

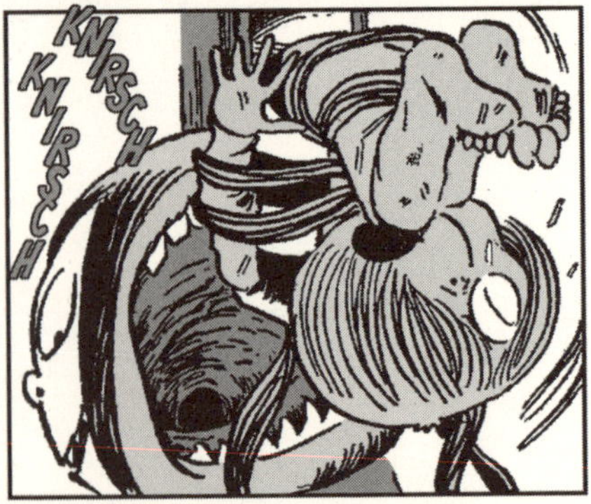

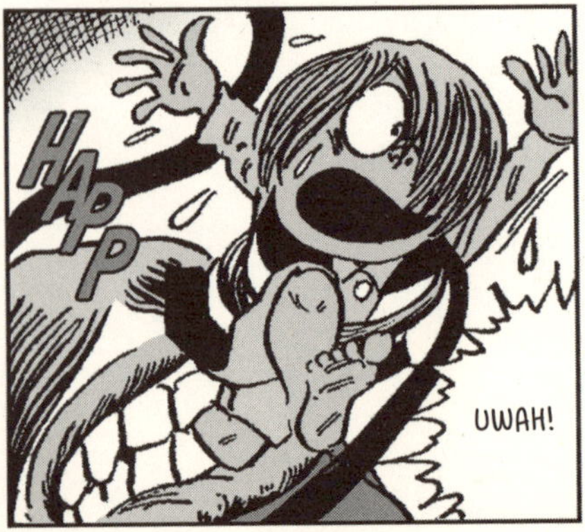

Die Yokai in den Bergen Shikokus, die aus ihrem hundertjährigen Schlaf erwacht waren.

Tantanbo

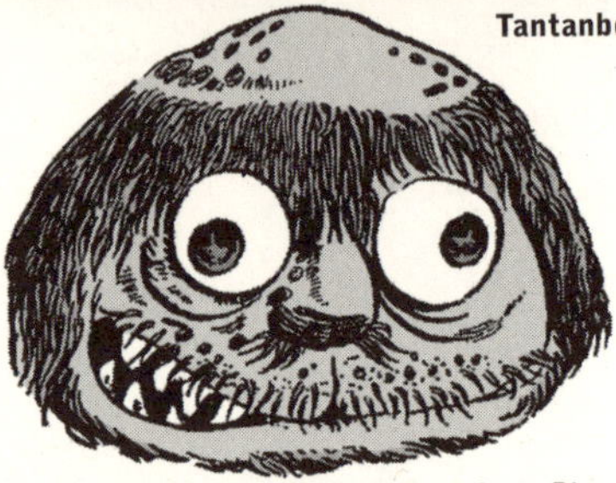

Spuckt schleimartige Klumpen aus seinem Riesenmund, die die Größe von Autoreifen annehmen können. Hundert Mal klebriger als Pattex. Ein Tröpfchen im Auge seiner Gegner reicht, um sie erblinden zu lassen.

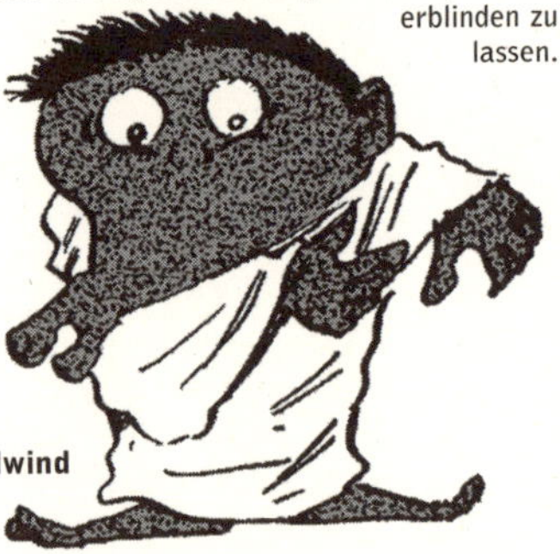

Sichelwind

Mit seiner enormen Saugkraft kann er über seinen Feinden kleine Wirbelstürme entstehen lassen. Wer das Auge dieses Sturms berührt, dem fliegt das Fleisch von den Knochen.

Fräulein Doppelmaul

Ihre Haarspitzen bestehen aus Schlangenköpfen, die ihre Beute über zweihundert Meter in Richtung des zweiten Mauls auf ihrem Hinterkopf transportieren können.

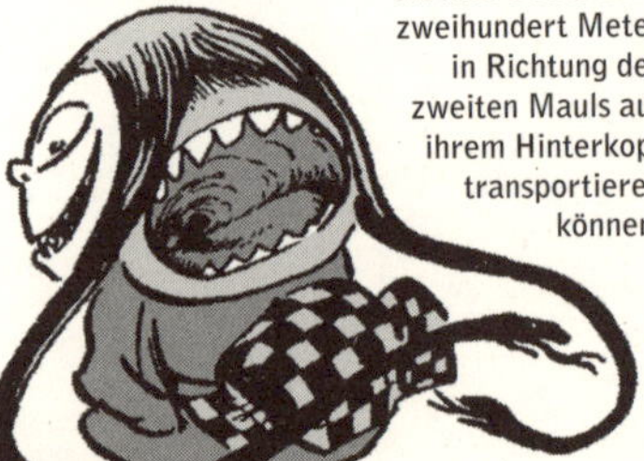

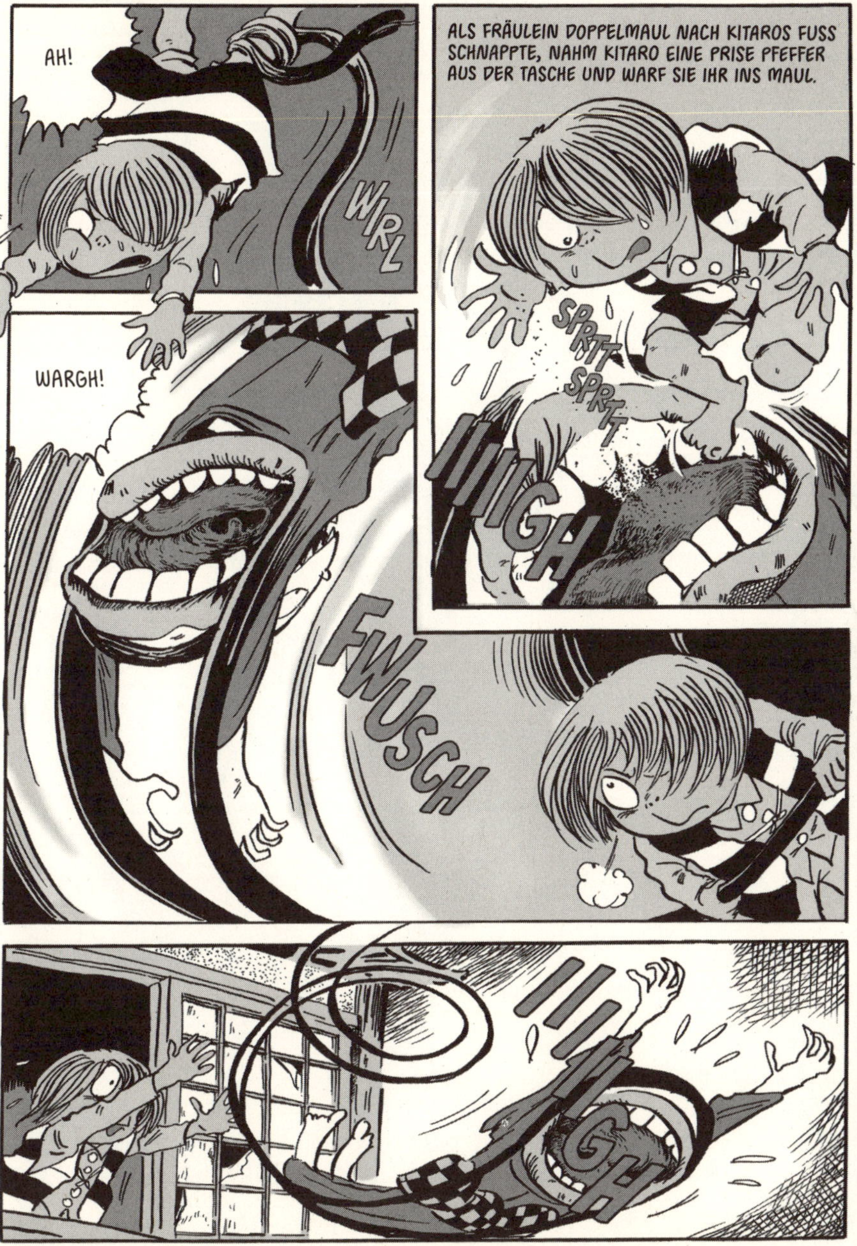

AH!
WIRL
ALS FRÄULEIN DOPPELMAUL NACH KITAROS FUSS SCHNAPPTE, NAHM KITARO EINE PRISE PFEFFER AUS DER TASCHE UND WARF SIE IHR INS MAUL.
SPRTTT
SPRTTT
IIIIIGH
WARGH!
FWUSCH
IIIIIGH

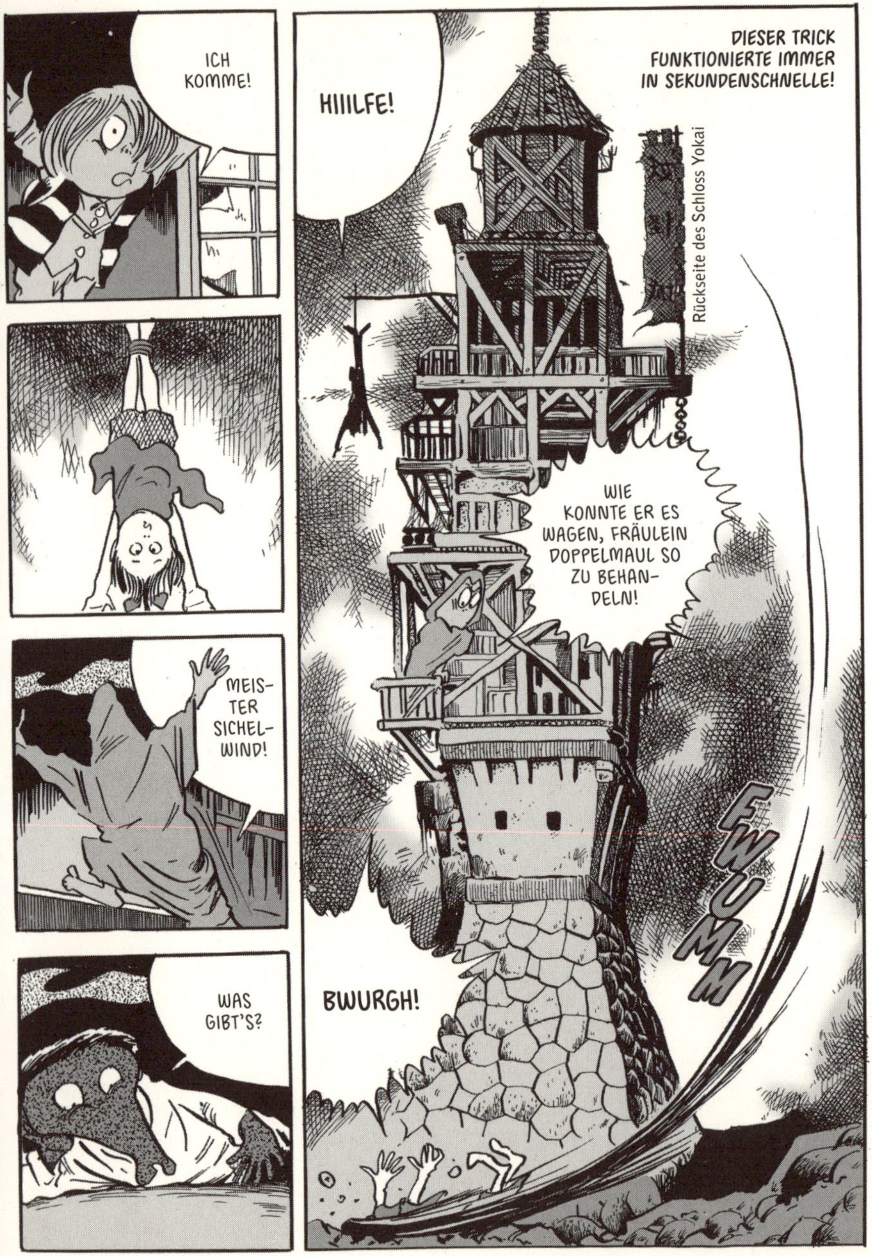

Rückseite des Schloss Yokai

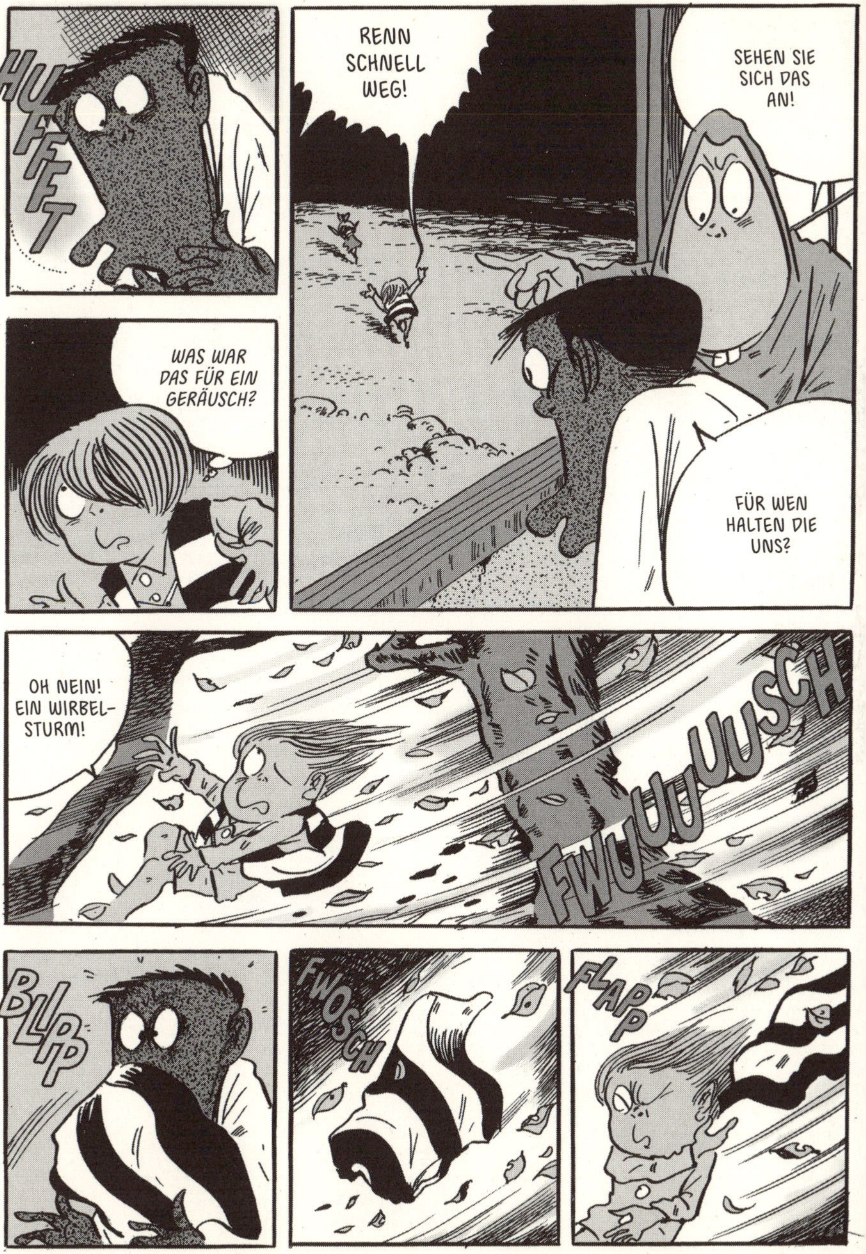
HUFFFT
WAS WAR DAS FÜR EIN GERÄUSCH?
RENN SCHNELL WEG!
SEHEN SIE SICH DAS AN!
FÜR WEN HALTEN DIE UNS?
OH NEIN! EIN WIRBEL-STURM!
FWUUUUUUSCH
BLIPP
FWOSCH
FLAPP

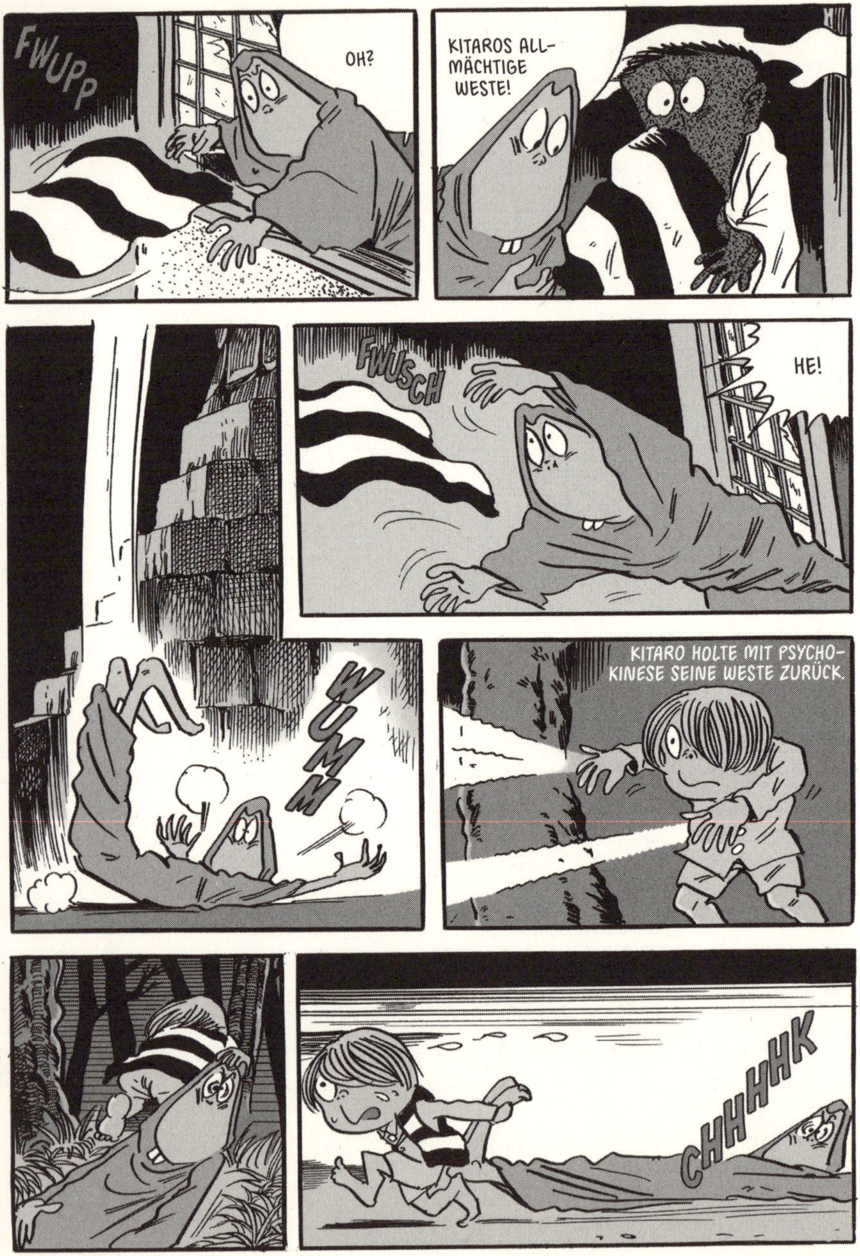
FWUPP
OH?
KITAROS ALL-
MÄCHTIGE
WESTE!
FWUSCH
HE!
WUMM
KITARO HOLTE MIT PSYCHO-
KINESE SEINE WESTE ZURÜCK.
CHHHHK

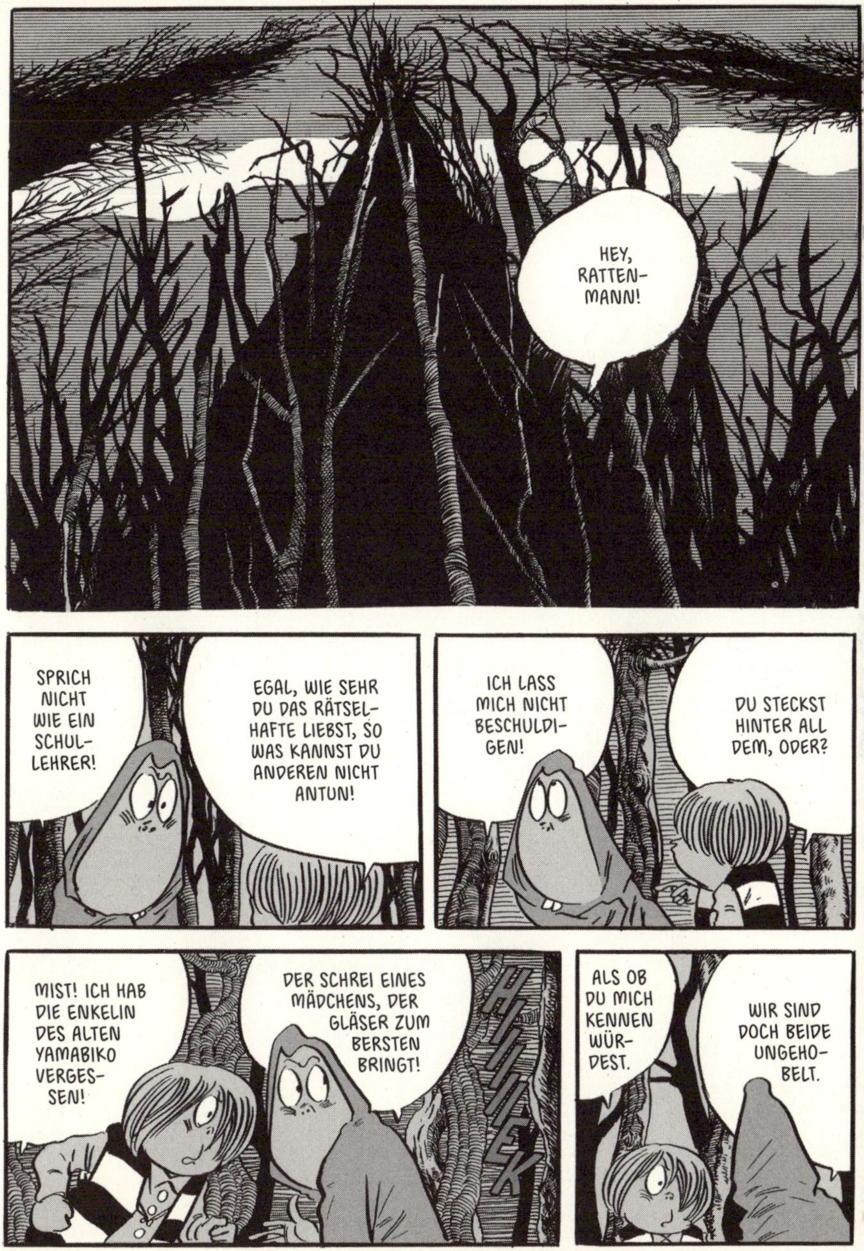
HEY, RATTENMANN!
DU STECKST HINTER ALL DEM, ODER?
ICH LASS MICH NICHT BESCHULDIGEN!
EGAL, WIE SEHR DU DAS RÄTSELHAFTE LIEBST, SO WAS KANNST DU ANDEREN NICHT ANTUN!
SPRICH NICHT WIE EIN SCHULLEHRER!
WIR SIND DOCH BEIDE UNGEHOBELT.
ALS OB DU MICH KENNEN WÜRDEST.
HIIIIEK
DER SCHREI EINES MÄDCHENS, DER GLÄSER ZUM BERSTEN BRINGT!
MIST! ICH HAB DIE ENKELIN DES ALTEN YAMABIKO VERGESSEN!

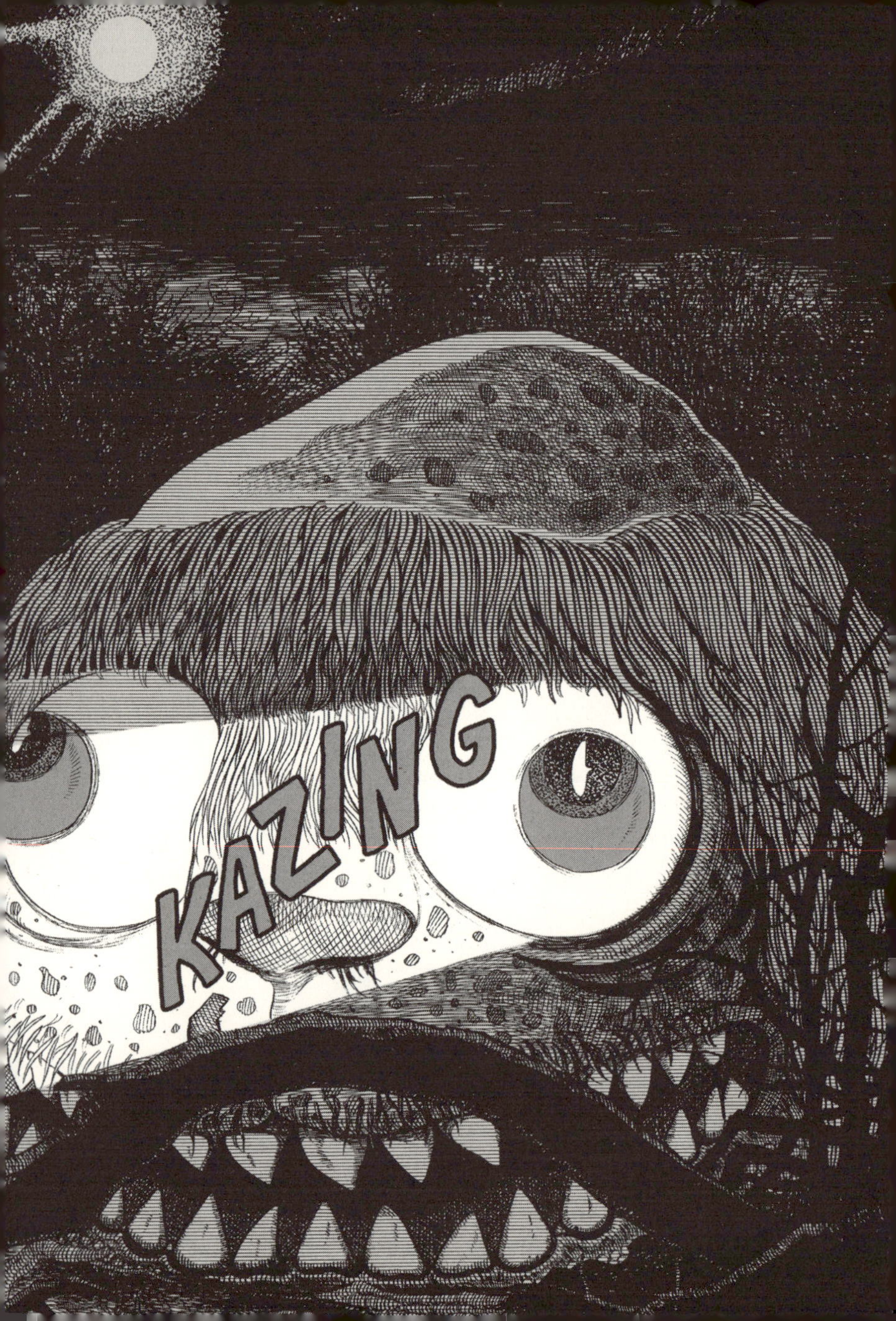
KAZING

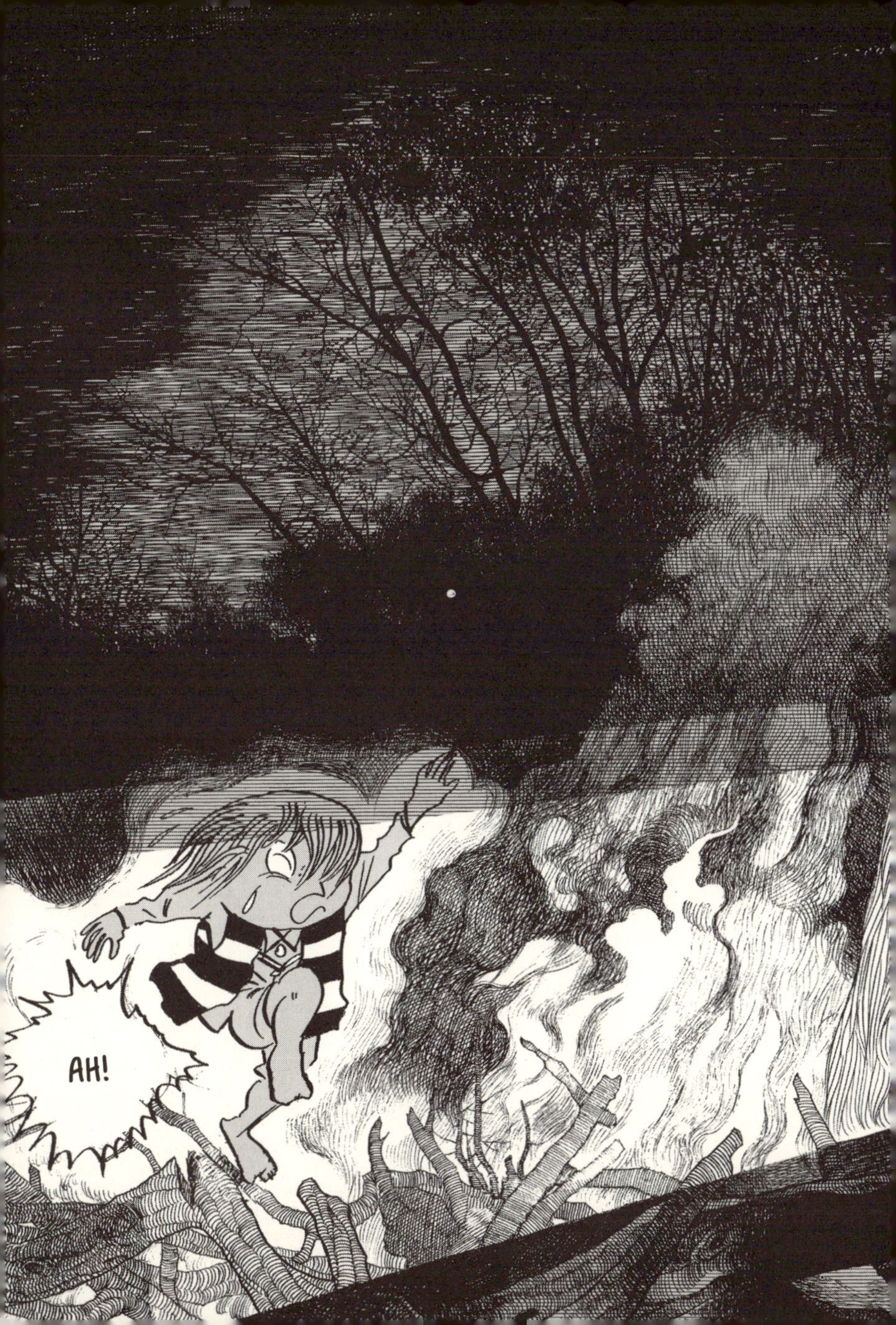
AH!

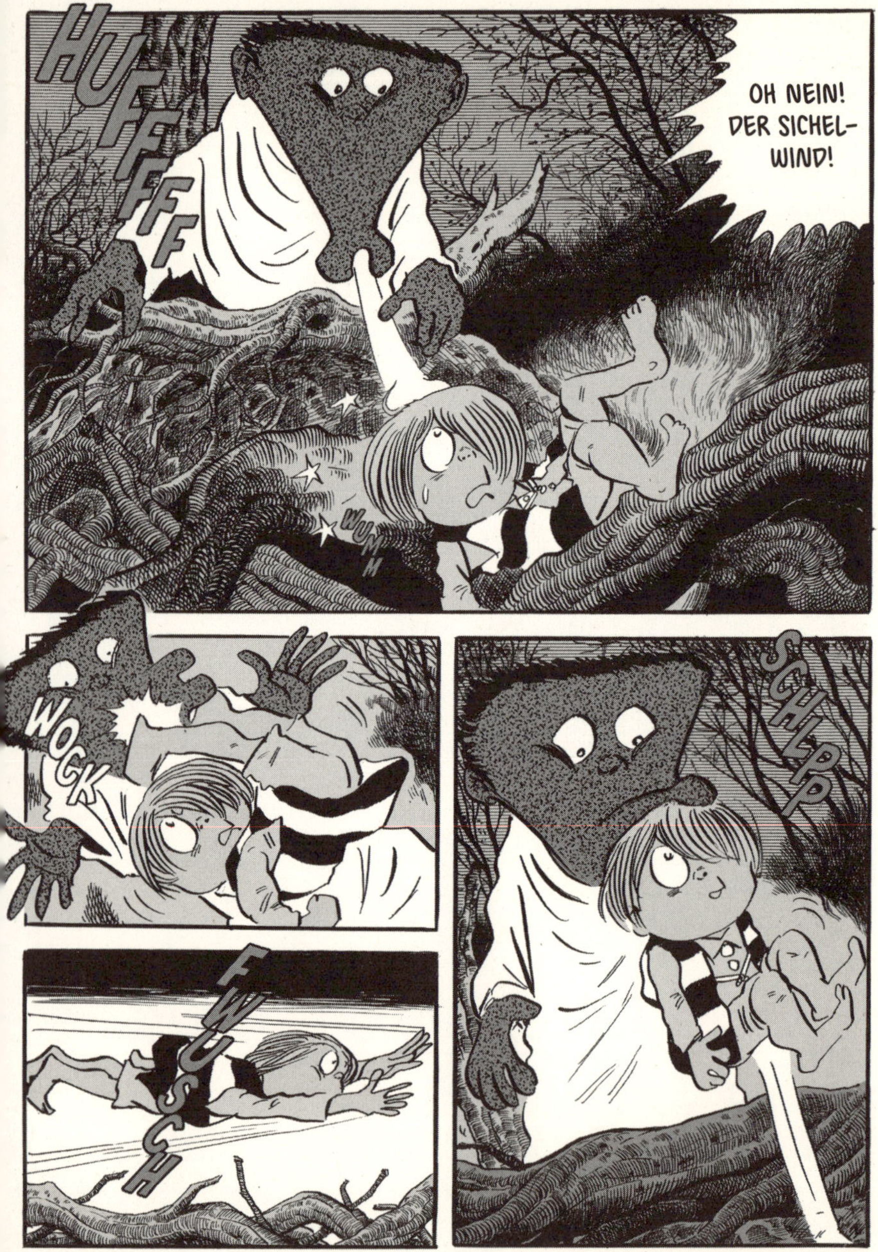
HUFFFFF
OH NEIN! DER SICHEL-WIND!
WUMM
WOCK
FWUSCH
SCHLPP

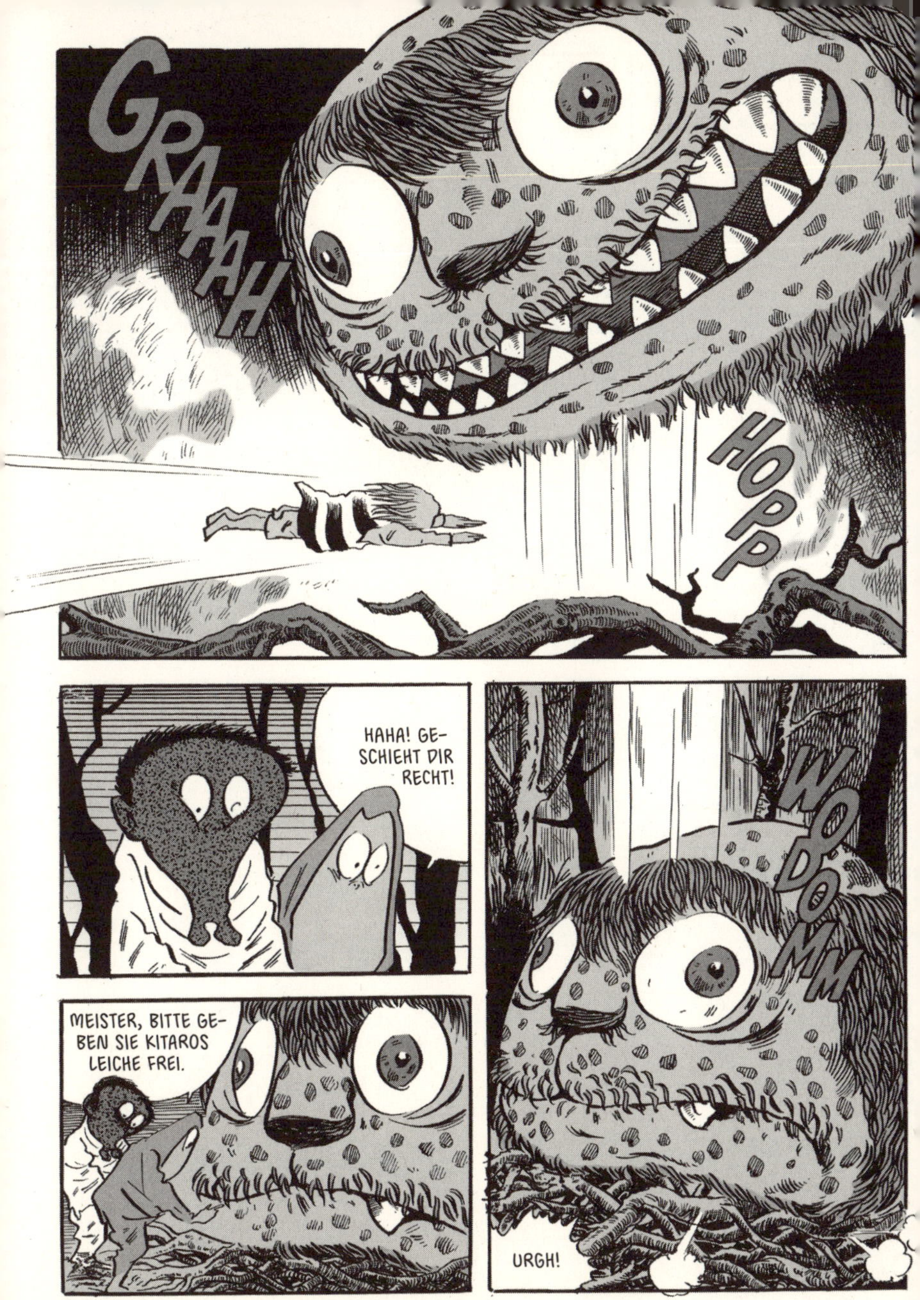
GRAAAAH
HOPP
HAHA! GESCHIEHT DIR RECHT!
WOBOMM
MEISTER, BITTE GEBEN SIE KITAROS LEICHE FREI.
URGH!

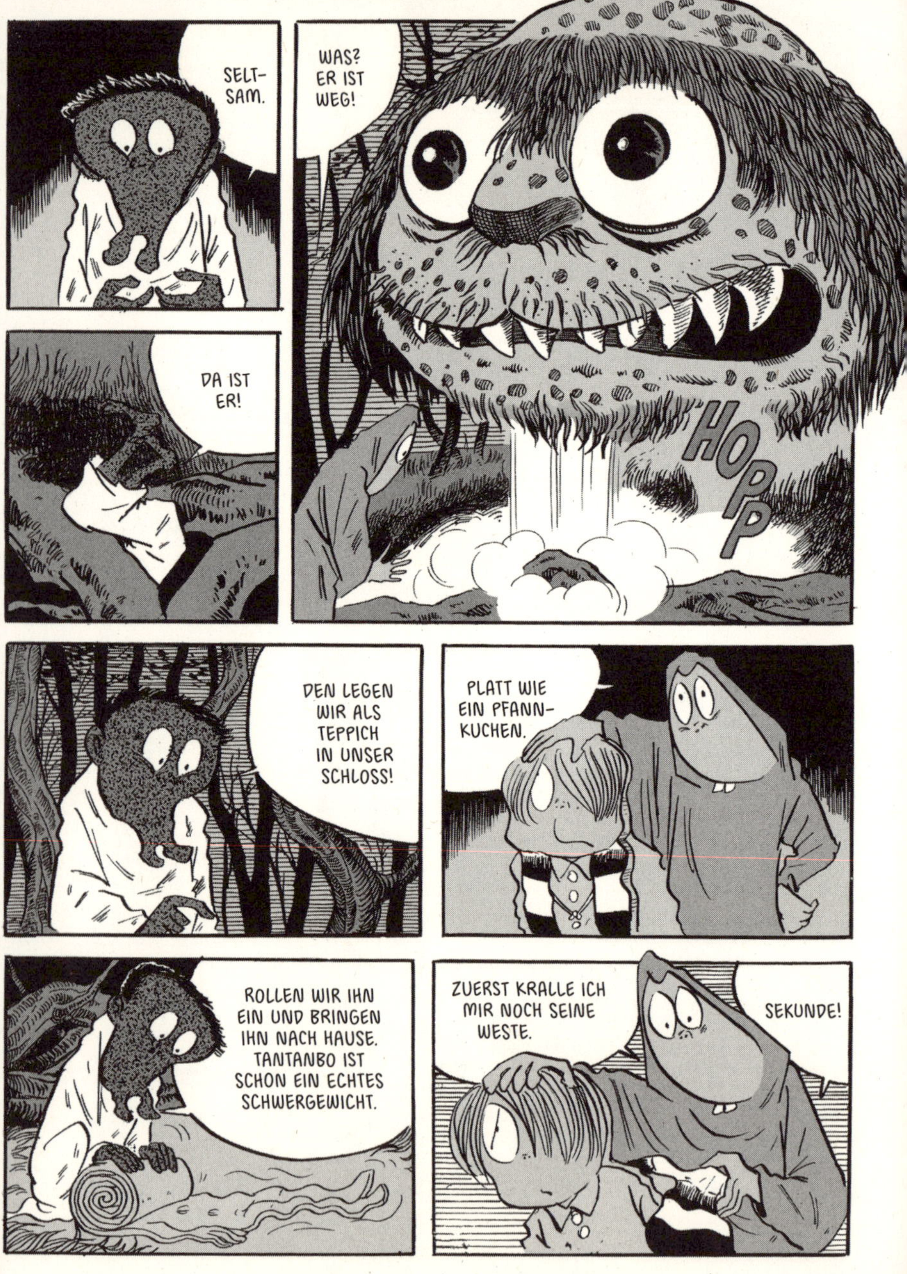
SELT-
SAM.
WAS?
ER IST
WEG!
DA IST
ER!
HOPP
DEN LEGEN
WIR ALS
TEPPICH
IN UNSER
SCHLOSS!
PLATT WIE
EIN PFANN-
KUCHEN.
ROLLEN WIR IHN
EIN UND BRINGEN
IHN NACH HAUSE.
TANTANBO IST
SCHON EIN ECHTES
SCHWERGEWICHT.
ZUERST KRALLE ICH
MIR NOCH SEINE
WESTE.
SEKUNDE!

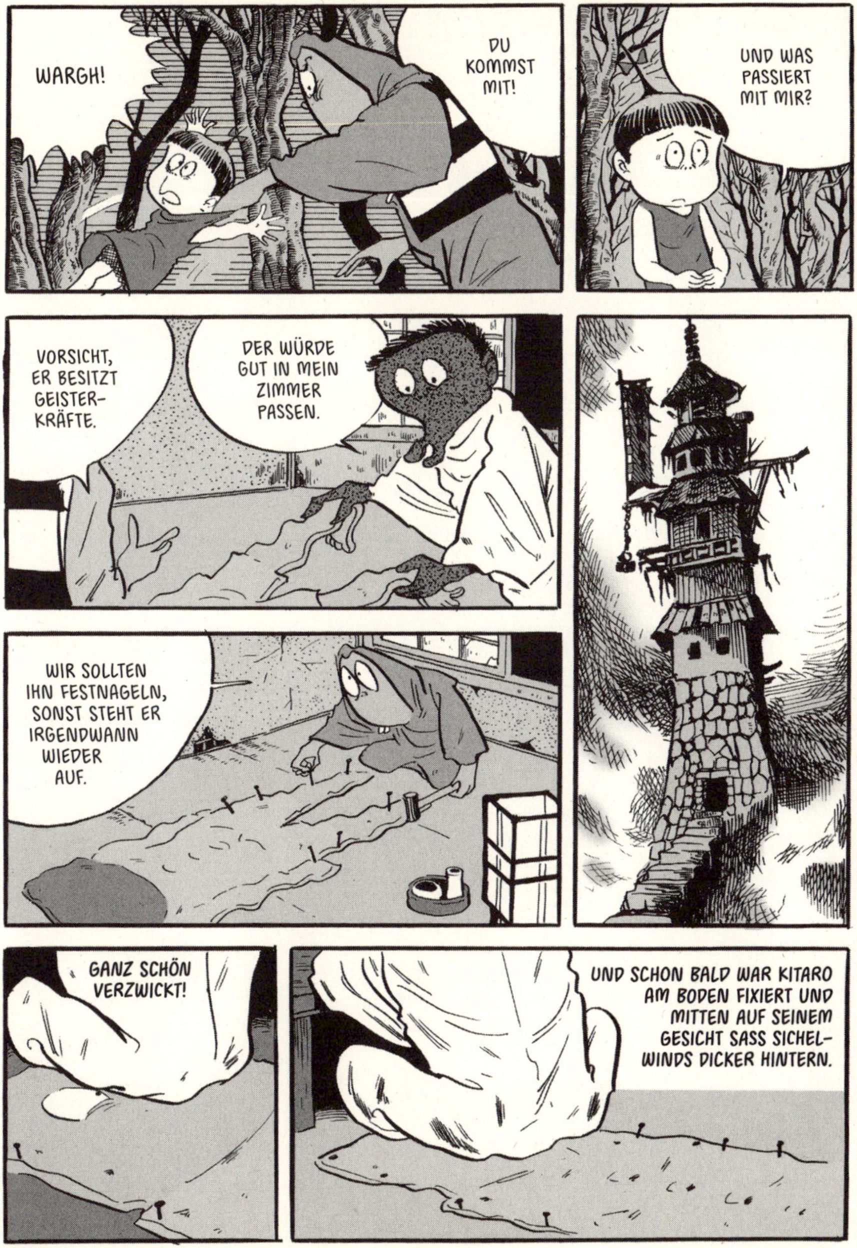
WARGH!
DU KOMMST MIT!
UND WAS PASSIERT MIT MIR?
VORSICHT, ER BESITZT GEISTER-KRÄFTE.
DER WÜRDE GUT IN MEIN ZIMMER PASSEN.
WIR SOLLTEN IHN FESTNAGELN, SONST STEHT ER IRGENDWANN WIEDER AUF.
GANZ SCHÖN VERZWICKT!
UND SCHON BALD WAR KITARO AM BODEN FIXIERT UND MITTEN AUF SEINEM GESICHT SASS SICHEL-WINDS DICKER HINTERN.

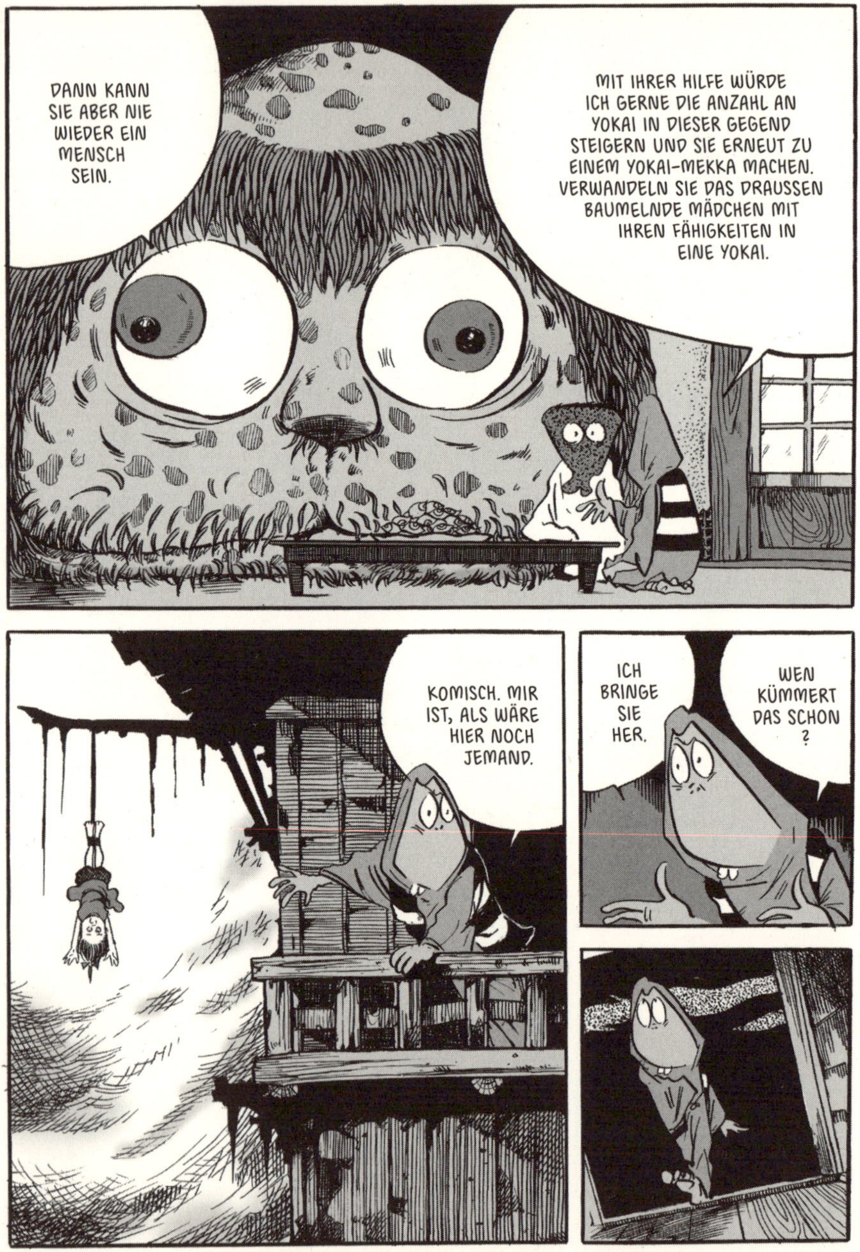
MIT IHRER HILFE WÜRDE ICH GERNE DIE ANZAHL AN YOKAI IN DIESER GEGEND STEIGERN UND SIE ERNEUT ZU EINEM YOKAI-MEKKA MACHEN. VERWANDELN SIE DAS DRAUSSEN BAUMELNDE MÄDCHEN MIT IHREN FÄHIGKEITEN IN EINE YOKAI.
DANN KANN SIE ABER NIE WIEDER EIN MENSCH SEIN.
WEN KÜMMERT DAS SCHON?
ICH BRINGE SIE HER.
KOMISCH. MIR IST, ALS WÄRE HIER NOCH JEMAND.

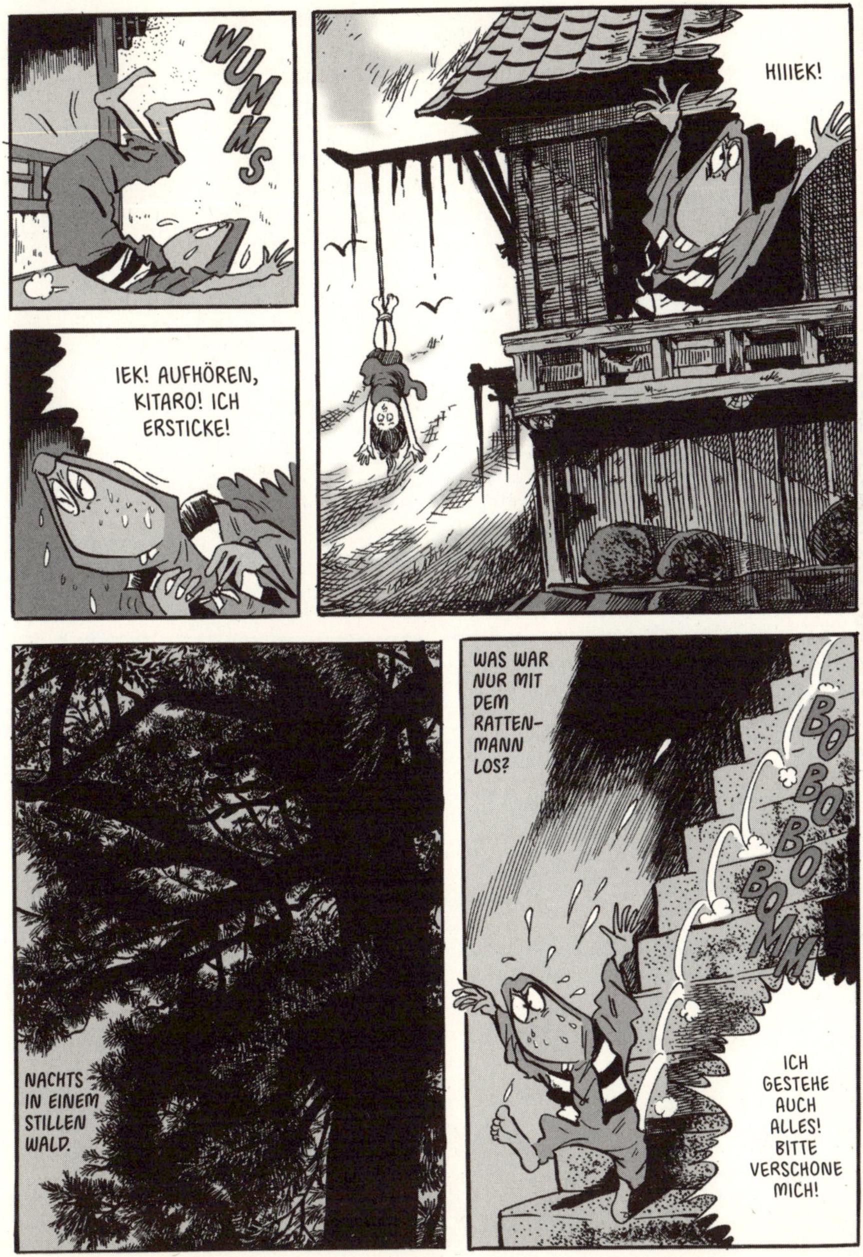
WUMMS
HIIIEK!
IEK! AUFHÖREN, KITARO! ICH ERSTICKE!
NACHTS IN EINEM STILLEN WALD.
WAS WAR NUR MIT DEM RATTEN-MANN LOS?
BOBOBOBOBOMM
ICH GESTEHE AUCH ALLES! BITTE VERSCHONE MICH!

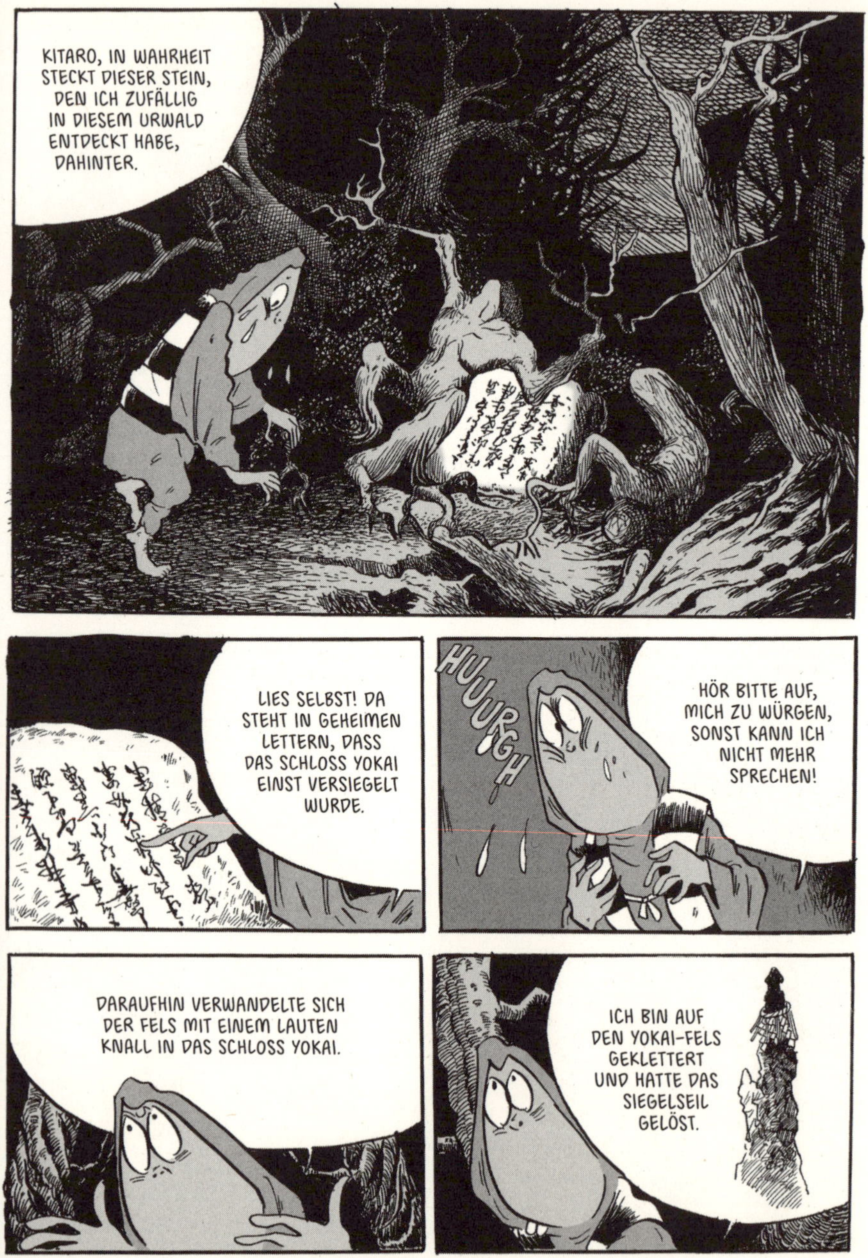
KITARO, IN WAHRHEIT STECKT DIESER STEIN, DEN ICH ZUFÄLLIG IN DIESEM URWALD ENTDECKT HABE, DAHINTER.
LIES SELBST! DA STEHT IN GEHEIMEN LETTERN, DASS DAS SCHLOSS YOKAI EINST VERSIEGELT WURDE.
HUUURGH
HÖR BITTE AUF, MICH ZU WÜRGEN, SONST KANN ICH NICHT MEHR SPRECHEN!
DARAUFHIN VERWANDELTE SICH DER FELS MIT EINEM LAUTEN KNALL IN DAS SCHLOSS YOKAI.
ICH BIN AUF DEN YOKAI-FELS GEKLETTERT UND HATTE DAS SIEGELSEIL GELÖST.

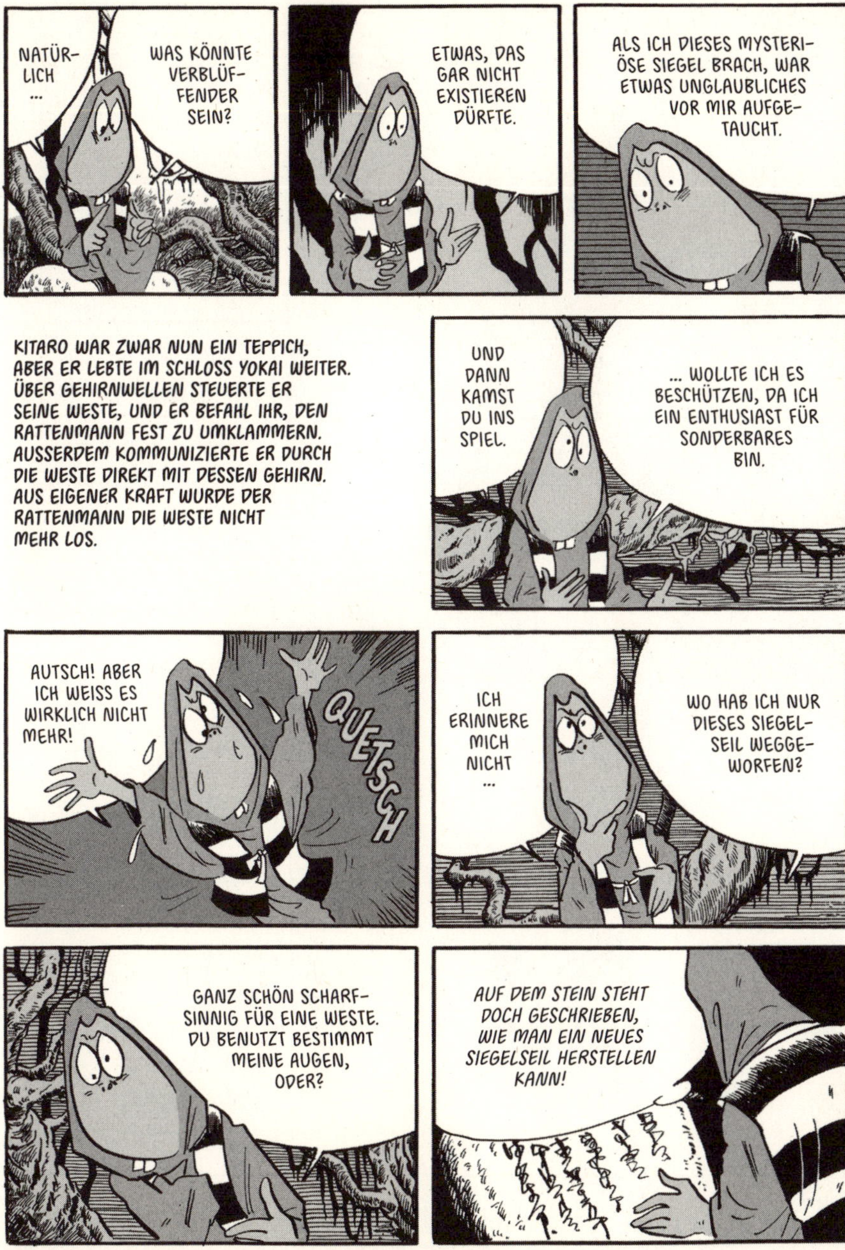
NATÜRLICH …
WAS KÖNNTE VERBLÜFFENDER SEIN?
ETWAS, DAS GAR NICHT EXISTIEREN DÜRFTE.
ALS ICH DIESES MYSTERIÖSE SIEGEL BRACH, WAR ETWAS UNGLAUBLICHES VOR MIR AUFGETAUCHT.
KITARO WAR ZWAR NUN EIN TEPPICH, ABER ER LEBTE IM SCHLOSS YOKAI WEITER. ÜBER GEHIRNWELLEN STEUERTE ER SEINE WESTE, UND ER BEFAHL IHR, DEN RATTENMANN FEST ZU UMKLAMMERN. AUSSERDEM KOMMUNIZIERTE ER DURCH DIE WESTE DIREKT MIT DESSEN GEHIRN. AUS EIGENER KRAFT WURDE DER RATTENMANN DIE WESTE NICHT MEHR LOS.
UND DANN KAMST DU INS SPIEL.
… WOLLTE ICH ES BESCHÜTZEN, DA ICH EIN ENTHUSIAST FÜR SONDERBARES BIN.
AUTSCH! ABER ICH WEISS ES WIRKLICH NICHT MEHR!
QUETSCH
ICH ERINNERE MICH NICHT …
WO HAB ICH NUR DIESES SIEGELSEIL WEGGEWORFEN?
GANZ SCHÖN SCHARFSINNIG FÜR EINE WESTE. DU BENUTZT BESTIMMT MEINE AUGEN, ODER?
AUF DEM STEIN STEHT DOCH GESCHRIEBEN, WIE MAN EIN NEUES SIEGELSEIL HERSTELLEN KANN!

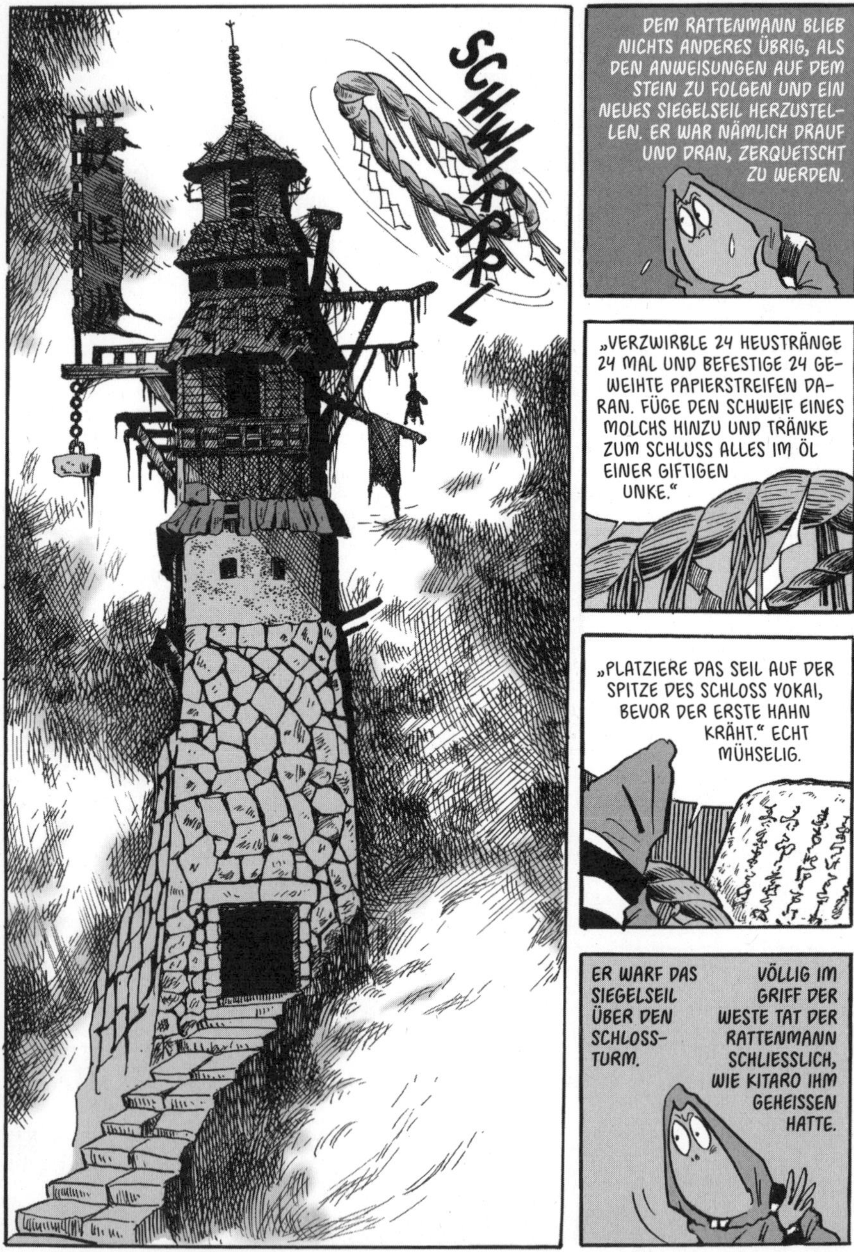
SCHWIRRRL
DEM RATTENMANN BLIEB NICHTS ANDERES ÜBRIG, ALS DEN ANWEISUNGEN AUF DEM STEIN ZU FOLGEN UND EIN NEUES SIEGELSEIL HERZUSTELLEN. ER WAR NÄMLICH DRAUF UND DRAN, ZERQUETSCHT ZU WERDEN.
„VERZWIRBLE 24 HEUSTRÄNGE 24 MAL UND BEFESTIGE 24 GEWEIHTE PAPIERSTREIFEN DARAN. FÜGE DEN SCHWEIF EINES MOLCHS HINZU UND TRÄNKE ZUM SCHLUSS ALLES IM ÖL EINER GIFTIGEN UNKE.“
„PLATZIERE DAS SEIL AUF DER SPITZE DES SCHLOSS YOKAI, BEVOR DER ERSTE HAHN KRÄHT.“ ECHT MÜHSELIG.
ER WARF DAS SIEGELSEIL ÜBER DEN SCHLOSSTURM.
VÖLLIG IM GRIFF DER WESTE TAT DER RATTENMANN SCHLIESSLICH, WIE KITARO IHM GEHEISSEN HATTE.

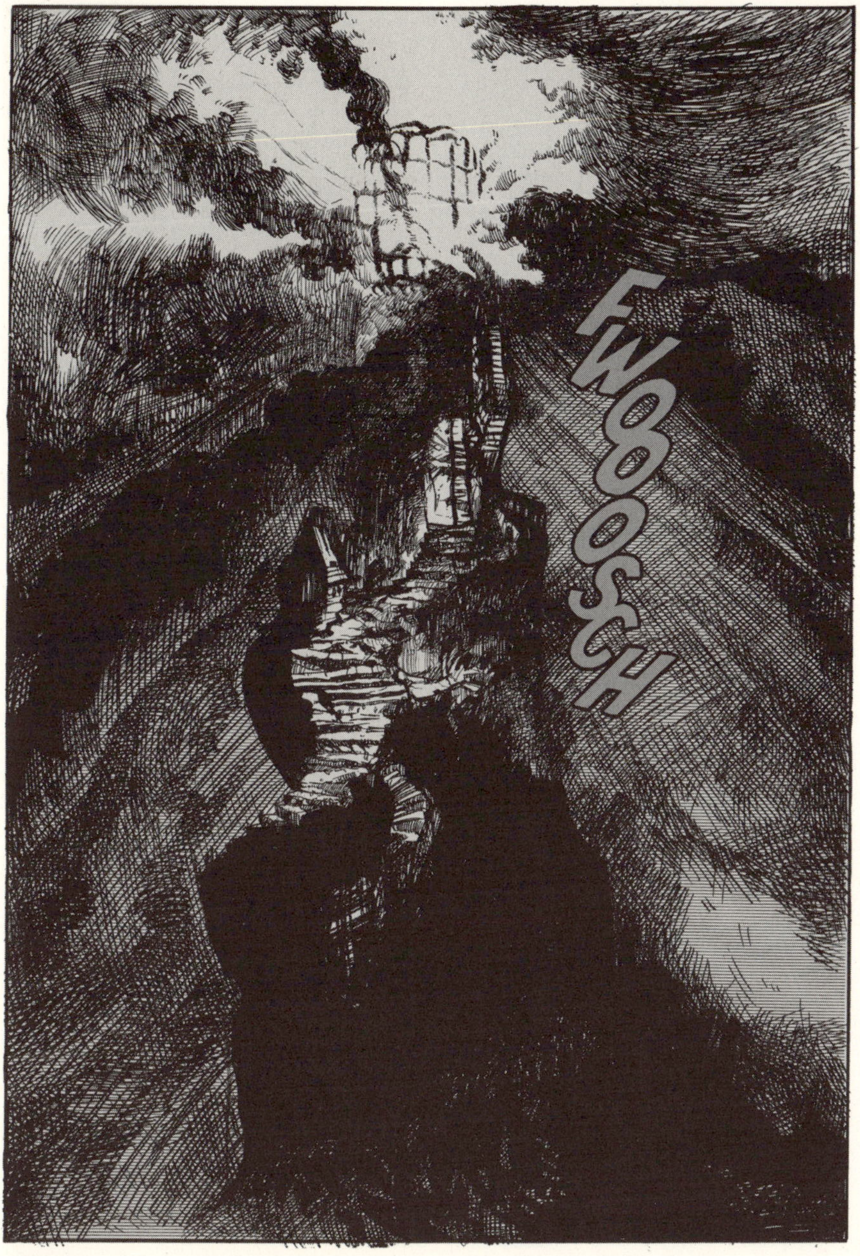
FWOOOSCH

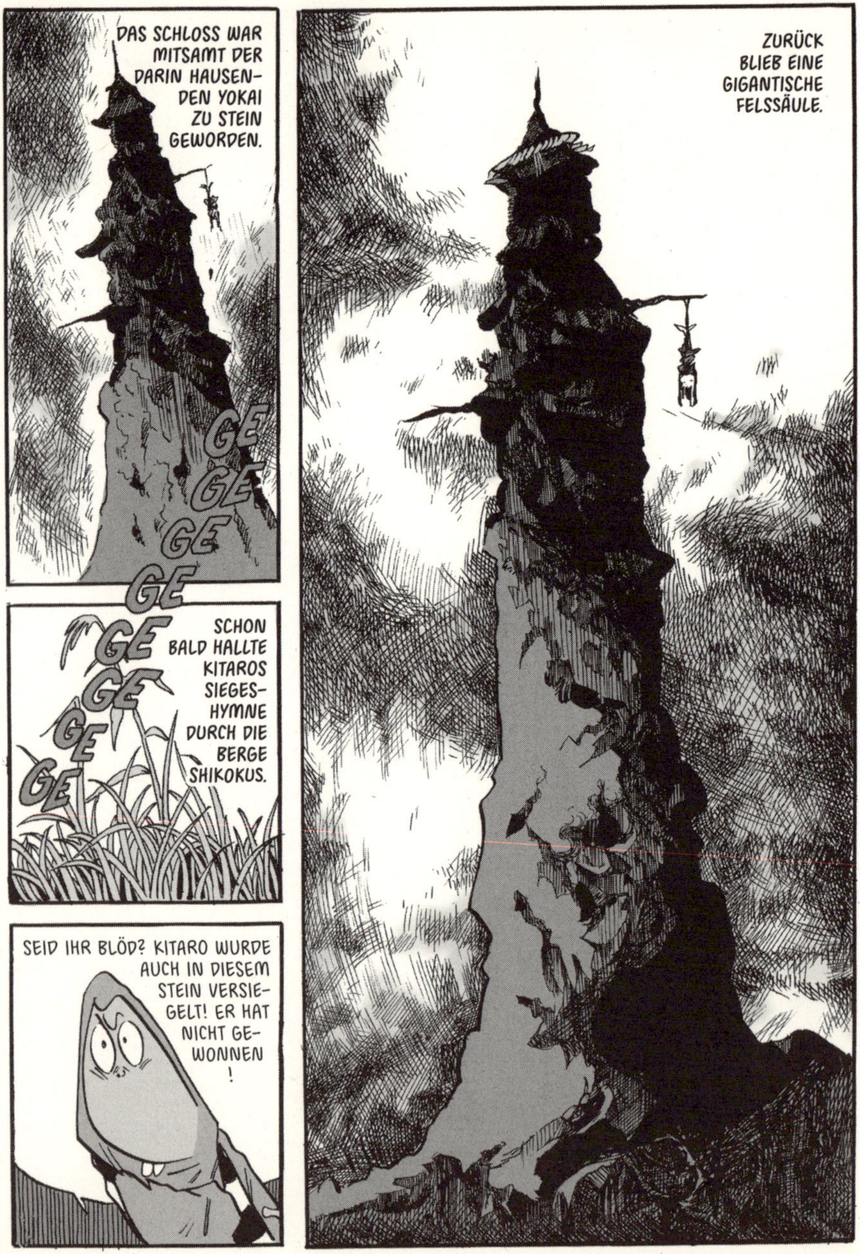
DAS SCHLOSS WAR MITSAMT DER DARIN HAUSEN-DEN YOKAI ZU STEIN GEWORDEN.
ZURÜCK BLIEB EINE GIGANTISCHE FELSSÄULE.
GE GE GE GE GE GE GE GE
SCHON BALD HALLTE KITAROS SIEGES-HYMNE DURCH DIE BERGE SHIKOKUS.
SEID IHR BLÖD? KITARO WURDE AUCH IN DIESEM STEIN VERSIE-GELT! ER HAT NICHT GE-WONNEN !

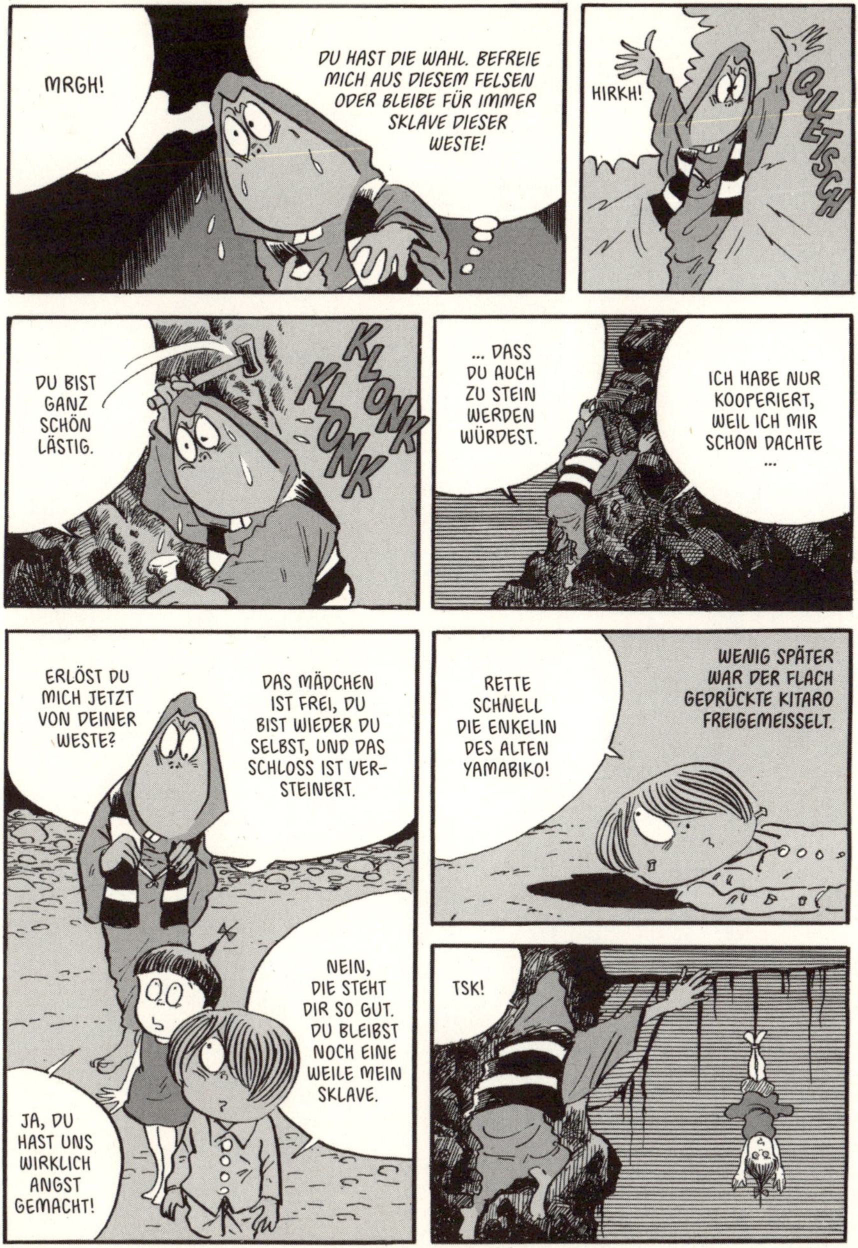
MRGH!
DU HAST DIE WAHL. BEFREIE MICH AUS DIESEM FELSEN ODER BLEIBE FÜR IMMER SKLAVE DIESER WESTE!
HIRKH!
QUETSCH
DU BIST GANZ SCHÖN LÄSTIG.
KLONK KLONK
... DASS DU AUCH ZU STEIN WERDEN WÜRDEST.
ICH HABE NUR KOOPERIERT, WEIL ICH MIR SCHON DACHTE ...
ERLÖST DU MICH JETZT VON DEINER WESTE?
DAS MÄDCHEN IST FREI, DU BIST WIEDER DU SELBST, UND DAS SCHLOSS IST VER-STEINERT.
NEIN, DIE STEHT DIR SO GUT. DU BLEIBST NOCH EINE WEILE MEIN SKLAVE.
JA, DU HAST UNS WIRKLICH ANGST GEMACHT!
RETTE SCHNELL DIE ENKELIN DES ALTEN YAMABIKO!
WENIG SPÄTER WAR DER FLACH GEDRÜCKTE KITARO FREIGEMEISSELT.
TSK!

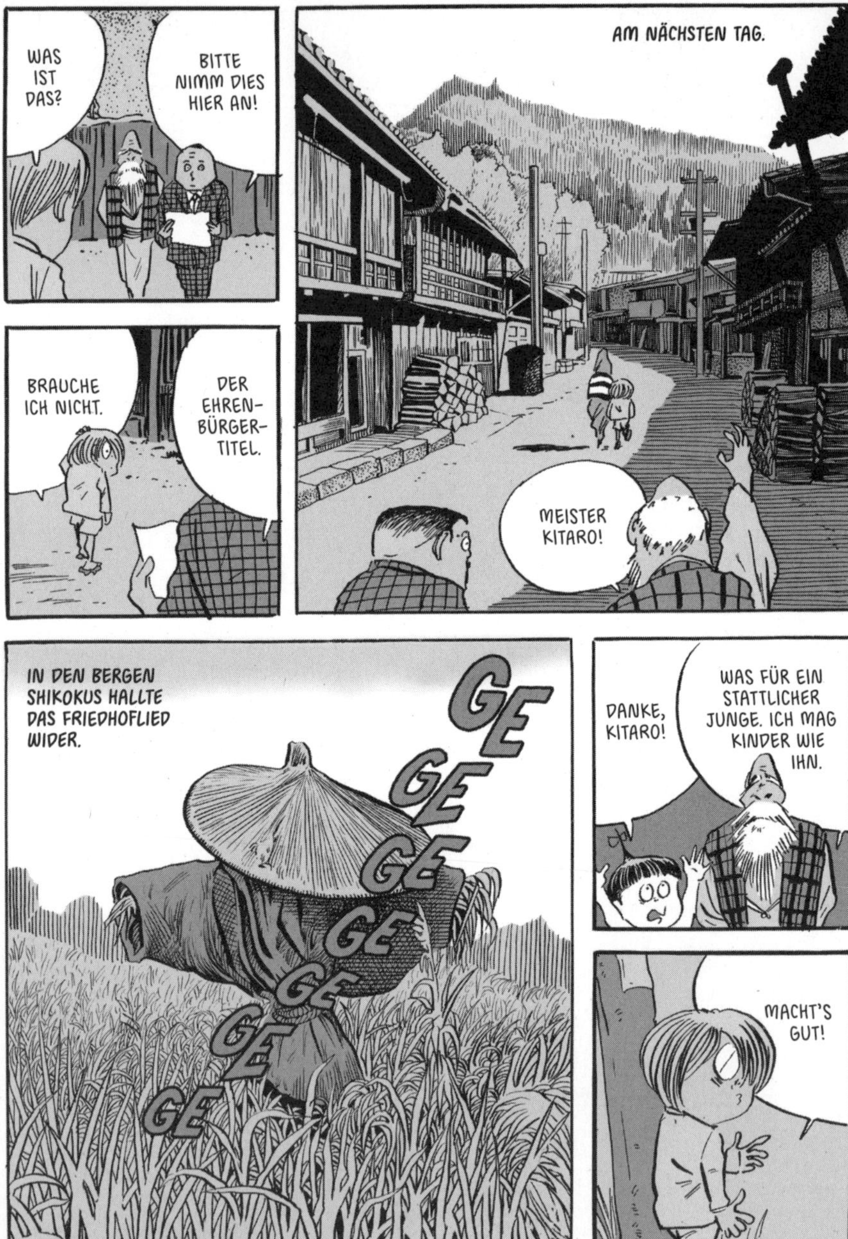
BITTE NIMM DIES HIER AN!
WAS IST DAS?
DER EHRENBÜRGERTITEL.
BRAUCHE ICH NICHT.
AM NÄCHSTEN TAG.
MEISTER KITARO!
WAS FÜR EIN STATTLICHER JUNGE. ICH MAG KINDER WIE IHN.
DANKE, KITARO!
MACHT'S GUT!
IN DEN BERGEN SHIKOKUS HALLTE DAS FRIEDHOFLIED WIDER.
GE GE GE GE GE GE GE

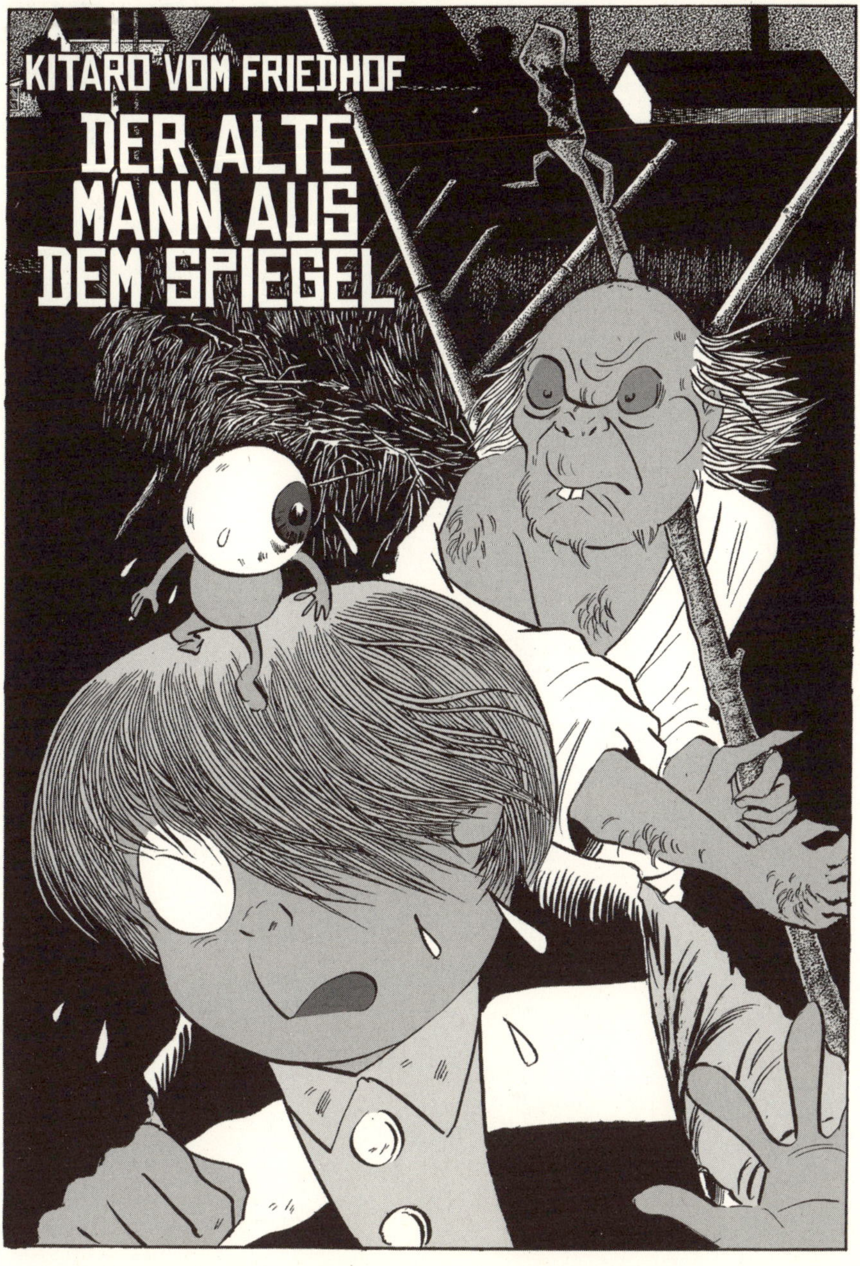
KITARO VOM FRIEDHOF
DER ALTE MANN AUS DEM SPIEGEL

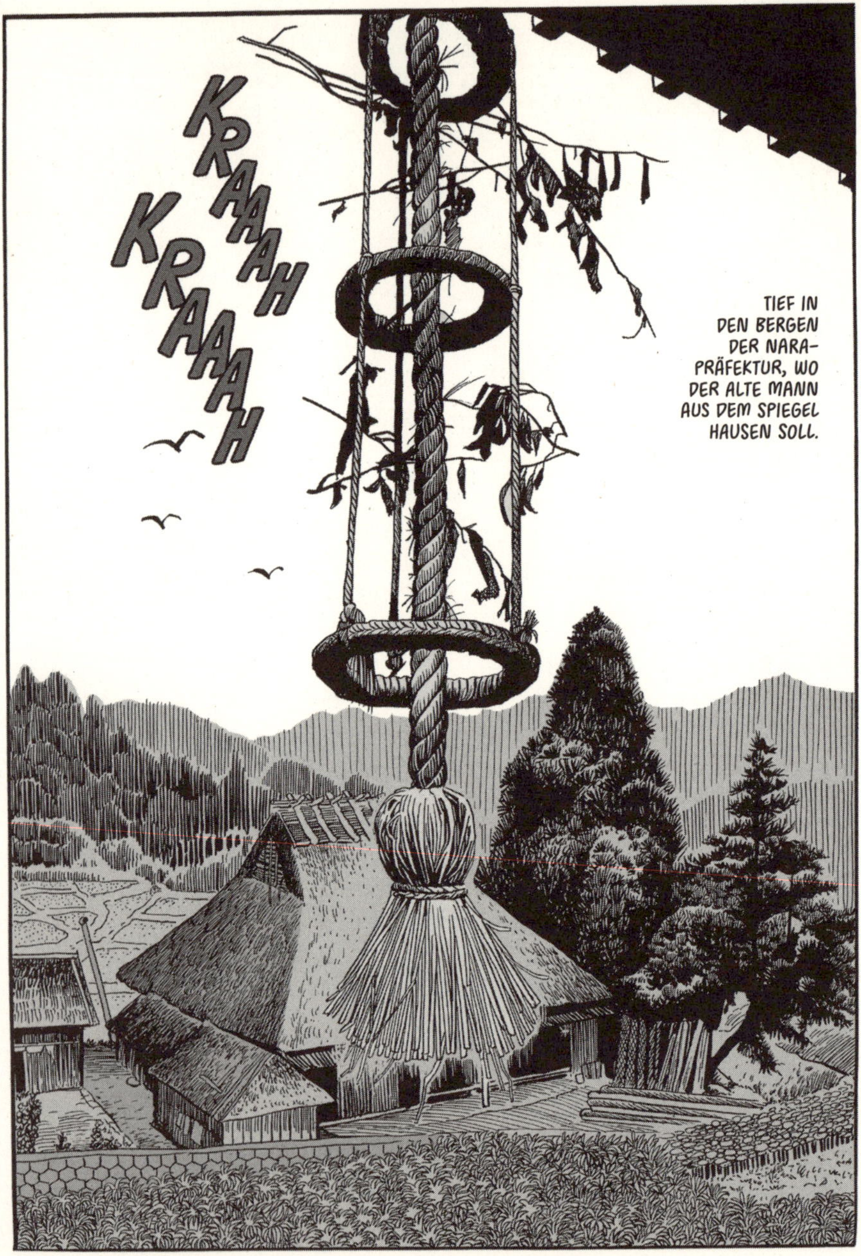
KRAAAAH
KRAAAAH
TIEF IN DEN BERGEN DER NARA-PRÄFEKTUR, WO DER ALTE MANN AUS DEM SPIEGEL HAUSEN SOLL.

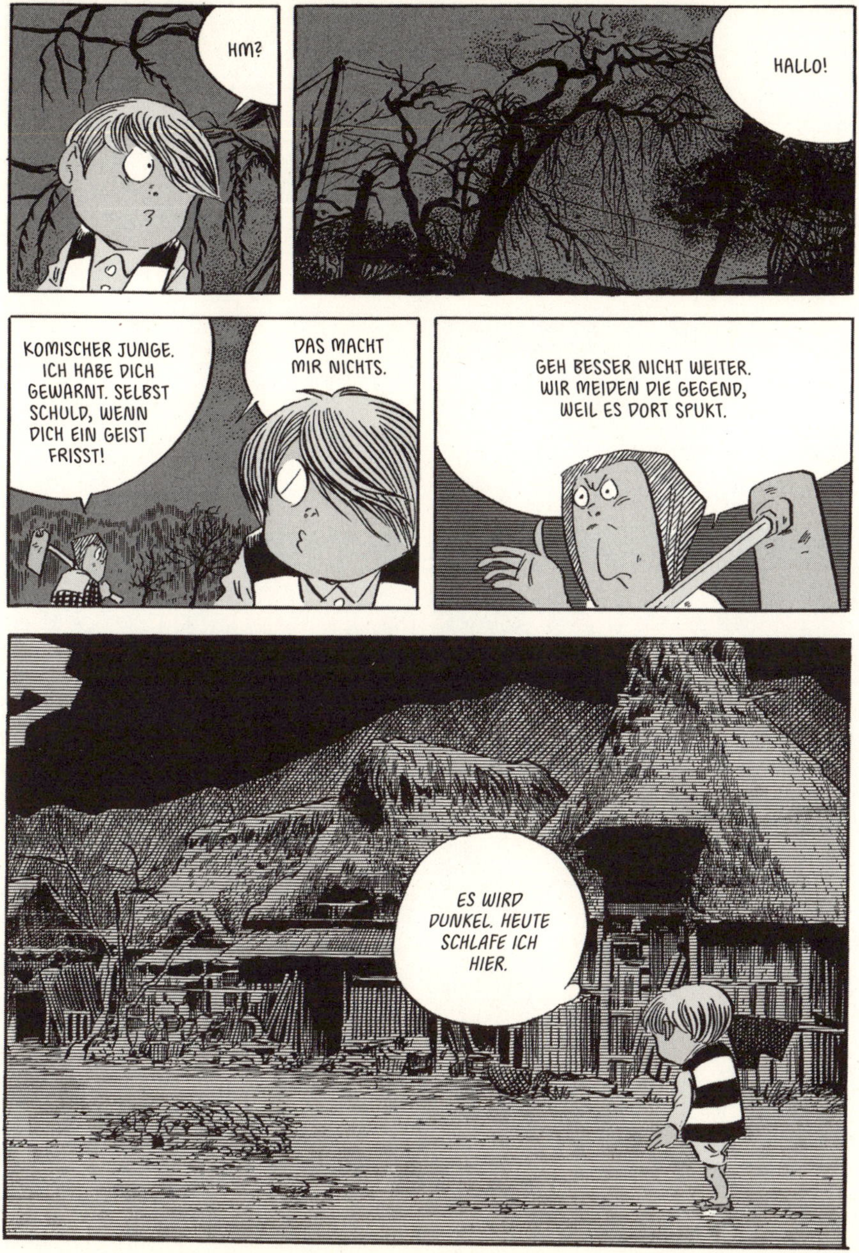
HM?
HALLO!
GEH BESSER NICHT WEITER. WIR MEIDEN DIE GEGEND, WEIL ES DORT SPUKT.
DAS MACHT MIR NICHTS.
KOMISCHER JUNGE. ICH HABE DICH GEWARNT. SELBST SCHULD, WENN DICH EIN GEIST FRISST!
ES WIRD DUNKEL. HEUTE SCHLAFE ICH HIER.

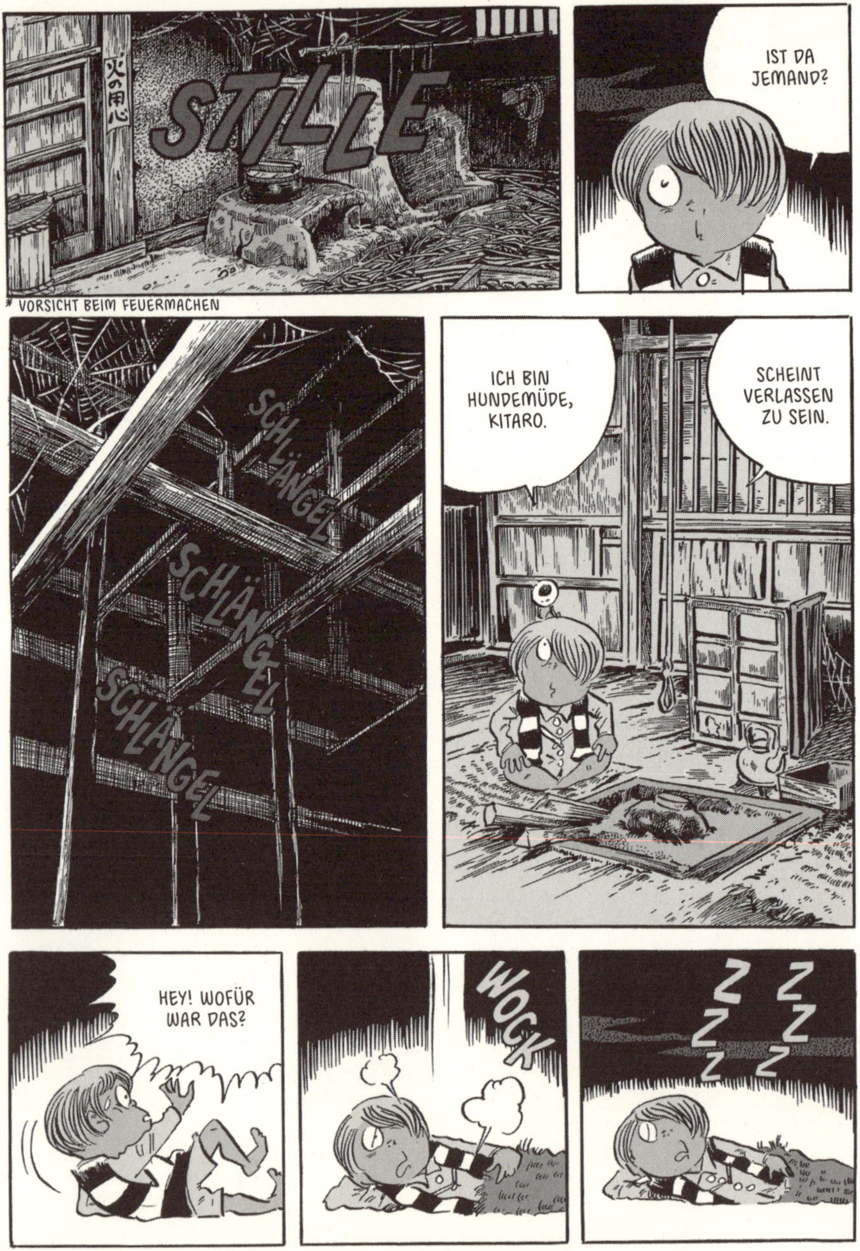
STILLE
火の用心
* VORSICHT BEIM FEUERMACHEN
IST DA JEMAND?
SCHLÄNGEL
SCHLÄNGEL
SCHLÄNGEL
ICH BIN HUNDEMÜDE, KITARO.
SCHEINT VERLASSEN ZU SEIN.
HEY! WOFÜR WAR DAS?
WOCK
Z Z Z Z Z Z

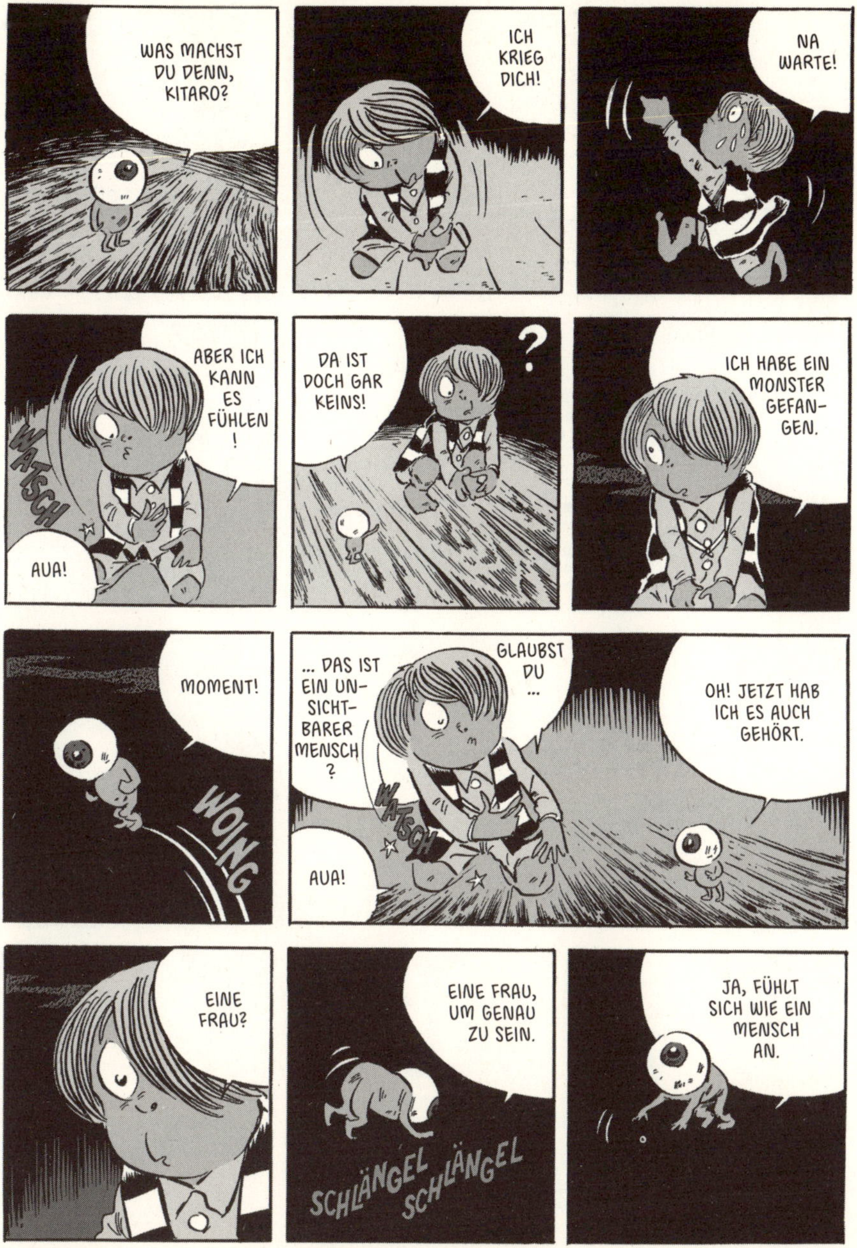
WAS MACHST DU DENN, KITARO?
ICH KRIEG DICH!
NA WARTE!
ABER ICH KANN ES FÜHLEN!
WATSCH
AUA!
DA IST DOCH GAR KEINS!
?
ICH HABE EIN MONSTER GEFANGEN.
MOMENT!
WOING
... DAS IST EIN UNSICHTBARER MENSCH?
GLAUBST DU ...
OH! JETZT HAB ICH ES AUCH GEHÖRT.
WATSCH
AUA!
EINE FRAU?
EINE FRAU, UM GENAU ZU SEIN.
SCHLÄNGEL SCHLÄNGEL
JA, FÜHLT SICH WIE EIN MENSCH AN.

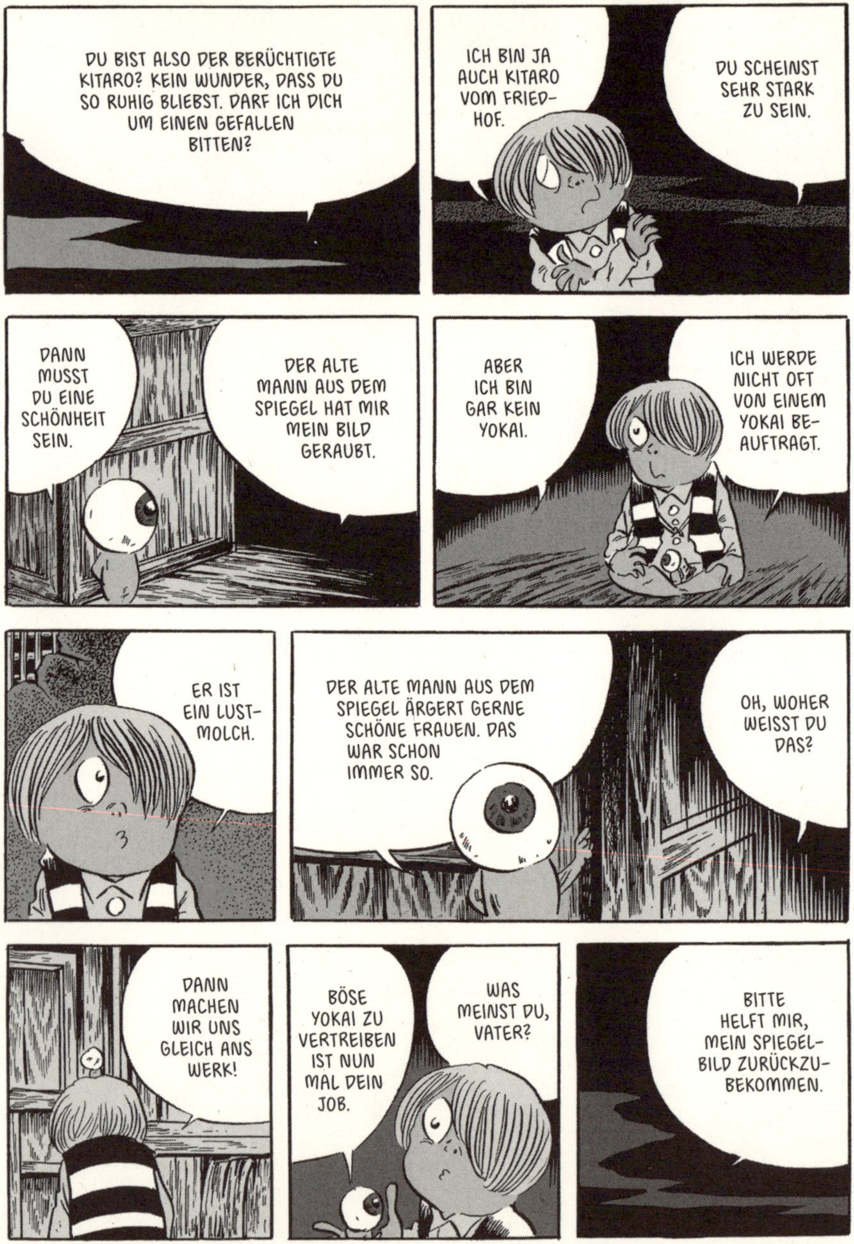

DU BIST ALSO DER BERÜCHTIGTE KITARO? KEIN WUNDER, DASS DU SO RUHIG BLIEBST. DARF ICH DICH UM EINEN GEFALLEN BITTEN?
DU SCHEINST SEHR STARK ZU SEIN.
ICH BIN JA AUCH KITARO VOM FRIED-HOF.
DER ALTE MANN AUS DEM SPIEGEL HAT MIR MEIN BILD GERAUBT.
DANN MUSST DU EINE SCHÖNHEIT SEIN.
ICH WERDE NICHT OFT VON EINEM YOKAI BE-AUFTRAGT.
ABER ICH BIN GAR KEIN YOKAI.
OH, WOHER WEISST DU DAS?
DER ALTE MANN AUS DEM SPIEGEL ÄRGERT GERNE SCHÖNE FRAUEN. DAS WAR SCHON IMMER SO.
ER IST EIN LUST-MOLCH.
BITTE HELFT MIR, MEIN SPIEGEL-BILD ZURÜCKZU-BEKOMMEN.
WAS MEINST DU, VATER?
BÖSE YOKAI ZU VERTREIBEN IST NUN MAL DEIN JOB.
DANN MACHEN WIR UNS GLEICH ANS WERK!

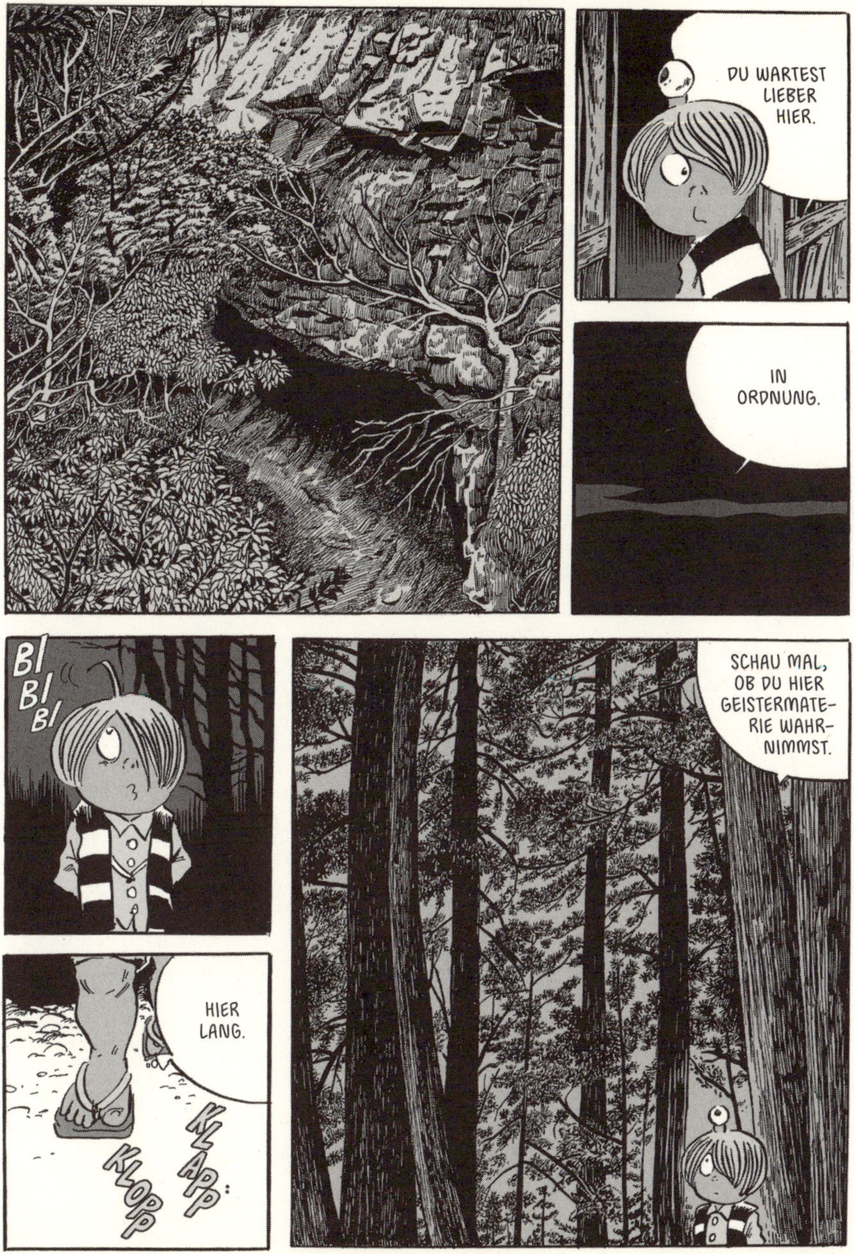

DU WARTEST LIEBER HIER.
IN ORDNUNG.
SCHAU MAL, OB DU HIER GEISTERMATERIE WAHRNIMMST.
BI BI BI
HIER LANG.
KLAPP KLOPP

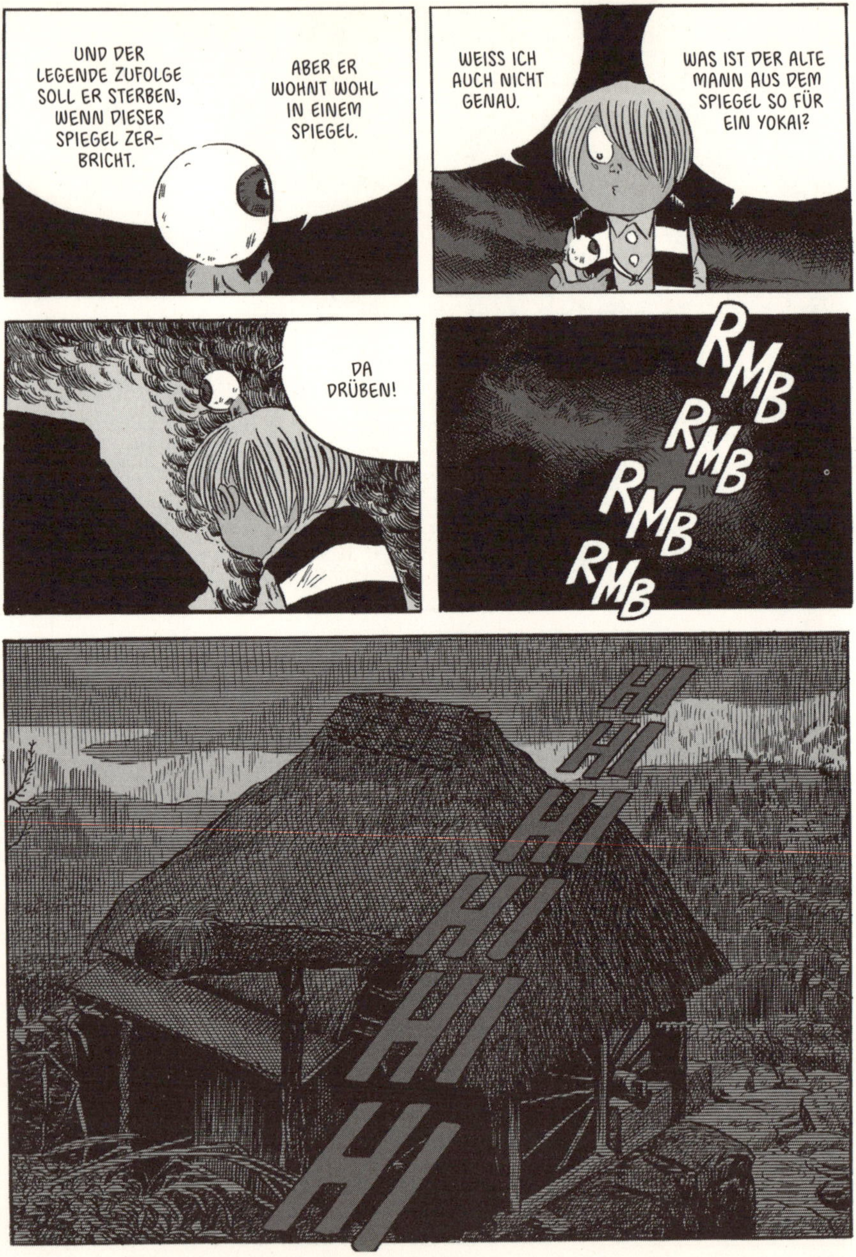
UND DER LEGENDE ZUFOLGE SOLL ER STERBEN, WENN DIESER SPIEGEL ZER-BRICHT.
ABER ER WOHNT WOHL IN EINEM SPIEGEL.
WAS IST DER ALTE MANN AUS DEM SPIEGEL SO FÜR EIN YOKAI?
WEISS ICH AUCH NICHT GENAU.
DA DRÜBEN!
RMB RMB RMB RMB
HI HI HI HI HI HI HI HI

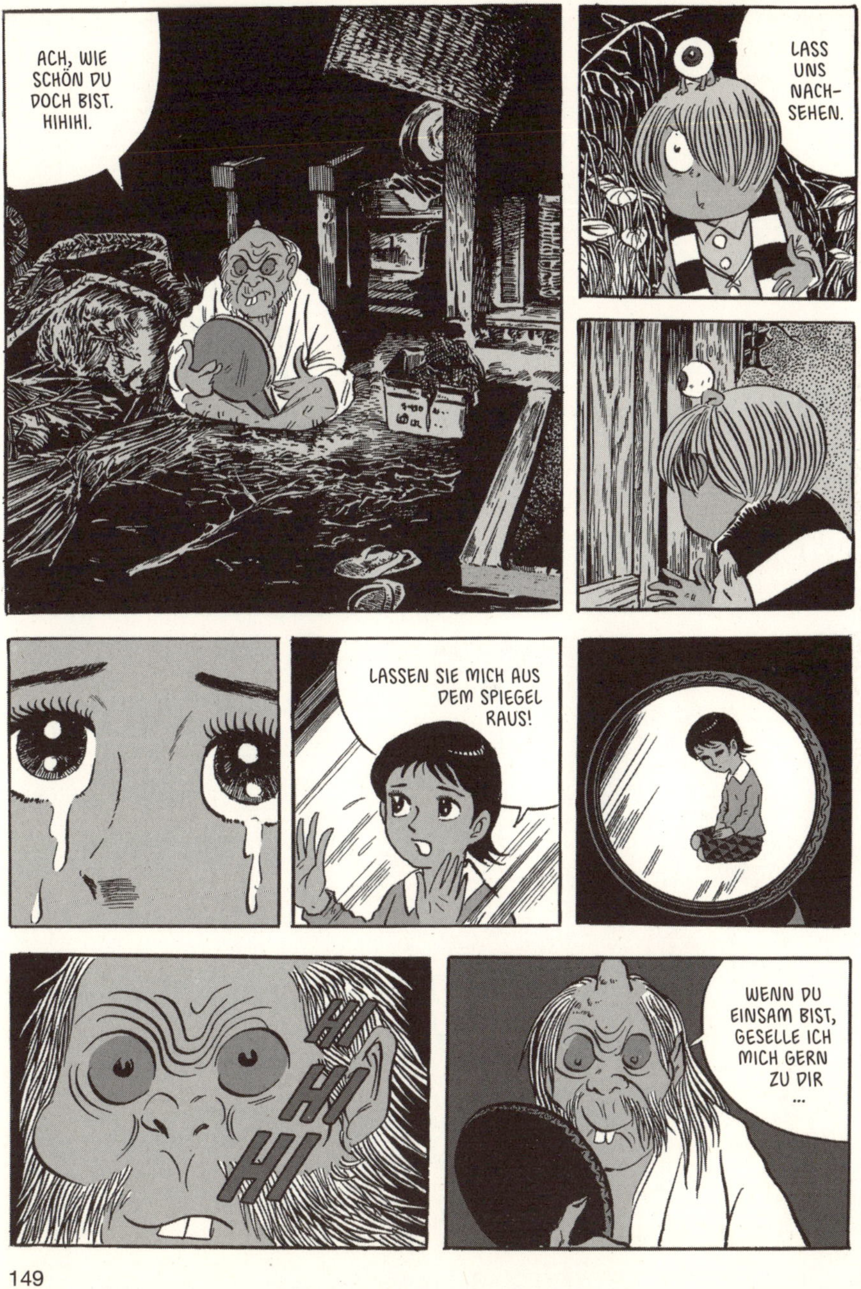
ACH, WIE SCHÖN DU DOCH BIST. HIHIHI.
LASS UNS NACH-SEHEN.
LASSEN SIE MICH AUS DEM SPIEGEL RAUS!
HI HI HI
WENN DU EINSAM BIST, GESELLE ICH MICH GERN ZU DIR ...

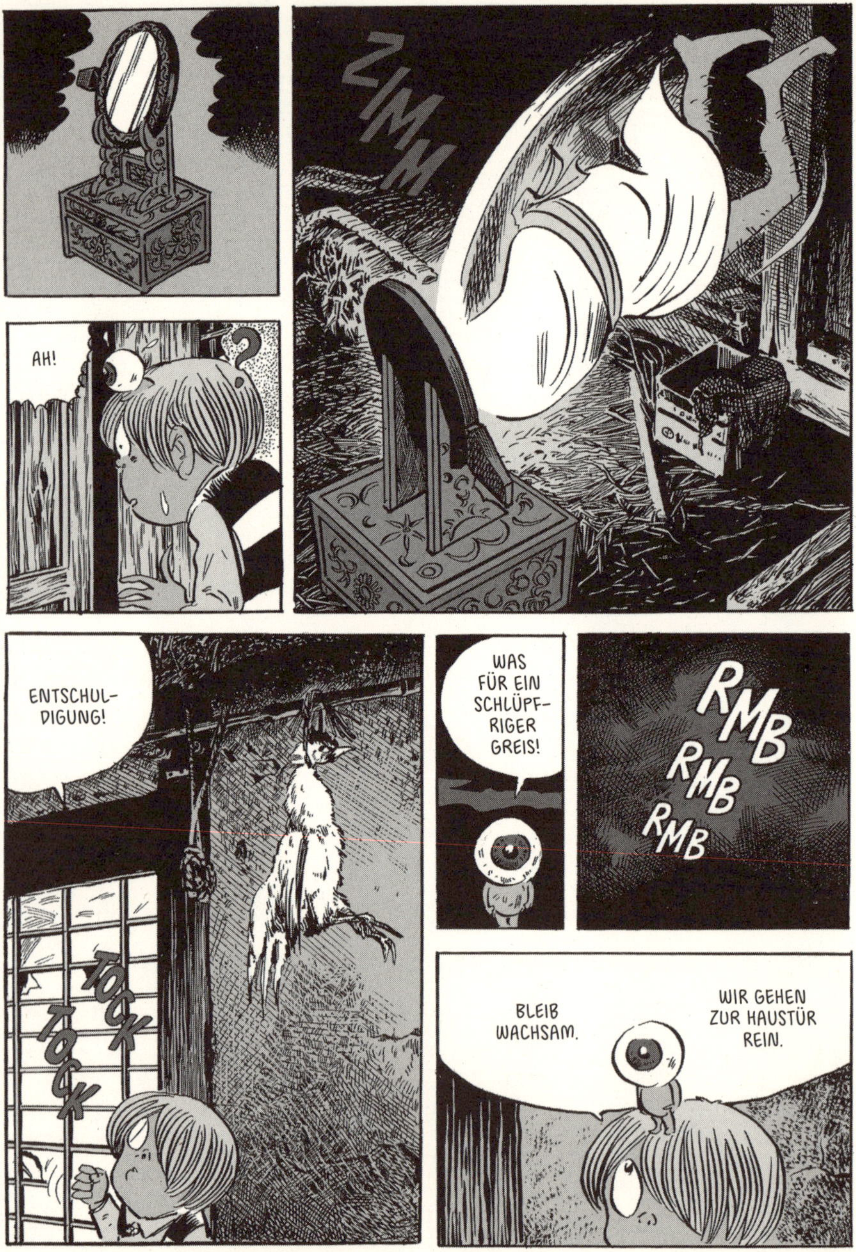
ZIMM
AH!
ENTSCHUL-
DIGUNG!
TOCK
TOCK
WAS
FÜR EIN
SCHLÜPF-
RIGER
GREIS!
RMB
RMB
RMB
WIR GEHEN
ZUR HAUSTÜR
REIN.
BLEIB
WACHSAM.

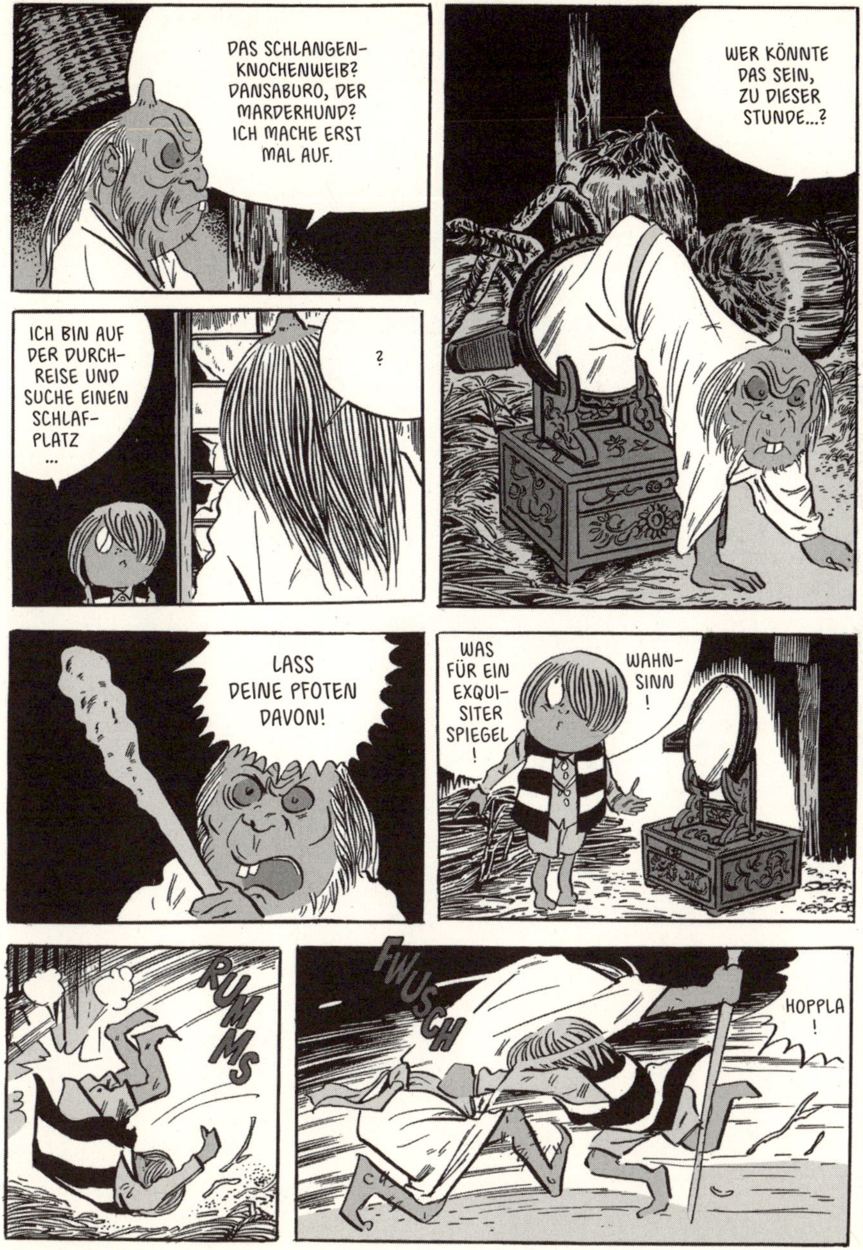
DAS SCHLANGEN-KNOCHENWEIB? DANSABURO, DER MARDERHUND? ICH MACHE ERST MAL AUF.
WER KÖNNTE DAS SEIN, ZU DIESER STUNDE...?
ICH BIN AUF DER DURCH-REISE UND SUCHE EINEN SCHLAF-PLATZ ...
?
LASS DEINE PFOTEN DAVON!
WAS FÜR EIN EXQUI-SITER SPIEGEL !
WAHN-SINN !
RUMMS
FWUSCH
HOPPLA !

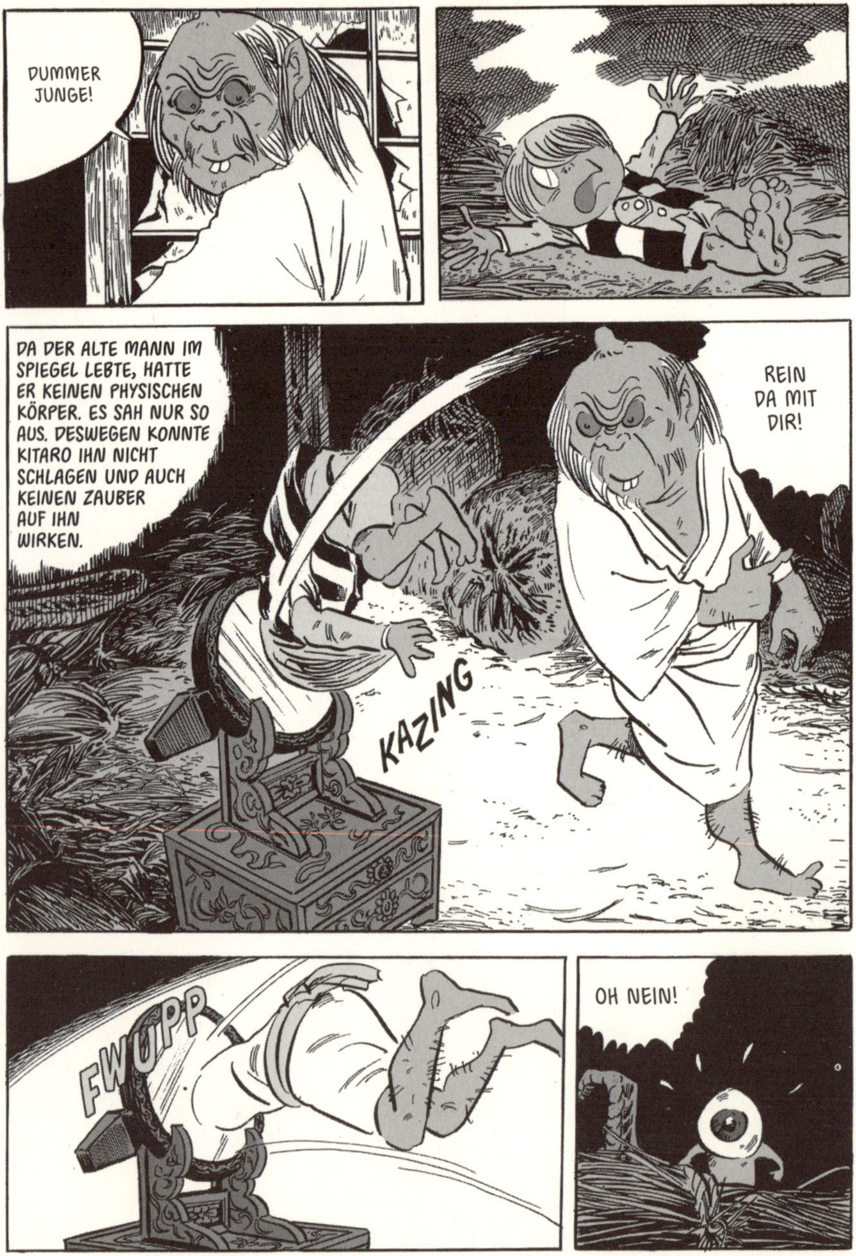
DUMMER JUNGE!
DA DER ALTE MANN IM SPIEGEL LEBTE, HATTE ER KEINEN PHYSISCHEN KÖRPER. ES SAH NUR SO AUS. DESWEGEN KONNTE KITARO IHN NICHT SCHLAGEN UND AUCH KEINEN ZAUBER AUF IHN WIRKEN.
REIN DA MIT DIR!
KAZING
FWUPP
OH NEIN!

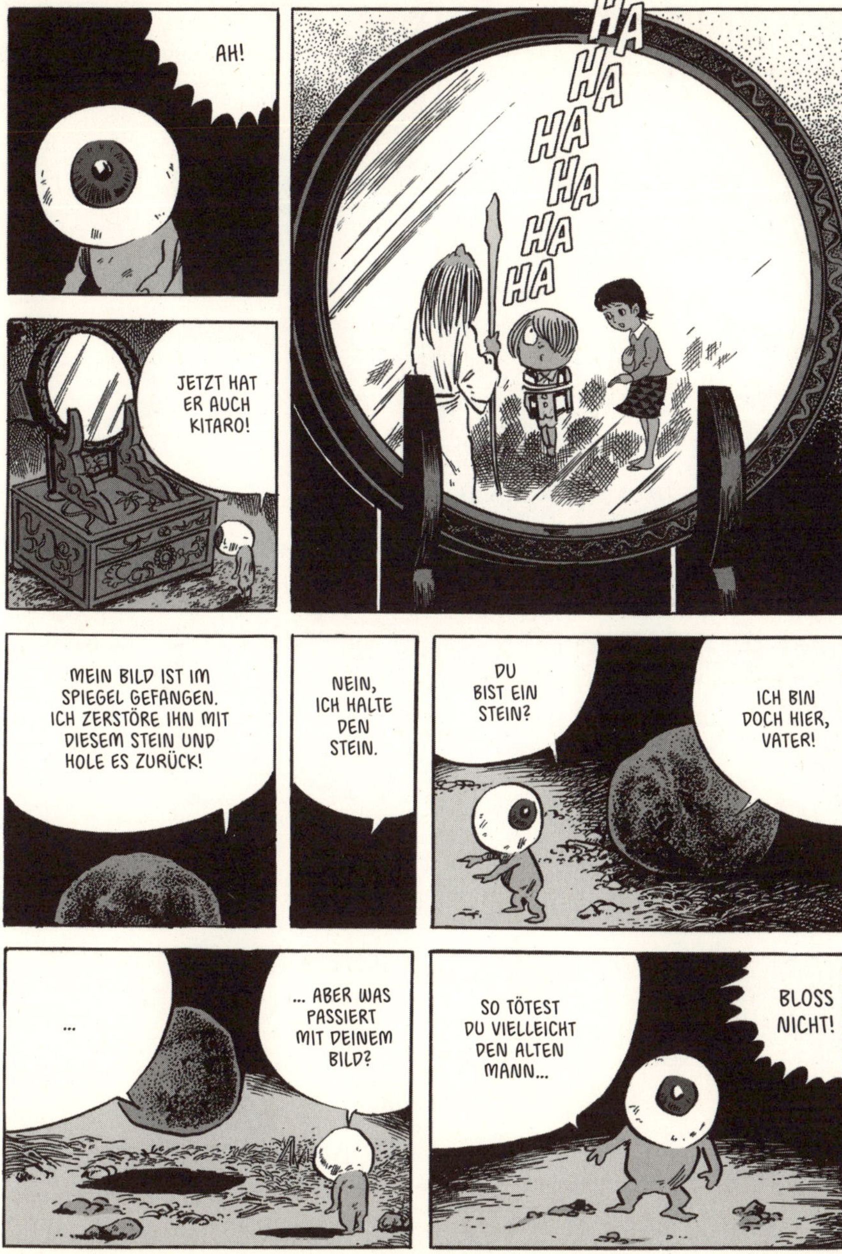
AH!
HA HA HA HA HA HA
JETZT HAT ER AUCH KITARO!
MEIN BILD IST IM SPIEGEL GEFANGEN. ICH ZERSTÖRE IHN MIT DIESEM STEIN UND HOLE ES ZURÜCK!
NEIN, ICH HALTE DEN STEIN.
DU BIST EIN STEIN?
ICH BIN DOCH HIER, VATER!
...
... ABER WAS PASSIERT MIT DEINEM BILD?
SO TÖTEST DU VIELLEICHT DEN ALTEN MANN...
BLOSS NICHT!

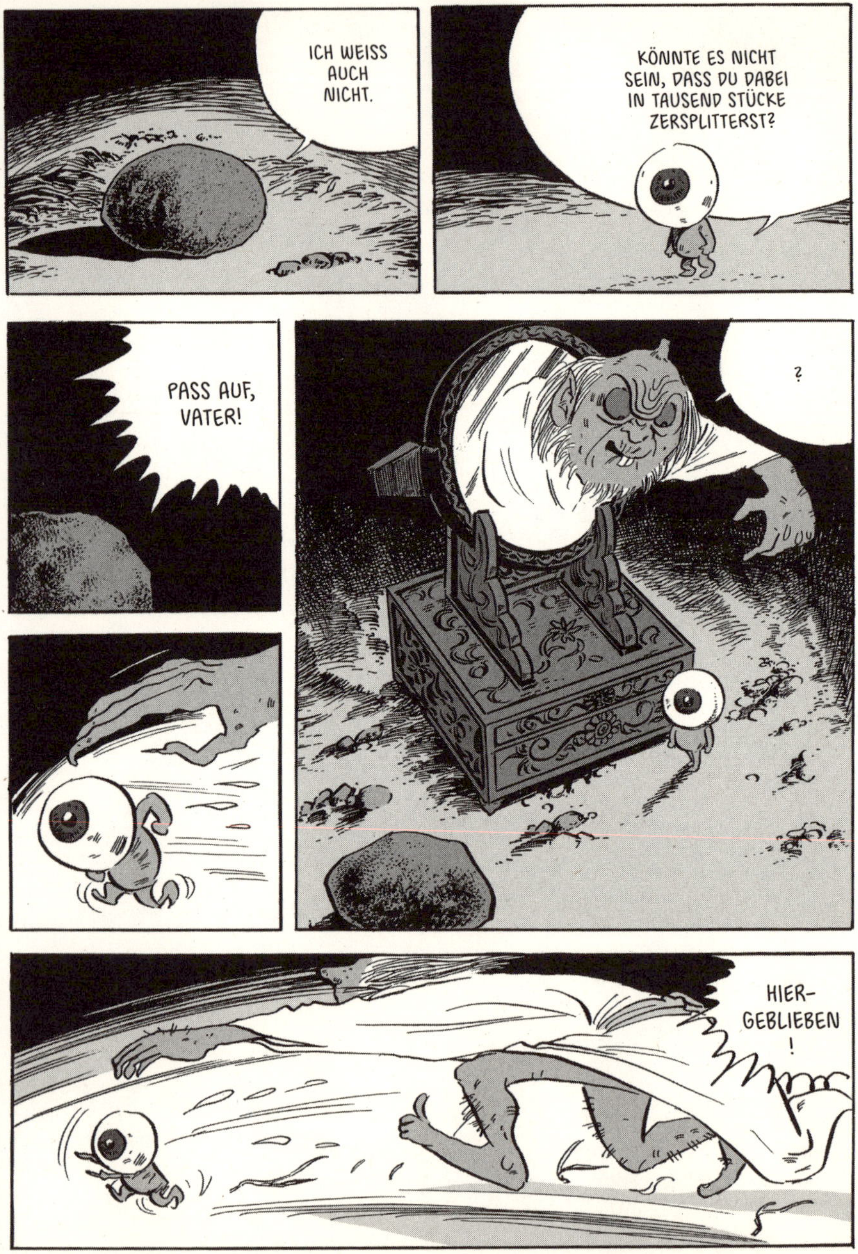
ICH WEISS AUCH NICHT.
KÖNNTE ES NICHT SEIN, DASS DU DABEI IN TAUSEND STÜCKE ZERSPLITTERST?
PASS AUF, VATER!
?
HIER-GEBLIEBEN!

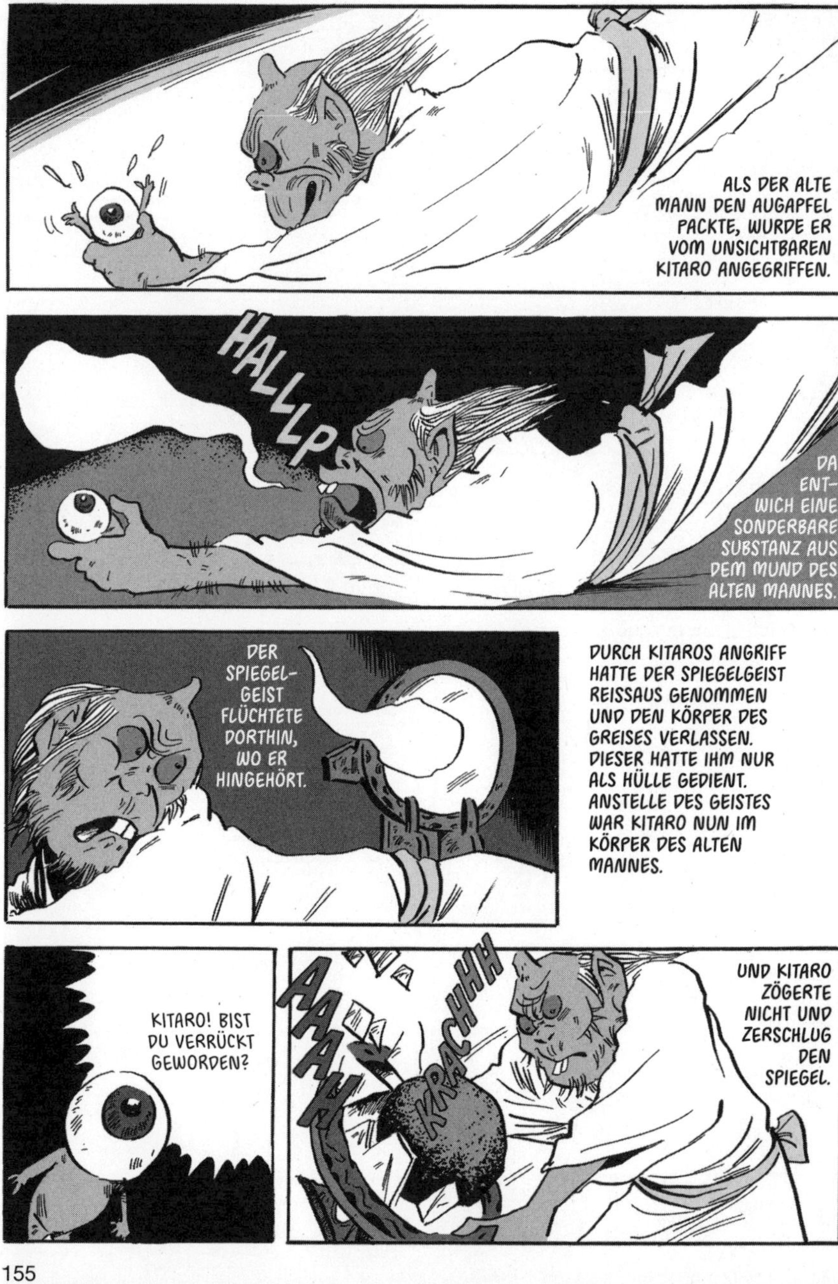
ALS DER ALTE MANN DEN AUGAPFEL PACKTE, WURDE ER VOM UNSICHTBAREN KITARO ANGEGRIFFEN.
HALLLP
DA ENT-WICH EINE SONDERBARE SUBSTANZ AUS DEM MUND DES ALTEN MANNES.
DURCH KITAROS ANGRIFF HATTE DER SPIEGELGEIST REISSAUS GENOMMEN UND DEN KÖRPER DES GREISES VERLASSEN. DIESER HATTE IHM NUR ALS HÜLLE GEDIENT. ANSTELLE DES GEISTES WAR KITARO NUN IM KÖRPER DES ALTEN MANNES.
DER SPIEGEL-GEIST FLÜCHTETE DORTHIN, WO ER HINGEHÖRT.
UND KITARO ZÖGERTE NICHT UND ZERSCHLUG DEN SPIEGEL.
AAAAH
KRACHHH
KITARO! BIST DU VERRÜCKT GEWORDEN?

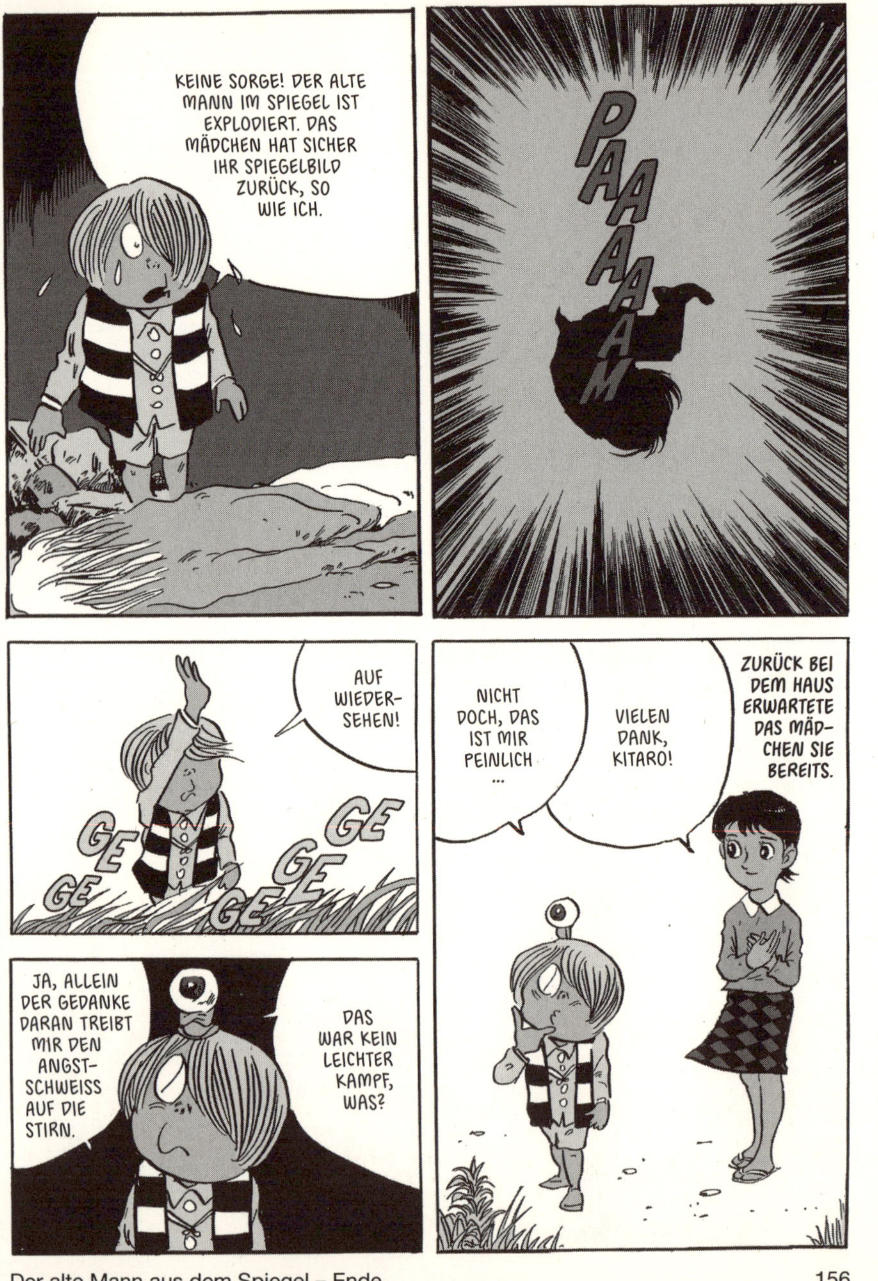
KEINE SORGE! DER ALTE MANN IM SPIEGEL IST EXPLODIERT. DAS MÄDCHEN HAT SICHER IHR SPIEGELBILD ZURÜCK, SO WIE ICH.
PAAAAAAM
AUF WIEDER-SEHEN!
GE GE GE GE GE
JA, ALLEIN DER GEDANKE DARAN TREIBT MIR DEN ANGST-SCHWEISS AUF DIE STIRN.
DAS WAR KEIN LEICHTER KAMPF, WAS?
ZURÜCK BEI DEM HAUS ERWARTETE DAS MÄD-CHEN SIE BEREITS.
VIELEN DANK, KITARO!
NICHT DOCH, DAS IST MIR PEINLICH ...

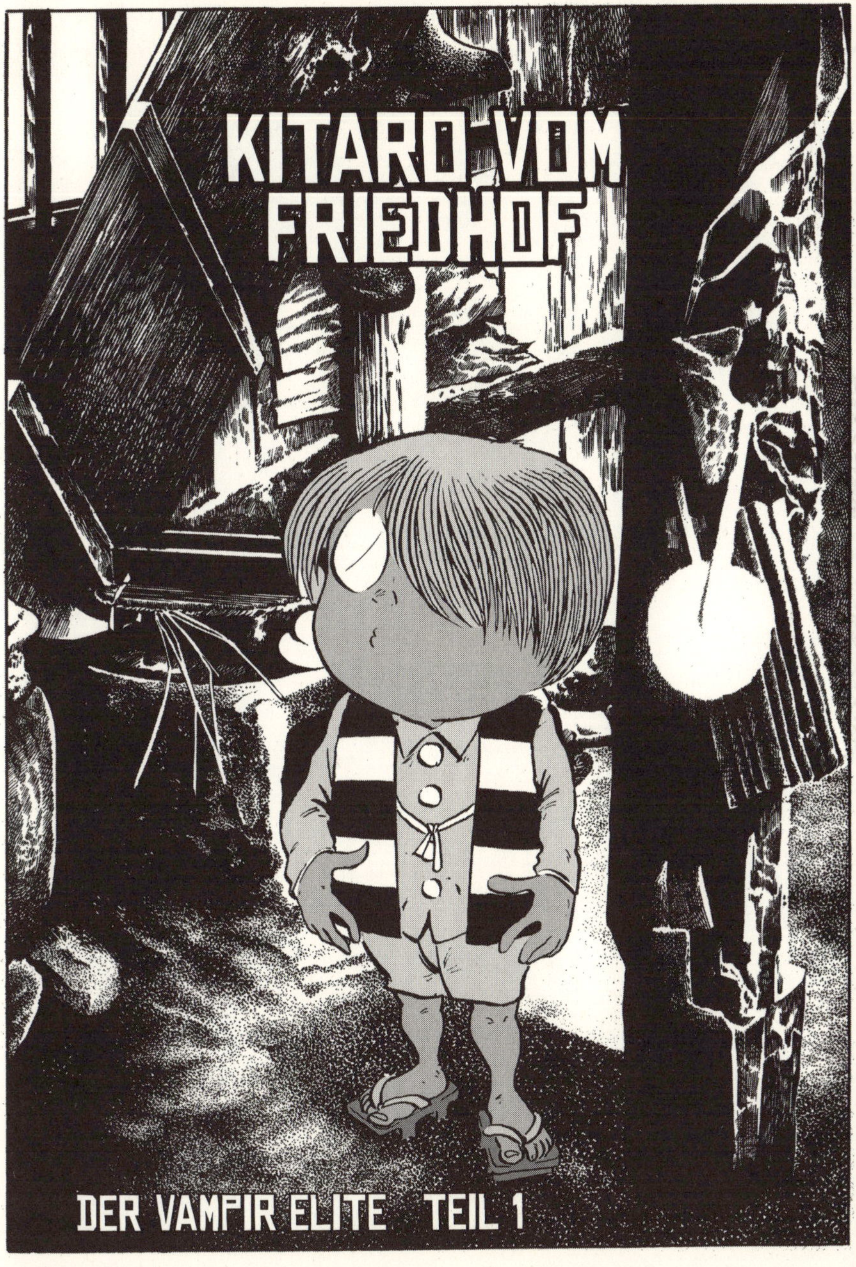
KITARO VOM FRIEDHOF
DER VAMPIR ELITE TEIL 1

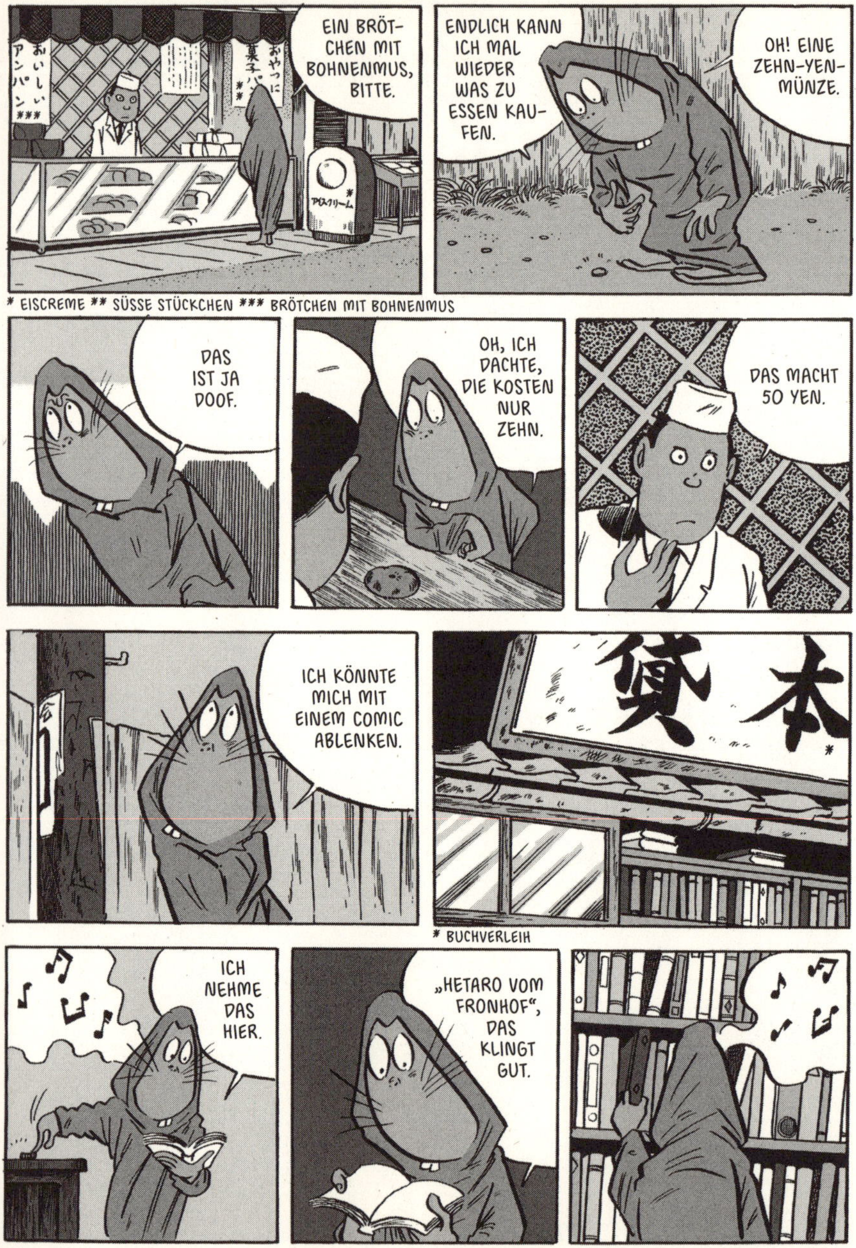
おいしいアンパン***
おやつに菓子パン**
アイスクリーム*
EIN BRÖTCHEN MIT BOHNENMUS, BITTE.
ENDLICH KANN ICH MAL WIEDER WAS ZU ESSEN KAUFEN.
OH! EINE ZEHN-YEN-MÜNZE.
* EISCREME ** SÜSSE STÜCKCHEN *** BRÖTCHEN MIT BOHNENMUS
DAS IST JA DOOF.
OH, ICH DACHTE, DIE KOSTEN NUR ZEHN.
DAS MACHT 50 YEN.
ICH KÖNNTE MICH MIT EINEM COMIC ABLENKEN.
貸本*
* BUCHVERLEIH
ICH NEHME DAS HIER.
„HETARO VOM FRONHOF“, DAS KLINGT GUT.

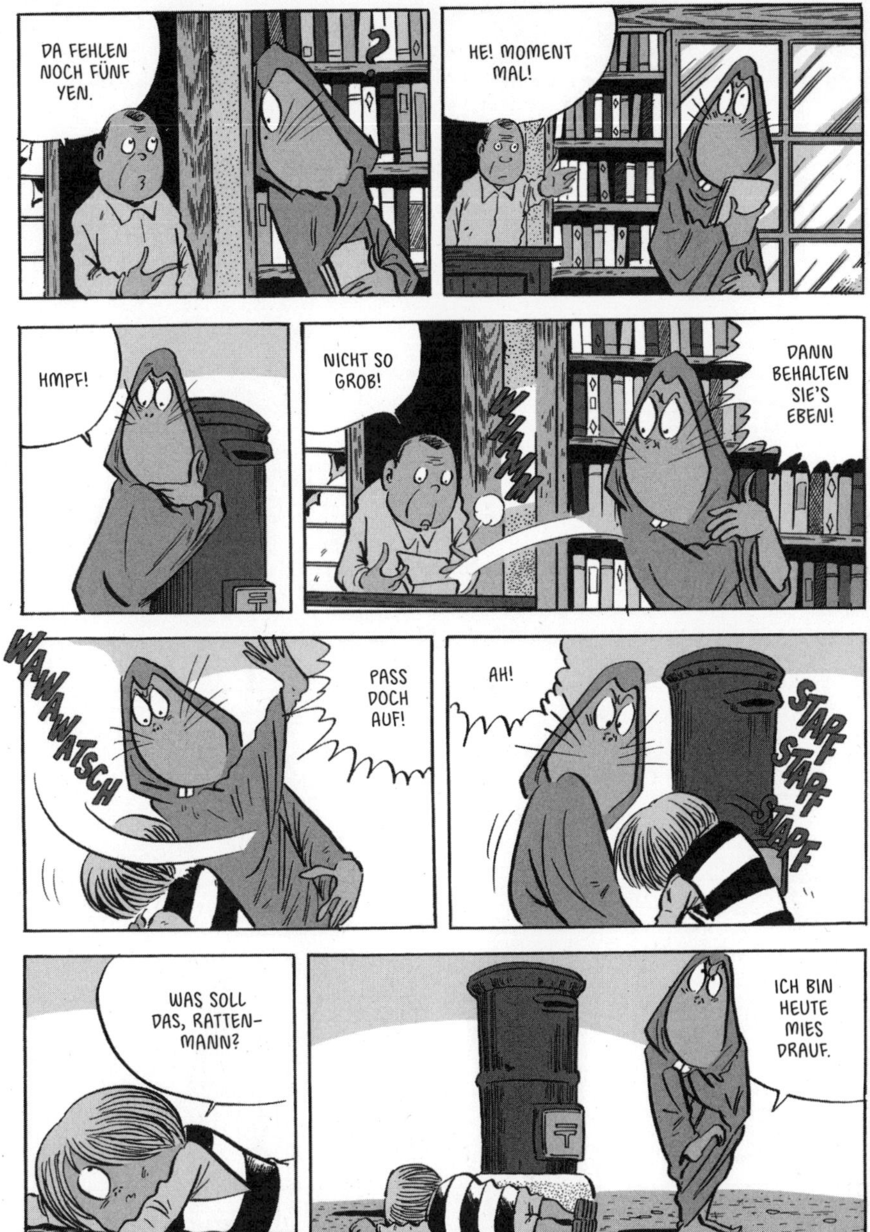
DA FEHLEN NOCH FÜNF YEN.
HE! MOMENT MAL!
HMPF!
NICHT SO GROB!
WHAMM
DANN BEHALTEN SIE'S EBEN!
WAWAWATSCH
PASS DOCH AUF!
AH!
STAPF STAPF STAPF STAPF
WAS SOLL DAS, RATTEN-MANN?
ICH BIN HEUTE MIES DRAUF.

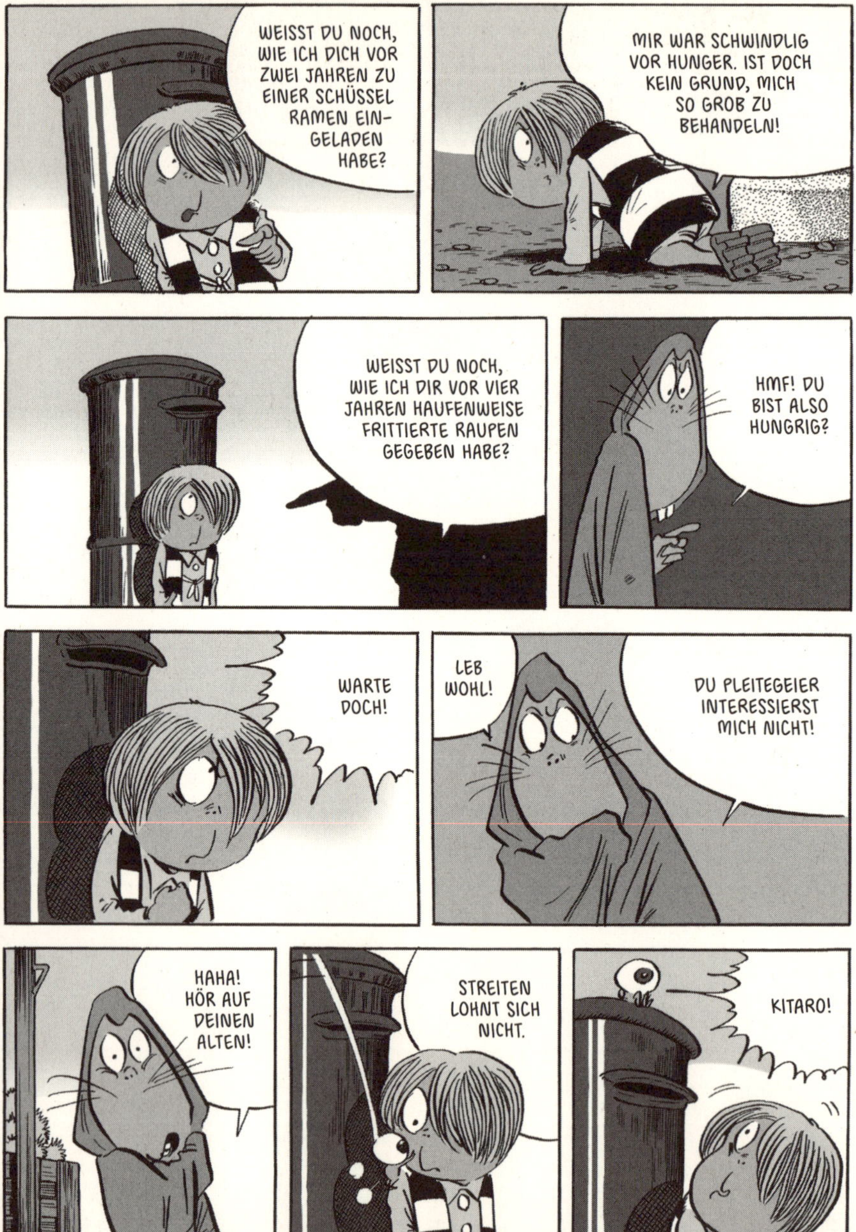

WEISST DU NOCH, WIE ICH DICH VOR ZWEI JAHREN ZU EINER SCHÜSSEL RAMEN EINGELADEN HABE?
MIR WAR SCHWINDLIG VOR HUNGER. IST DOCH KEIN GRUND, MICH SO GROB ZU BEHANDELN!
WEISST DU NOCH, WIE ICH DIR VOR VIER JAHREN HAUFENWEISE FRITTIERTE RAUPEN GEGEBEN HABE?
HMF! DU BIST ALSO HUNGRIG?
WARTE DOCH!
DU PLEITEGEIER INTERESSIERST MICH NICHT!
LEB WOHL!
HAHA! HÖR AUF DEINEN ALTEN!
STREITEN LOHNT SICH NICHT.
KITARO!

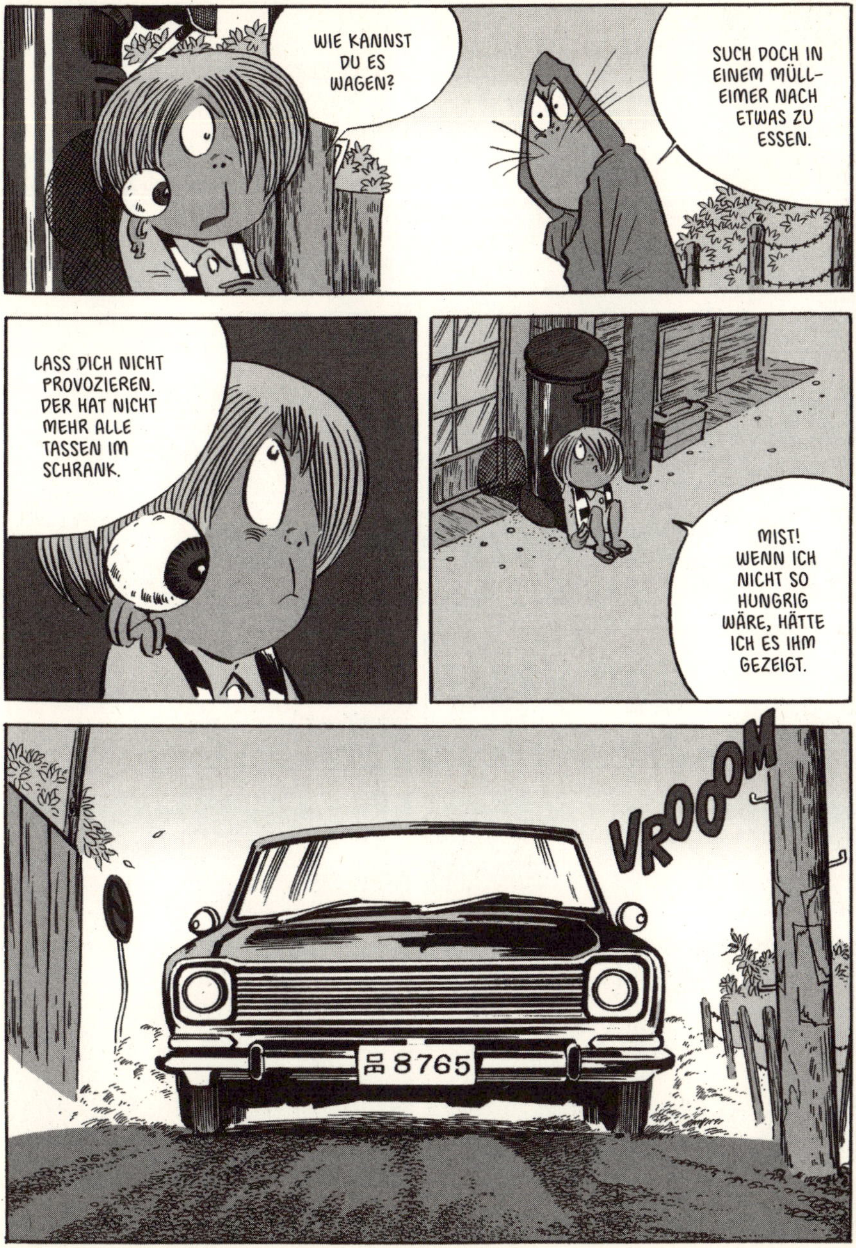
WIE KANNST DU ES WAGEN?
SUCH DOCH IN EINEM MÜLL-EIMER NACH ETWAS ZU ESSEN.
LASS DICH NICHT PROVOZIEREN. DER HAT NICHT MEHR ALLE TASSEN IM SCHRANK.
MIST! WENN ICH NICHT SO HUNGRIG WÄRE, HÄTTE ICH ES IHM GEZEIGT.
VROOOM
品 8765

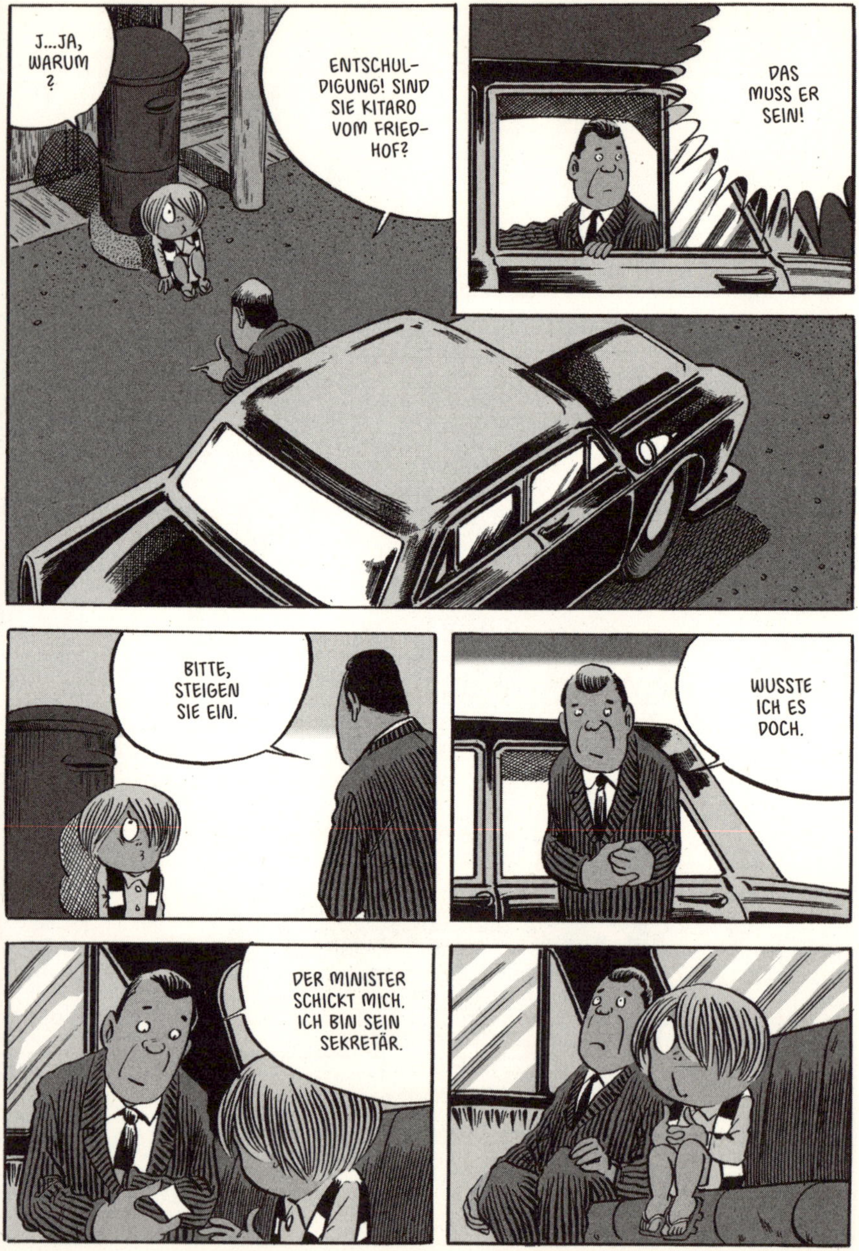
J...JA, WARUM ?
ENTSCHULDIGUNG! SIND SIE KITARO VOM FRIEDHOF?
DAS MUSS ER SEIN!
BITTE, STEIGEN SIE EIN.
WUSSTE ICH ES DOCH.
DER MINISTER SCHICKT MICH. ICH BIN SEIN SEKRETÄR.

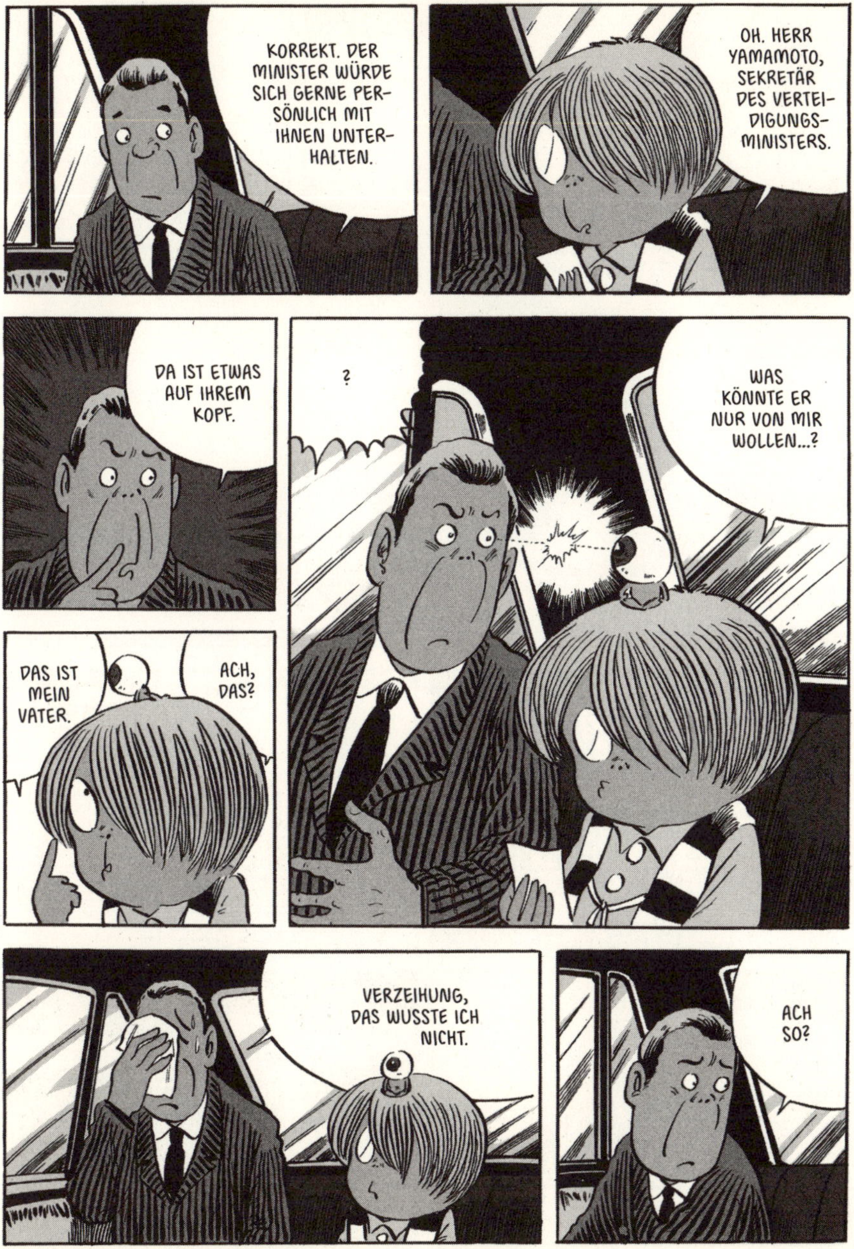

KORREKT. DER MINISTER WÜRDE SICH GERNE PERSÖNLICH MIT IHNEN UNTERHALTEN.
OH. HERR YAMAMOTO, SEKRETÄR DES VERTEIDIGUNGSMINISTERS.
DA IST ETWAS AUF IHREM KOPF.
?
WAS KÖNNTE ER NUR VON MIR WOLLEN...?
DAS IST MEIN VATER.
ACH, DAS?
VERZEIHUNG, DAS WUSSTE ICH NICHT.
ACH SO?

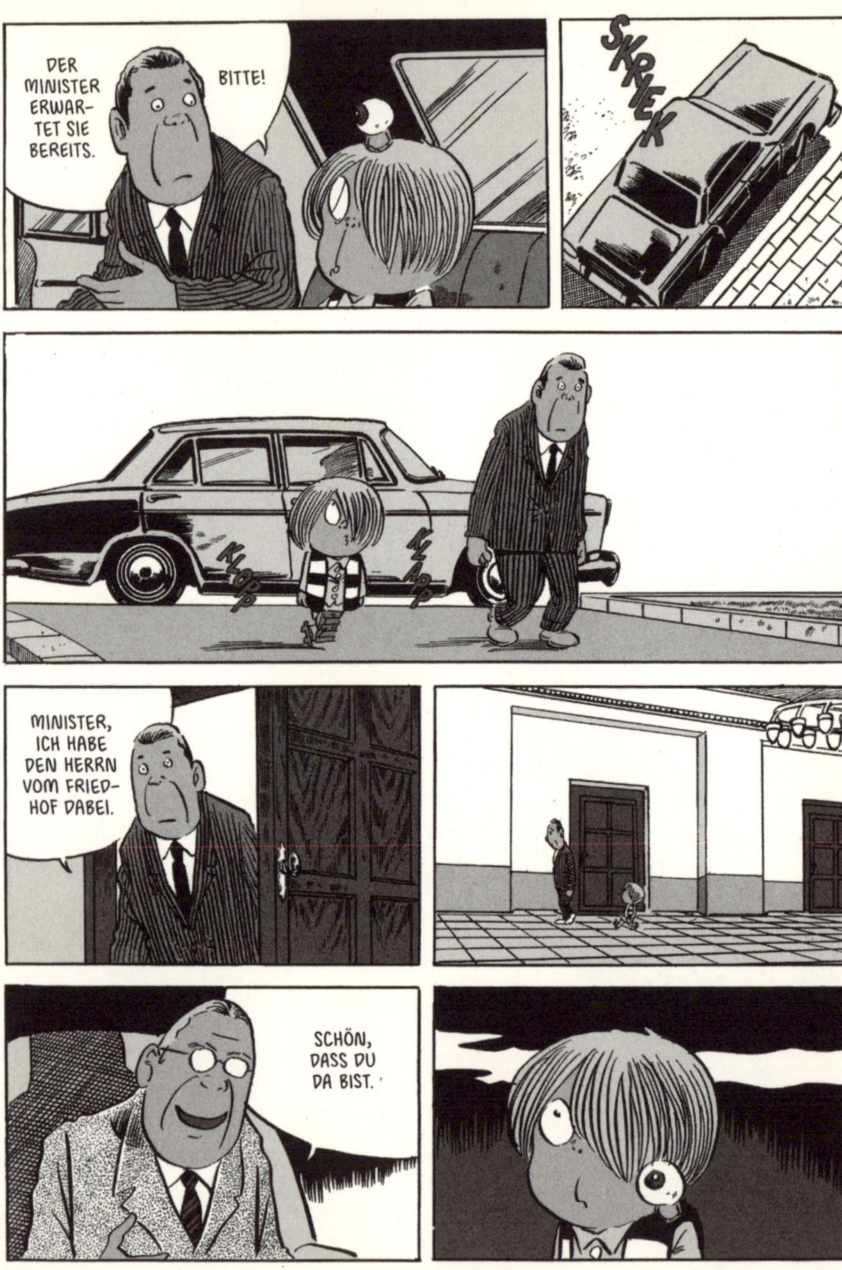
DER MINISTER ERWAR-TET SIE BEREITS.
BITTE!
SKRIEK
KLOPP
KLAPP
MINISTER, ICH HABE DEN HERRN VOM FRIED-HOF DABEI.
SCHÖN, DASS DU DA BIST.

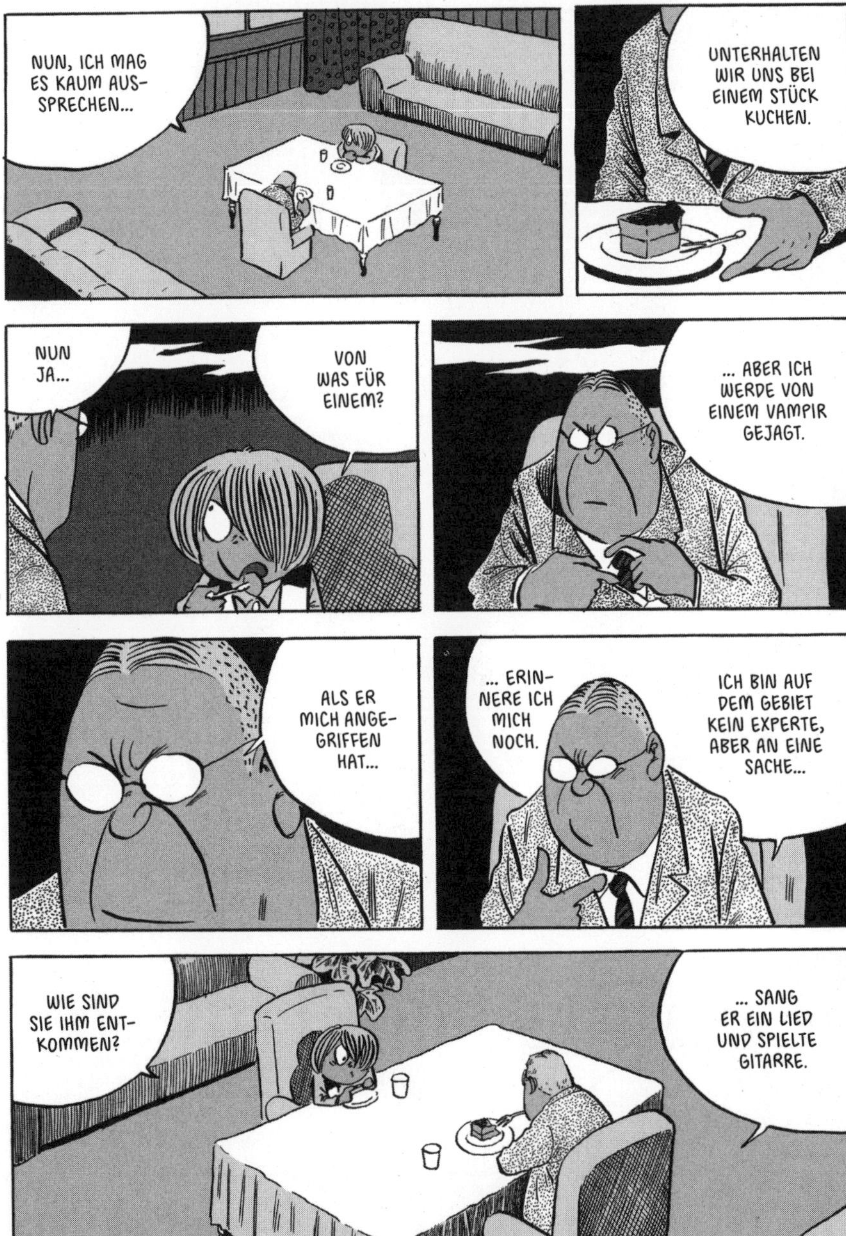
UNTERHALTEN WIR UNS BEI EINEM STÜCK KUCHEN.
NUN, ICH MAG ES KAUM AUSSPRECHEN...
... ABER ICH WERDE VON EINEM VAMPIR GEJAGT.
VON WAS FÜR EINEM?
NUN JA...
ICH BIN AUF DEM GEBIET KEIN EXPERTE, ABER AN EINE SACHE...
... ERINNERE ICH MICH NOCH.
ALS ER MICH ANGEGRIFFEN HAT...
... SANG ER EIN LIED UND SPIELTE GITARRE.
WIE SIND SIE IHM ENTKOMMEN?

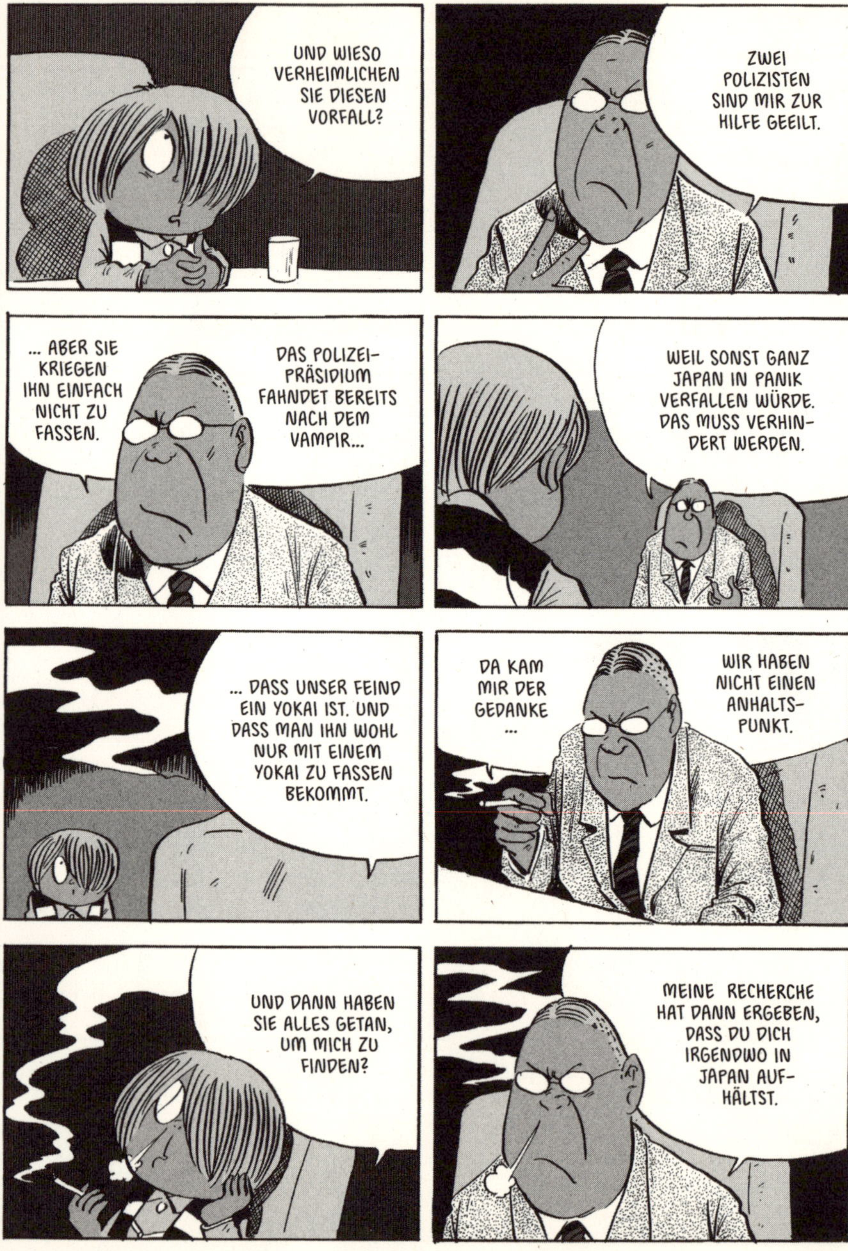
ZWEI POLIZISTEN SIND MIR ZUR HILFE GEEILT.
UND WIESO VERHEIMLICHEN SIE DIESEN VORFALL?
WEIL SONST GANZ JAPAN IN PANIK VERFALLEN WÜRDE. DAS MUSS VERHINDERT WERDEN.
DAS POLIZEIPRÄSIDIUM FAHNDET BEREITS NACH DEM VAMPIR...
... ABER SIE KRIEGEN IHN EINFACH NICHT ZU FASSEN.
WIR HABEN NICHT EINEN ANHALTSPUNKT.
DA KAM MIR DER GEDANKE ...
... DASS UNSER FEIND EIN YOKAI IST. UND DASS MAN IHN WOHL NUR MIT EINEM YOKAI ZU FASSEN BEKOMMT.
MEINE RECHERCHE HAT DANN ERGEBEN, DASS DU DICH IRGENDWO IN JAPAN AUFHÄLTST.
UND DANN HABEN SIE ALLES GETAN, UM MICH ZU FINDEN?

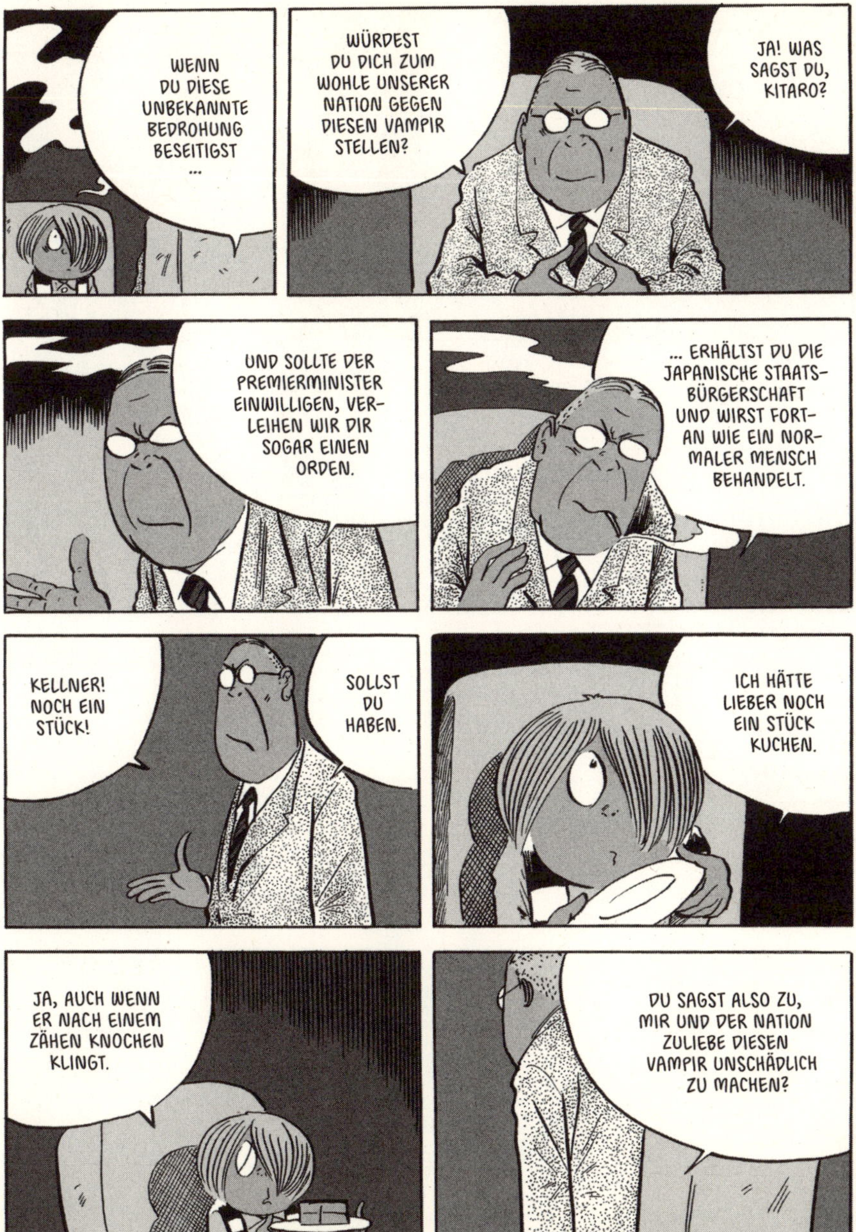
JA! WAS SAGST DU, KITARO?
WÜRDEST DU DICH ZUM WOHLE UNSERER NATION GEGEN DIESEN VAMPIR STELLEN?
WENN DU DIESE UNBEKANNTE BEDROHUNG BESEITIGST ...
... ERHÄLTST DU DIE JAPANISCHE STAATSBÜRGERSCHAFT UND WIRST FORTAN WIE EIN NORMALER MENSCH BEHANDELT.
UND SOLLTE DER PREMIERMINISTER EINWILLIGEN, VERLEIHEN WIR DIR SOGAR EINEN ORDEN.
ICH HÄTTE LIEBER NOCH EIN STÜCK KUCHEN.
SOLLST DU HABEN.
KELLNER! NOCH EIN STÜCK!
DU SAGST ALSO ZU, MIR UND DER NATION ZULIEBE DIESEN VAMPIR UNSCHÄDLICH ZU MACHEN?
JA, AUCH WENN ER NACH EINEM ZÄHEN KNOCHEN KLINGT.

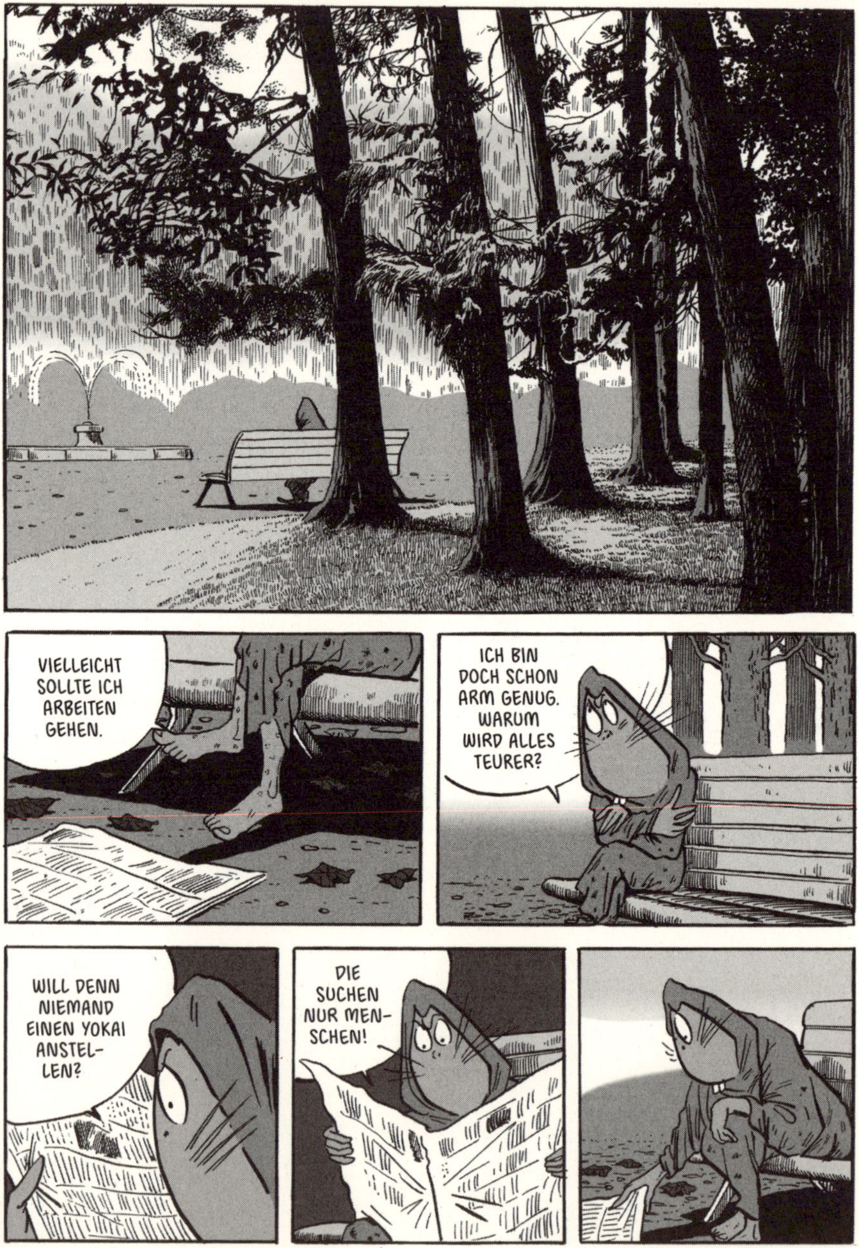
VIELLEICHT SOLLTE ICH ARBEITEN GEHEN.
ICH BIN DOCH SCHON ARM GENUG. WARUM WIRD ALLES TEURER?
WILL DENN NIEMAND EINEN YOKAI ANSTEL-LEN?
DIE SUCHEN NUR MEN-SCHEN!

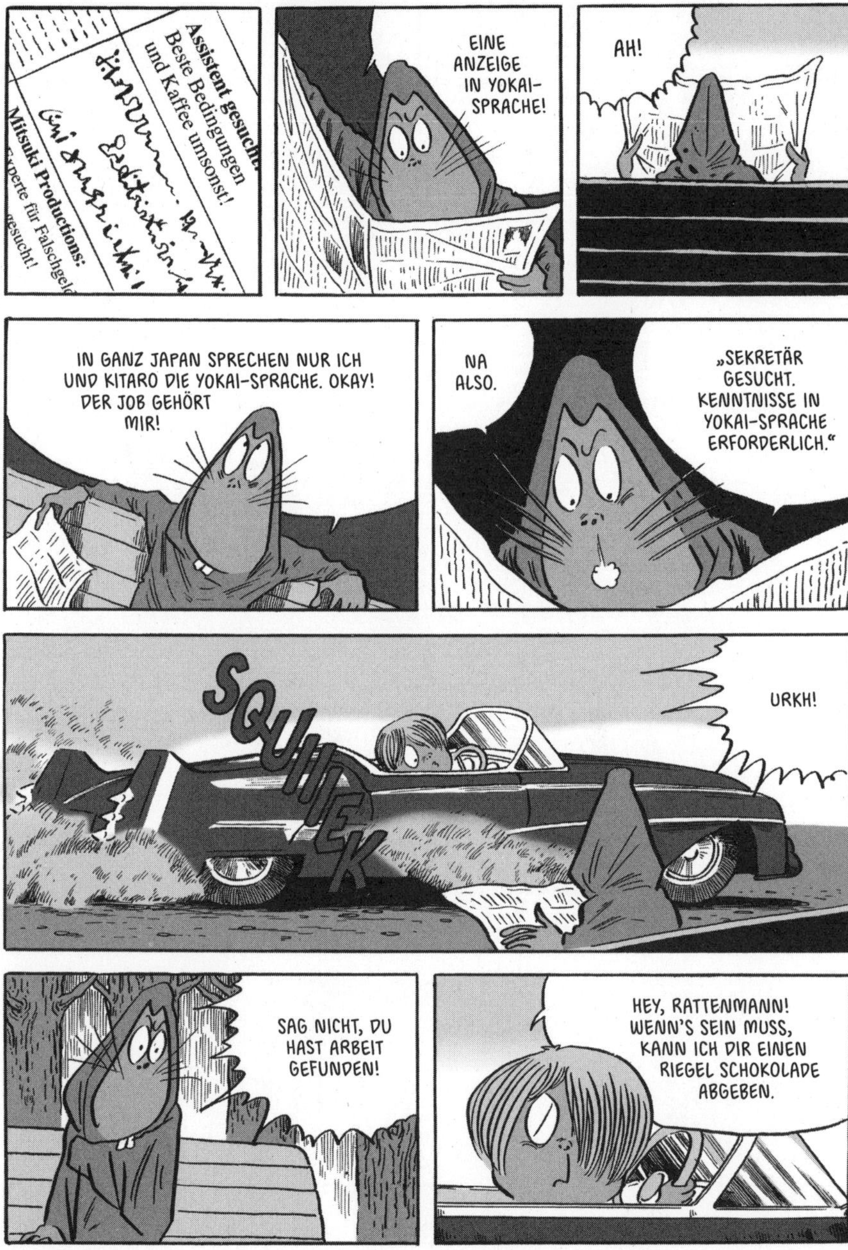
Assistent gesucht:
Beste Bedingungen und Kaffee umsonst!
Mitsuki Productions:
Experte für Falschgeld gesucht!
EINE ANZEIGE IN YOKAI-SPRACHE!
AH!
IN GANZ JAPAN SPRECHEN NUR ICH UND KITARO DIE YOKAI-SPRACHE. OKAY! DER JOB GEHÖRT MIR!
NA ALSO.
„SEKRETÄR GESUCHT. KENNTNISSE IN YOKAI-SPRACHE ERFORDERLICH."
SQUIIEK
URKH!
SAG NICHT, DU HAST ARBEIT GEFUNDEN!
HEY, RATTENMANN! WENN'S SEIN MUSS, KANN ICH DIR EINEN RIEGEL SCHOKOLADE ABGEBEN.

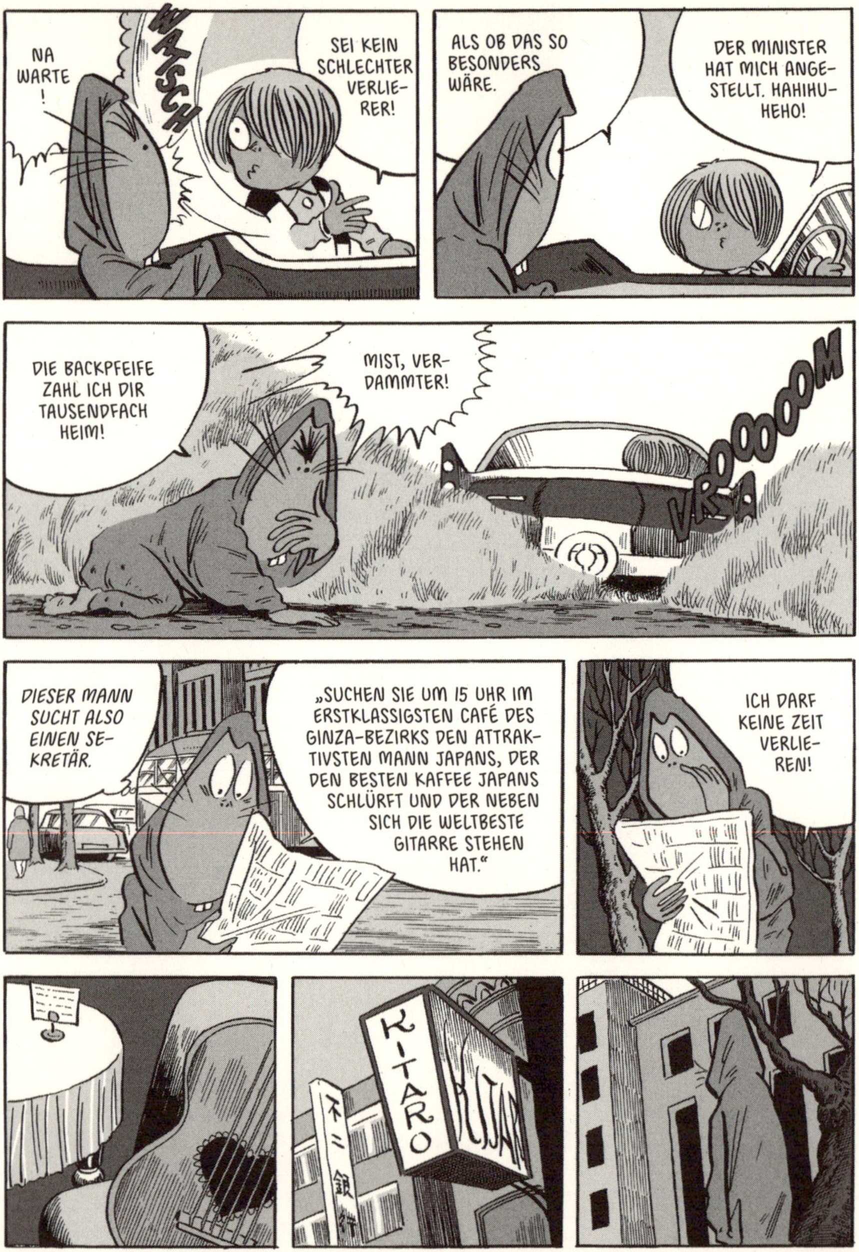

NA WARTE!
WATSCH
SEI KEIN SCHLECHTER VERLIERER!
ALS OB DAS SO BESONDERS WÄRE.
DER MINISTER HAT MICH ANGESTELLT. HAHIHUHEHO!
DIE BACKPFEIFE ZAHL ICH DIR TAUSENDFACH HEIM!
MIST, VERDAMMTER!
VROOOOOOM
DIESER MANN SUCHT ALSO EINEN SEKRETÄR.
„SUCHEN SIE UM 15 UHR IM ERSTKLASSIGSTEN CAFÉ DES GINZA-BEZIRKS DEN ATTRAKTIVSTEN MANN JAPANS, DER DEN BESTEN KAFFEE JAPANS SCHLÜRFT UND DER NEBEN SICH DIE WELTBESTE GITARRE STEHEN HAT."
ICH DARF KEINE ZEIT VERLIEREN!
KITARO

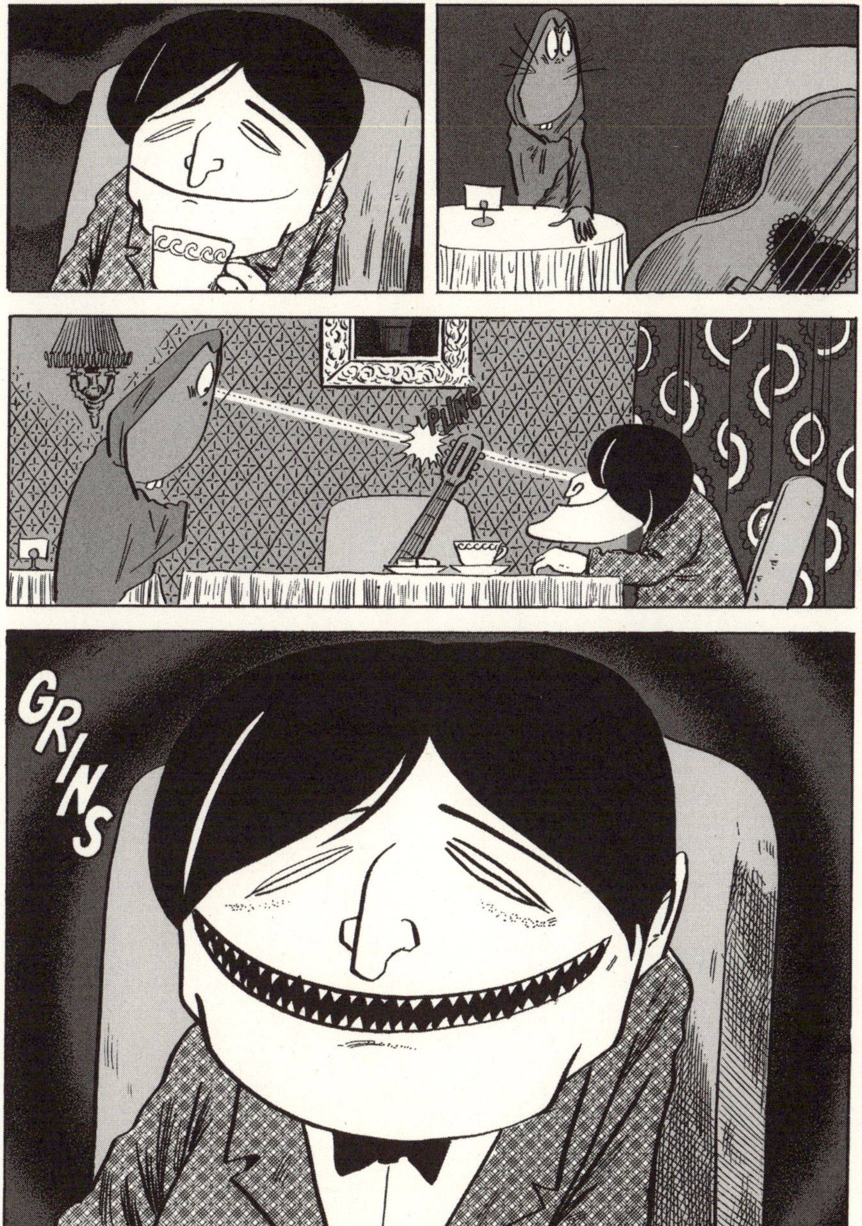

Der Vampir Elite, Teil 1 – Ende

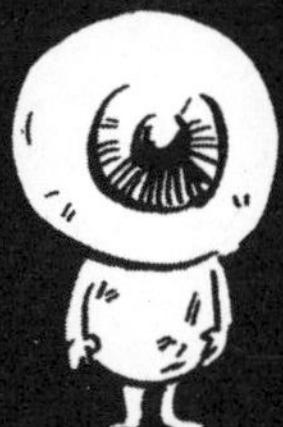

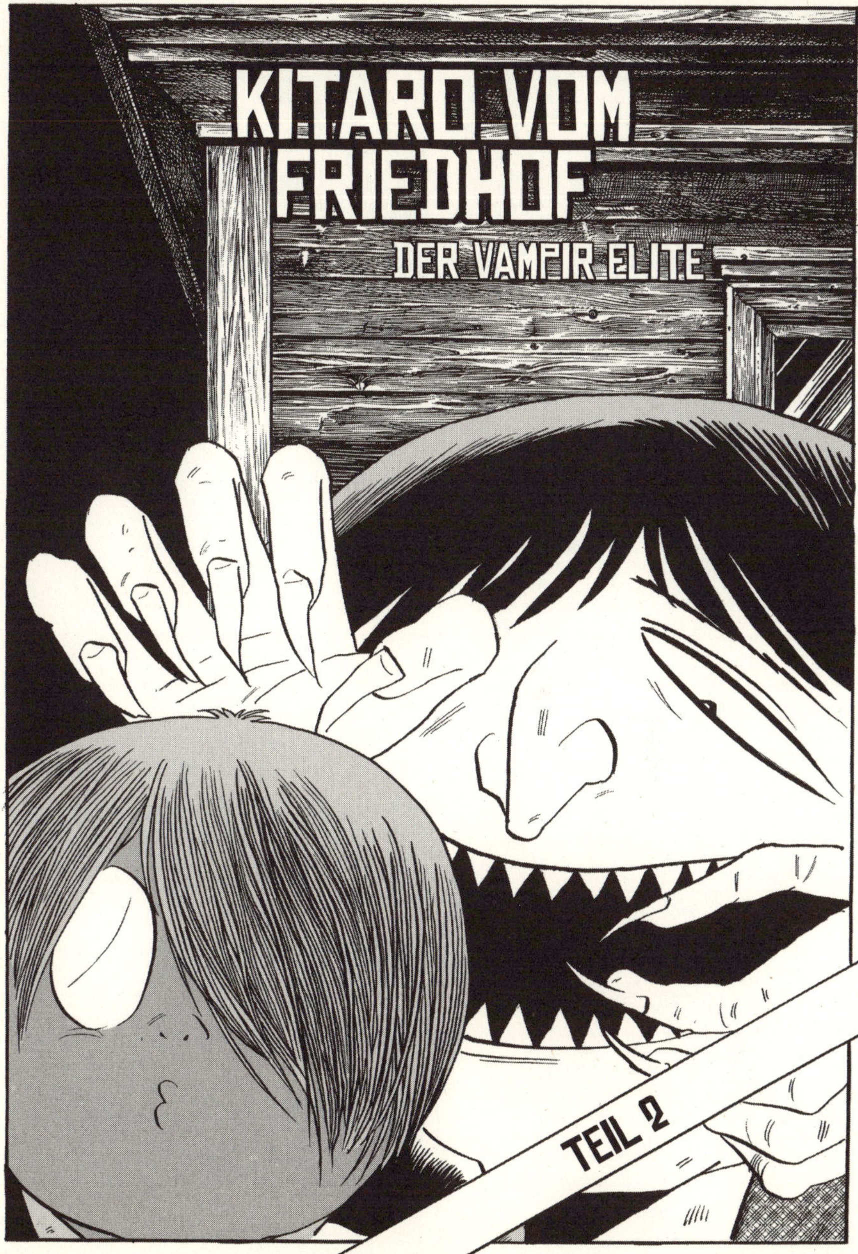
KITARO VOM FRIEDHOF
DER VAMPIR ELITE
TEIL 2

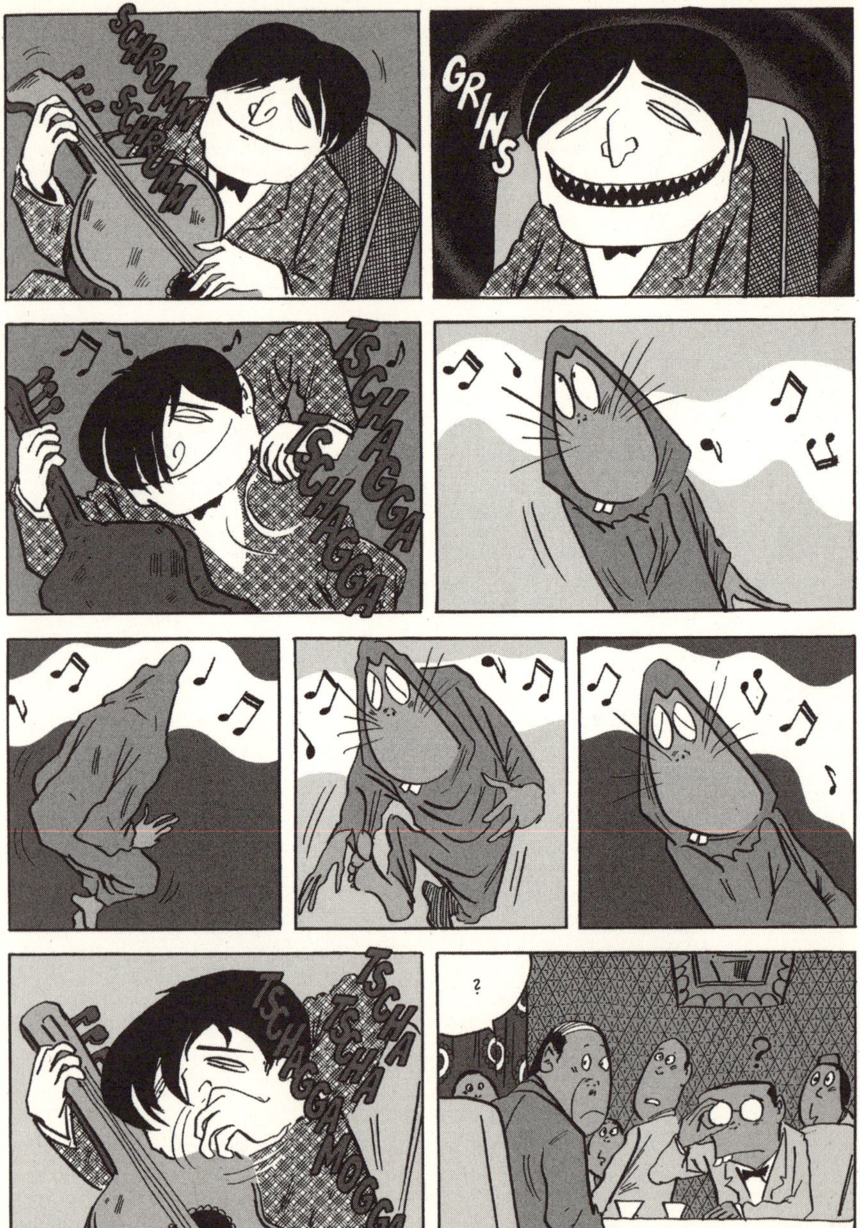
SCHRUMM
SCHRUMM
GRINS
TSCHAGGA
TSCHAGGA
?
?
TSCHA
TSCHA
TSCHAGGA MOGGA

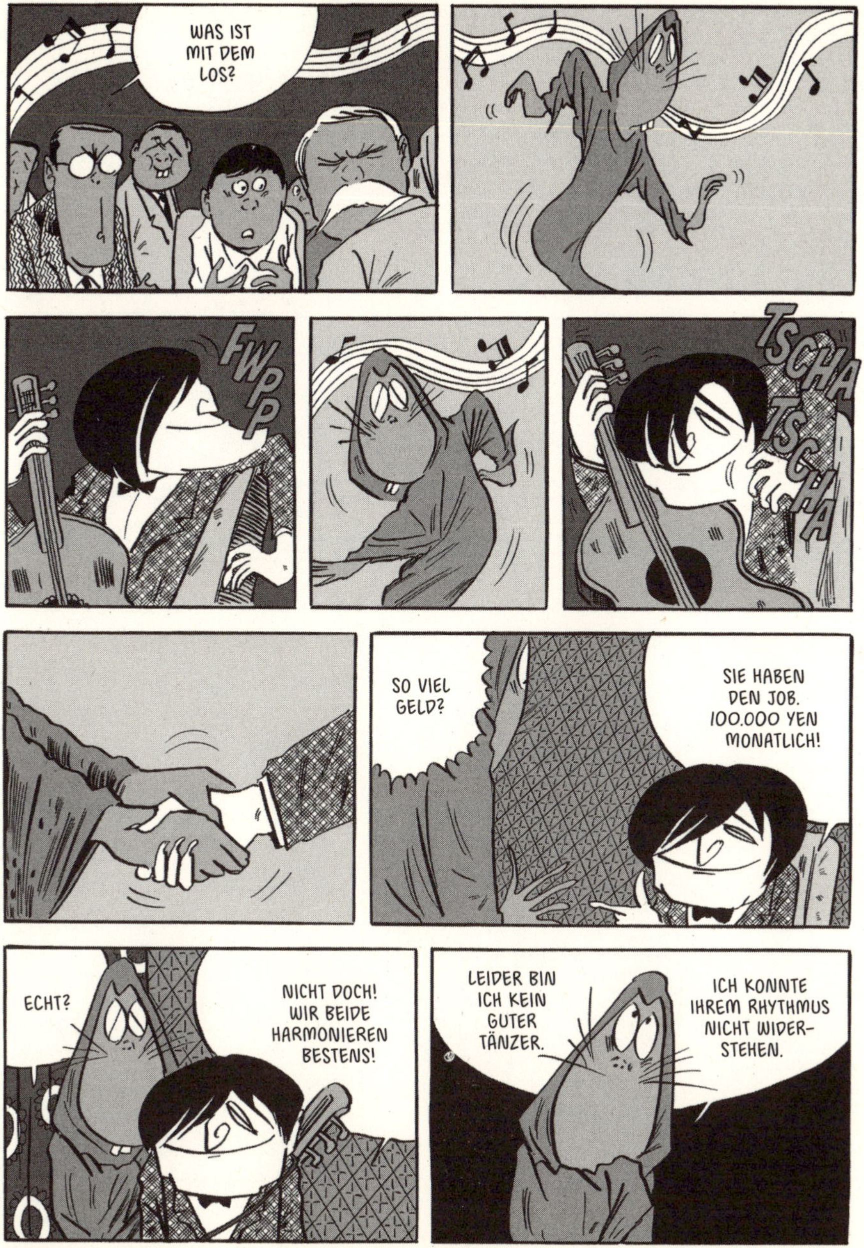
WAS IST MIT DEM LOS?
FWPP
TSCHA TSCHA
SO VIEL GELD?
SIE HABEN DEN JOB. 100.000 YEN MONATLICH!
ECHT?
NICHT DOCH! WIR BEIDE HARMONIEREN BESTENS!
LEIDER BIN ICH KEIN GUTER TÄNZER.
ICH KONNTE IHREM RHYTHMUS NICHT WIDER-STEHEN.

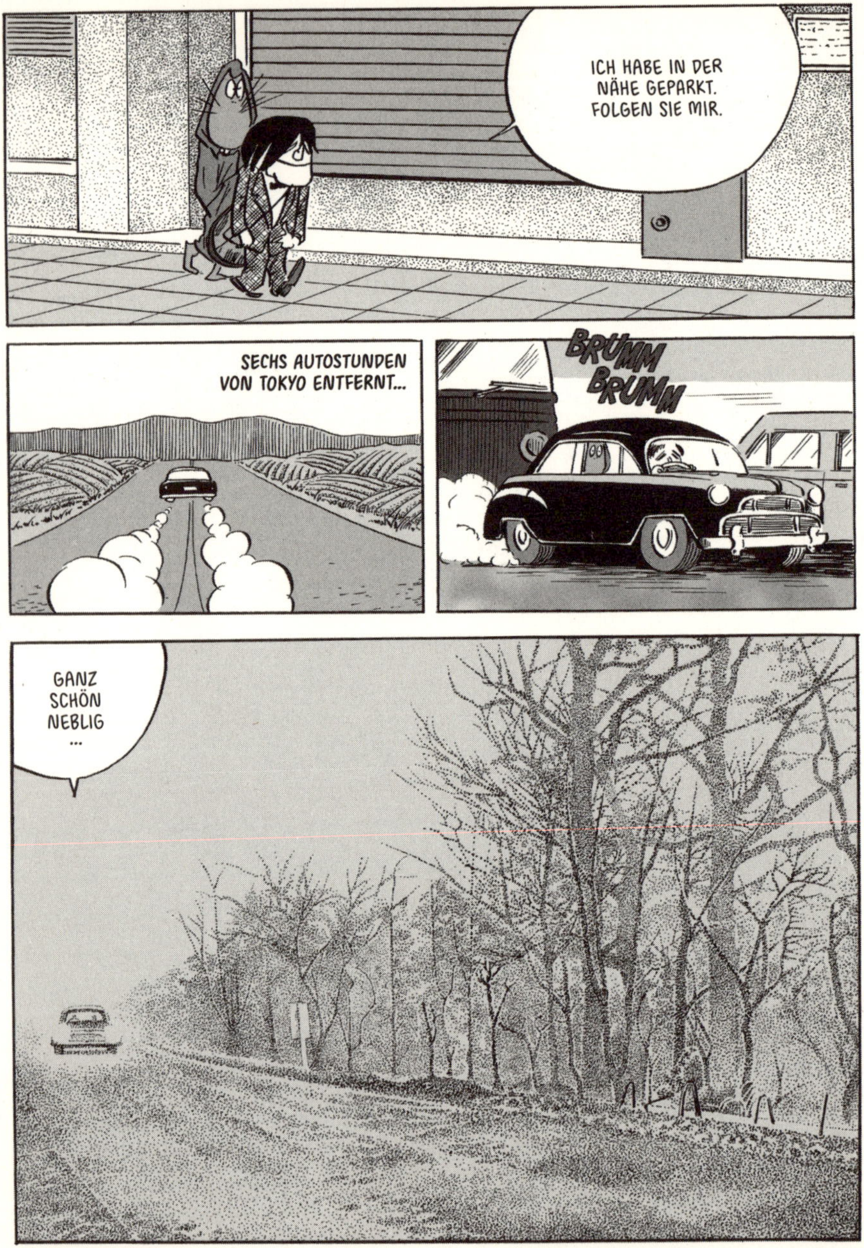
ICH HABE IN DER NÄHE GEPARKT. FOLGEN SIE MIR.
SECHS AUTOSTUNDEN VON TOKYO ENTFERNT...
BRUMM BRUMM
GANZ SCHÖN NEBLIG ...

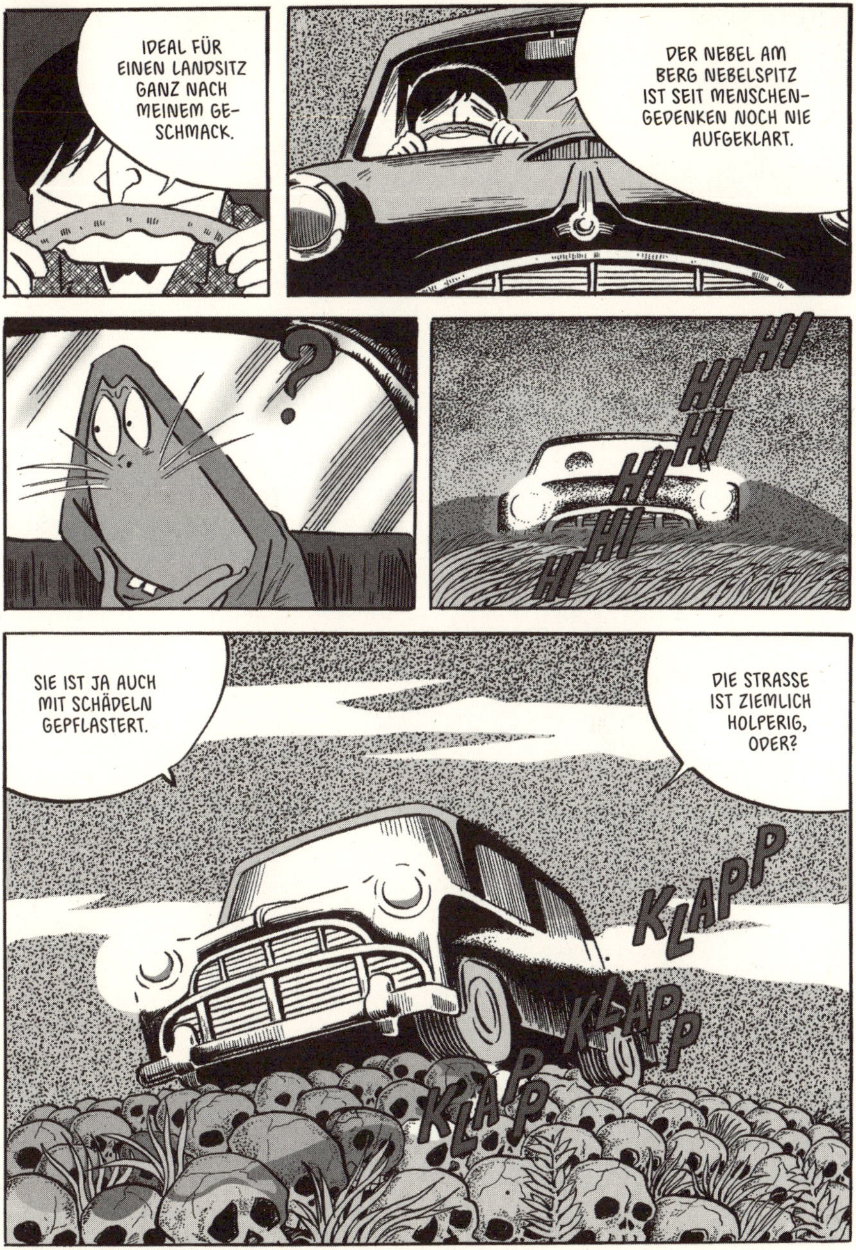
DER NEBEL AM BERG NEBELSPITZ IST SEIT MENSCHEN-GEDENKEN NOCH NIE AUFGEKLART.
IDEAL FÜR EINEN LANDSITZ GANZ NACH MEINEM GE-SCHMACK.
?
HI HI HI HI HI HI HI
DIE STRASSE IST ZIEMLICH HOLPERIG, ODER?
SIE IST JA AUCH MIT SCHÄDELN GEPFLASTERT.
KLAPP
KLAPP
KLAPP

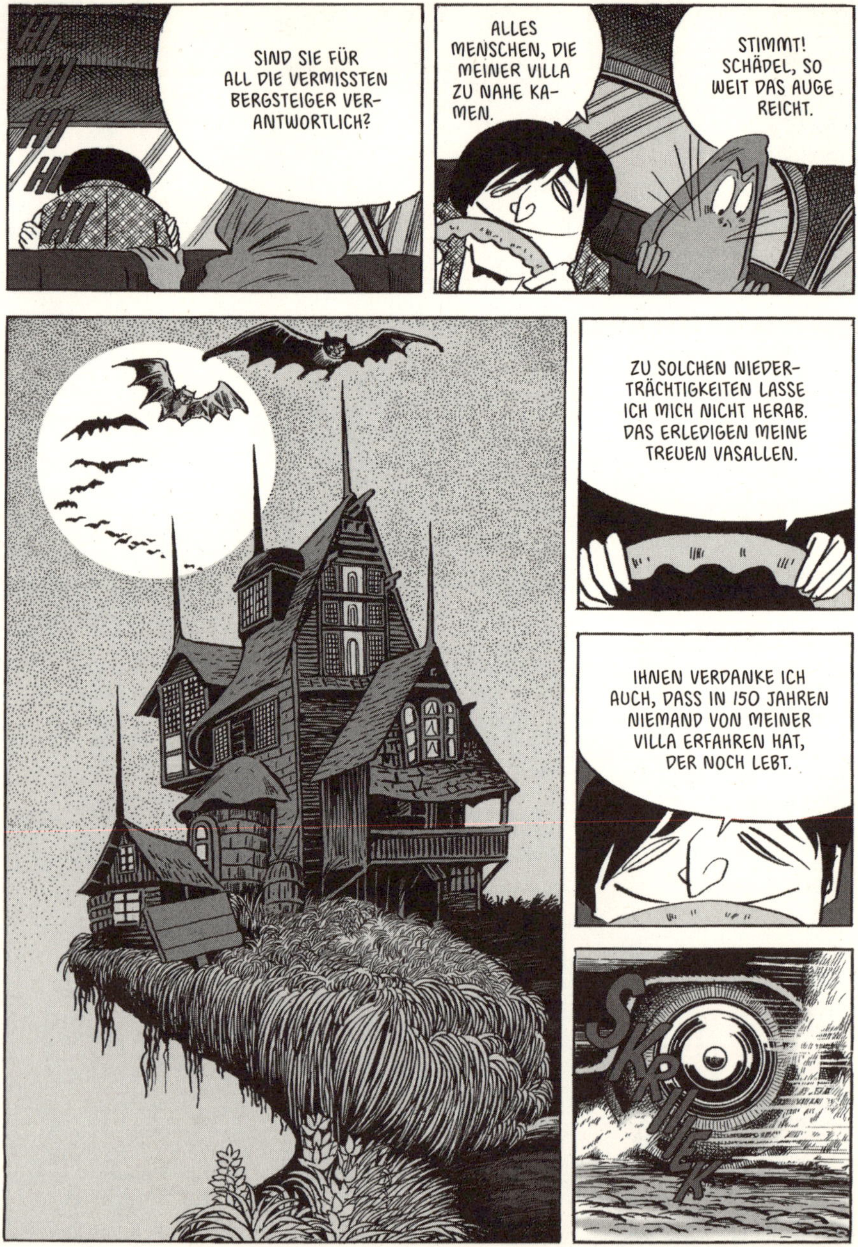
HI HI HI HI HI
SIND SIE FÜR ALL DIE VERMISSTEN BERGSTEIGER VERANTWORTLICH?
ALLES MENSCHEN, DIE MEINER VILLA ZU NAHE KAMEN.
STIMMT! SCHÄDEL, SO WEIT DAS AUGE REICHT.
ZU SOLCHEN NIEDERTRÄCHTIGKEITEN LASSE ICH MICH NICHT HERAB. DAS ERLEDIGEN MEINE TREUEN VASALLEN.
IHNEN VERDANKE ICH AUCH, DASS IN 150 JAHREN NIEMAND VON MEINER VILLA ERFAHREN HAT, DER NOCH LEBT.
SKRIIIEK

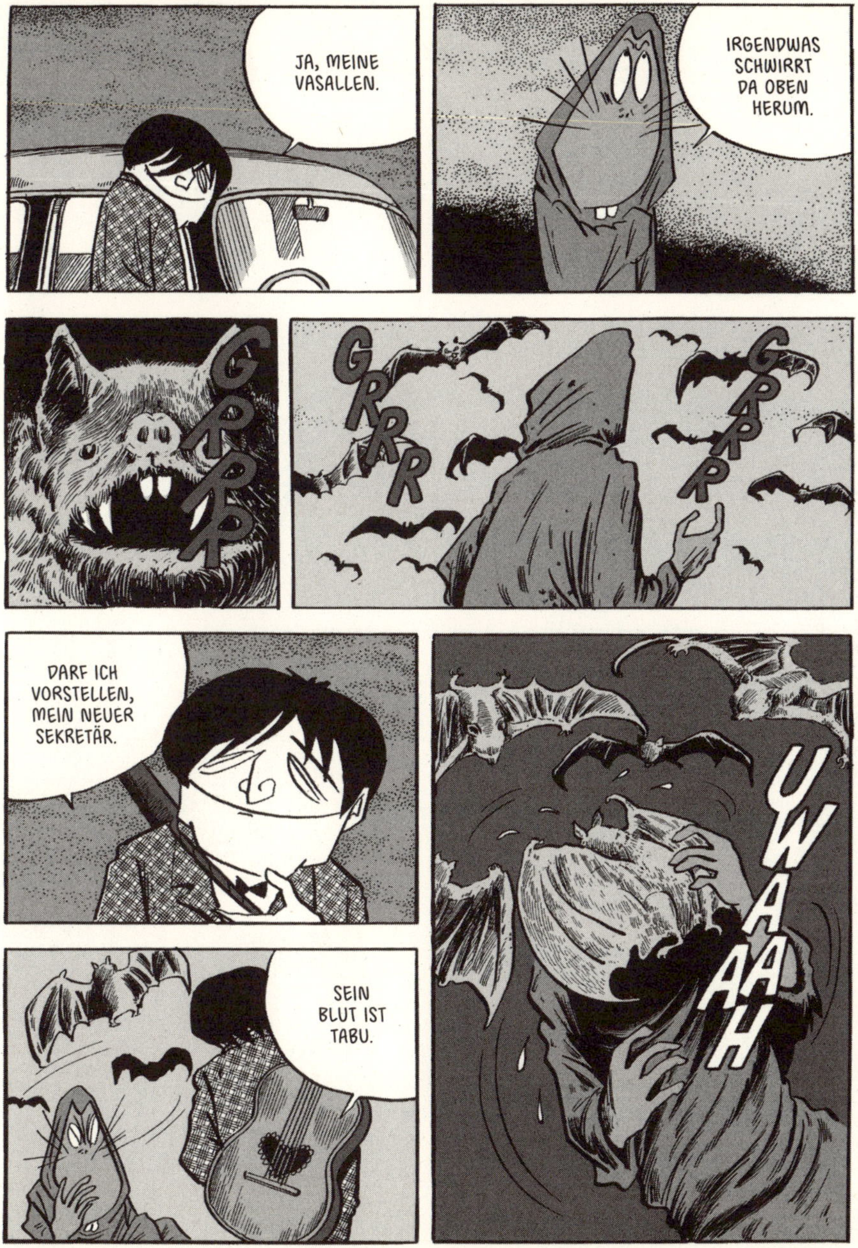
JA, MEINE VASALLEN.
IRGENDWAS SCHWIRRT DA OBEN HERUM.
GRRRR
GRRR
GRRRR
DARF ICH VORSTELLEN, MEIN NEUER SEKRETÄR.
UWAAAAH
SEIN BLUT IST TABU.

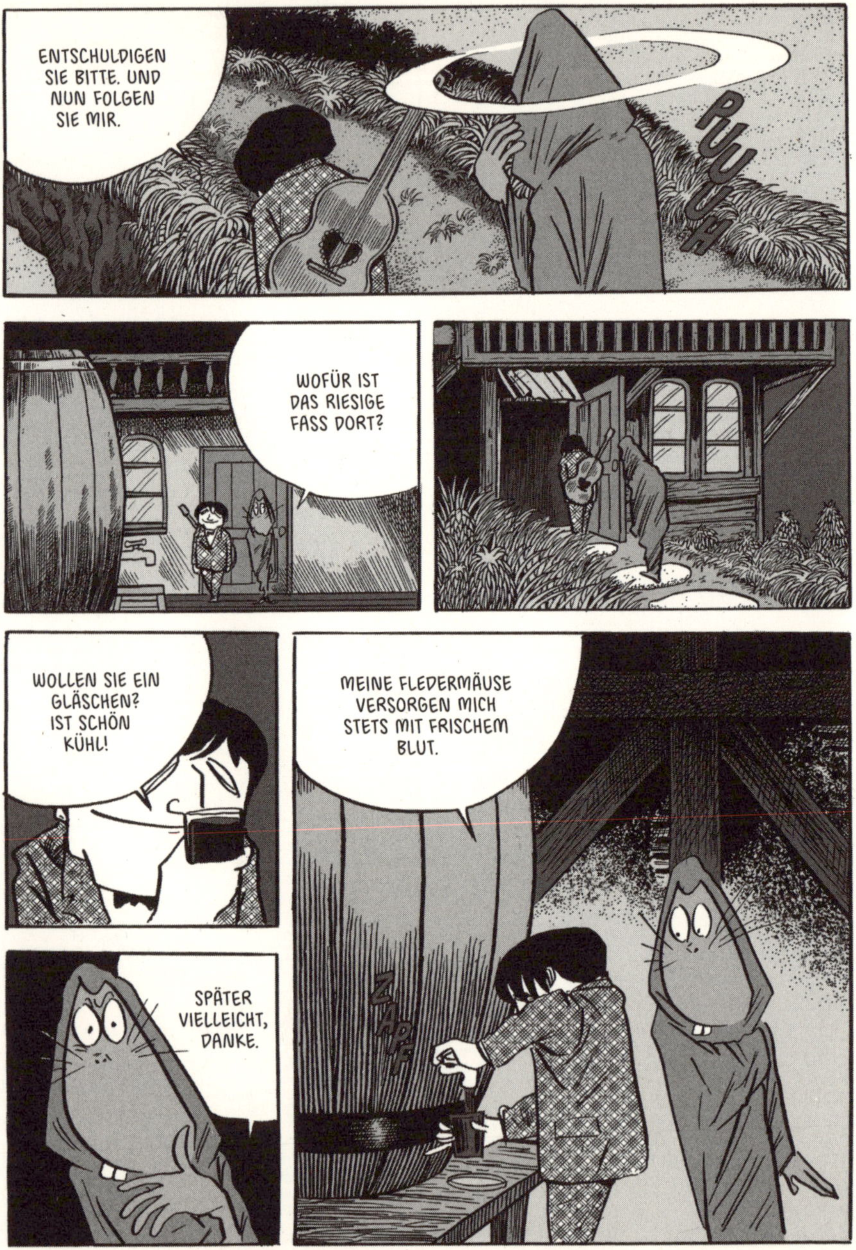
ENTSCHULDIGEN SIE BITTE. UND NUN FOLGEN SIE MIR.
PUUUH
WOFÜR IST DAS RIESIGE FASS DORT?
WOLLEN SIE EIN GLÄSCHEN? IST SCHÖN KÜHL!
MEINE FLEDERMÄUSE VERSORGEN MICH STETS MIT FRISCHEM BLUT.
ZAPF
SPÄTER VIELLEICHT, DANKE.

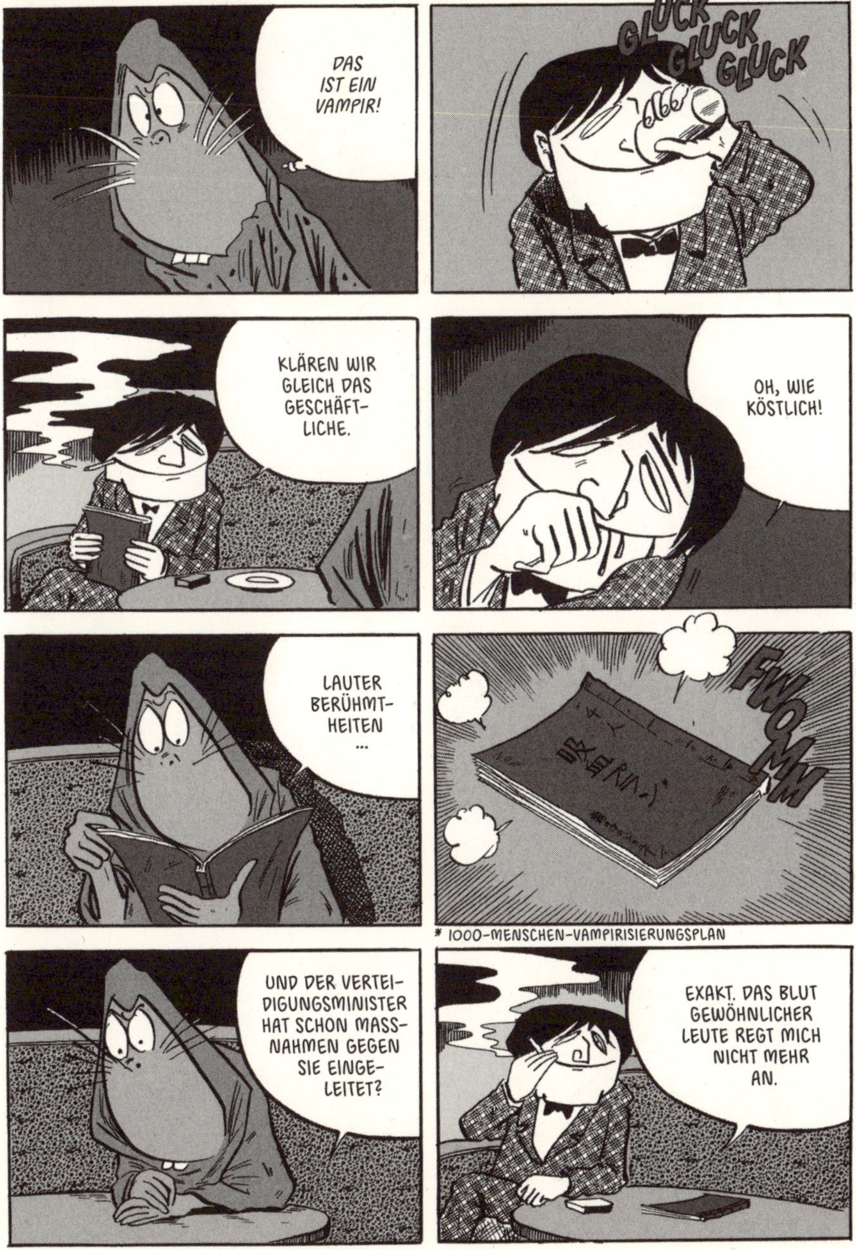
DAS IST EIN VAMPIR!
GLUCK GLUCK GLUCK
KLÄREN WIR GLEICH DAS GESCHÄFT-LICHE.
OH, WIE KÖSTLICH!
LAUTER BERÜHMT-HEITEN ...
FWOMM
* 1000-MENSCHEN-VAMPIRISIERUNGSPLAN
UND DER VERTEI-DIGUNGSMINISTER HAT SCHON MASS-NAHMEN GEGEN SIE EINGE-LEITET?
EXAKT. DAS BLUT GEWÖHNLICHER LEUTE REGT MICH NICHT MEHR AN.

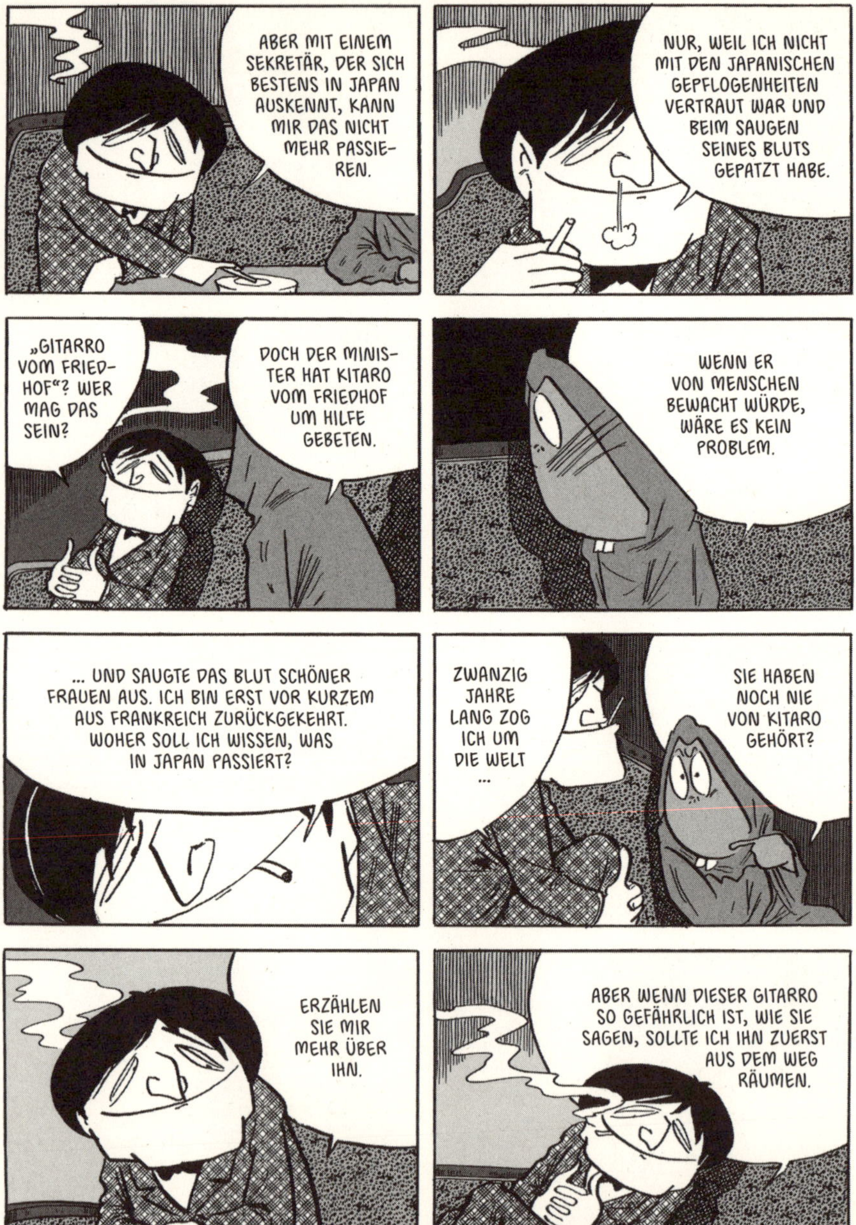
ABER MIT EINEM SEKRETÄR, DER SICH BESTENS IN JAPAN AUSKENNT, KANN MIR DAS NICHT MEHR PASSIE-REN.
NUR, WEIL ICH NICHT MIT DEN JAPANISCHEN GEPFLOGENHEITEN VERTRAUT WAR UND BEIM SAUGEN SEINES BLUTS GEPATZT HABE.
DOCH DER MINIS-TER HAT KITARO VOM FRIEDHOF UM HILFE GEBETEN.
„GITARRO VOM FRIED-HOF"? WER MAG DAS SEIN?
WENN ER VON MENSCHEN BEWACHT WÜRDE, WÄRE ES KEIN PROBLEM.
SIE HABEN NOCH NIE VON KITARO GEHÖRT?
ZWANZIG JAHRE LANG ZOG ICH UM DIE WELT ...
... UND SAUGTE DAS BLUT SCHÖNER FRAUEN AUS. ICH BIN ERST VOR KURZEM AUS FRANKREICH ZURÜCKGEKEHRT. WOHER SOLL ICH WISSEN, WAS IN JAPAN PASSIERT?
ERZÄHLEN SIE MIR MEHR ÜBER IHN.
ABER WENN DIESER GITARRO SO GEFÄHRLICH IST, WIE SIE SAGEN, SOLLTE ICH IHN ZUERST AUS DEM WEG RÄUMEN.

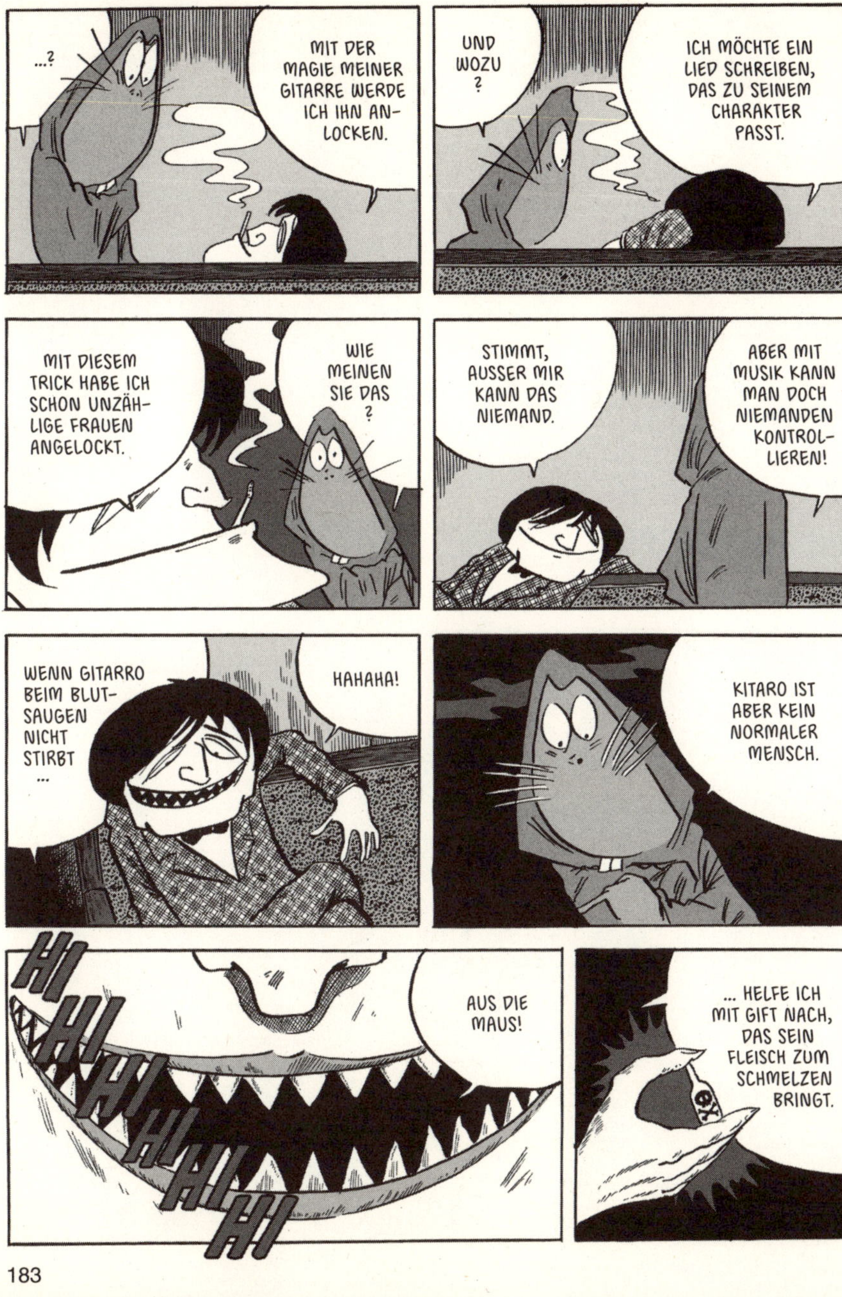
...?
MIT DER MAGIE MEINER GITARRE WERDE ICH IHN ANLOCKEN.
UND WOZU?
ICH MÖCHTE EIN LIED SCHREIBEN, DAS ZU SEINEM CHARAKTER PASST.
MIT DIESEM TRICK HABE ICH SCHON UNZÄHLIGE FRAUEN ANGELOCKT.
WIE MEINEN SIE DAS?
STIMMT, AUSSER MIR KANN DAS NIEMAND.
ABER MIT MUSIK KANN MAN DOCH NIEMANDEN KONTROLLIEREN!
WENN GITARRO BEIM BLUTSAUGEN NICHT STIRBT ...
HAHAHA!
KITARO IST ABER KEIN NORMALER MENSCH.
HI HI HI HI HI HI HI HI HI
AUS DIE MAUS!
... HELFE ICH MIT GIFT NACH, DAS SEIN FLEISCH ZUM SCHMELZEN BRINGT.

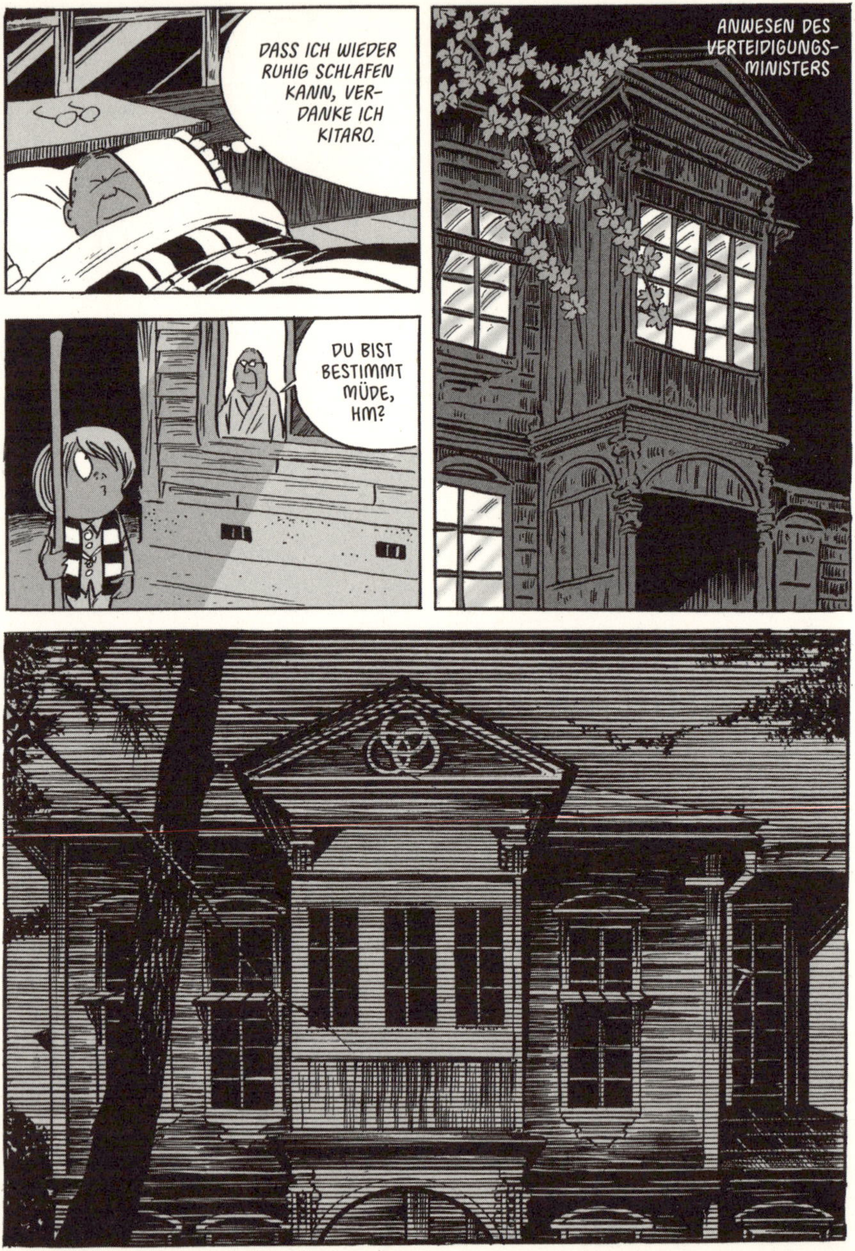
DASS ICH WIEDER RUHIG SCHLAFEN KANN, VERDANKE ICH KITARO.
DU BIST BESTIMMT MÜDE, HM?
ANWESEN DES VERTEIDIGUNGSMINISTERS

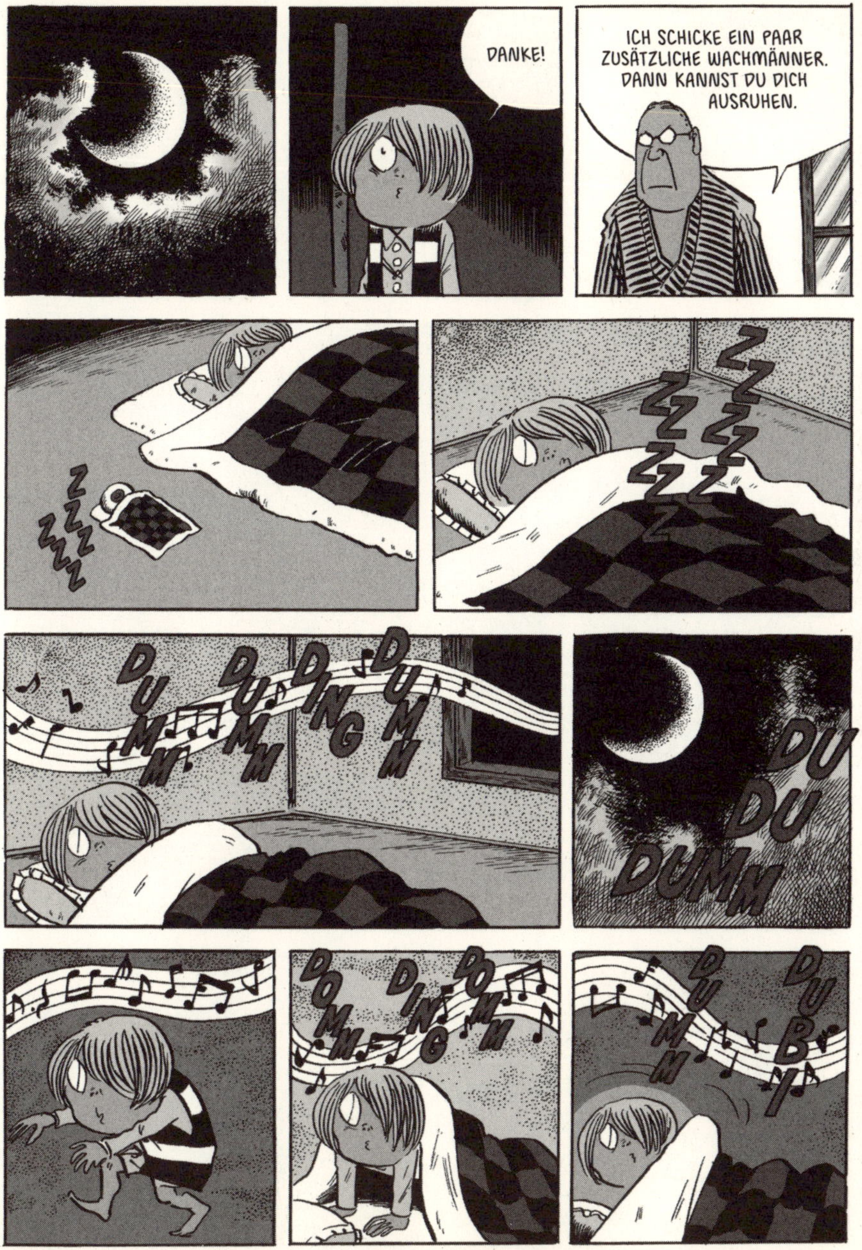
DANKE!
ICH SCHICKE EIN PAAR ZUSÄTZLICHE WACHMÄNNER. DANN KANNST DU DICH AUSRUHEN.
ZZZZZ
ZZZZZZZZZ
DUMM DUMM DING DUMM
DU DU DUMM
DOMM DING DOMM
DUMM DUBI

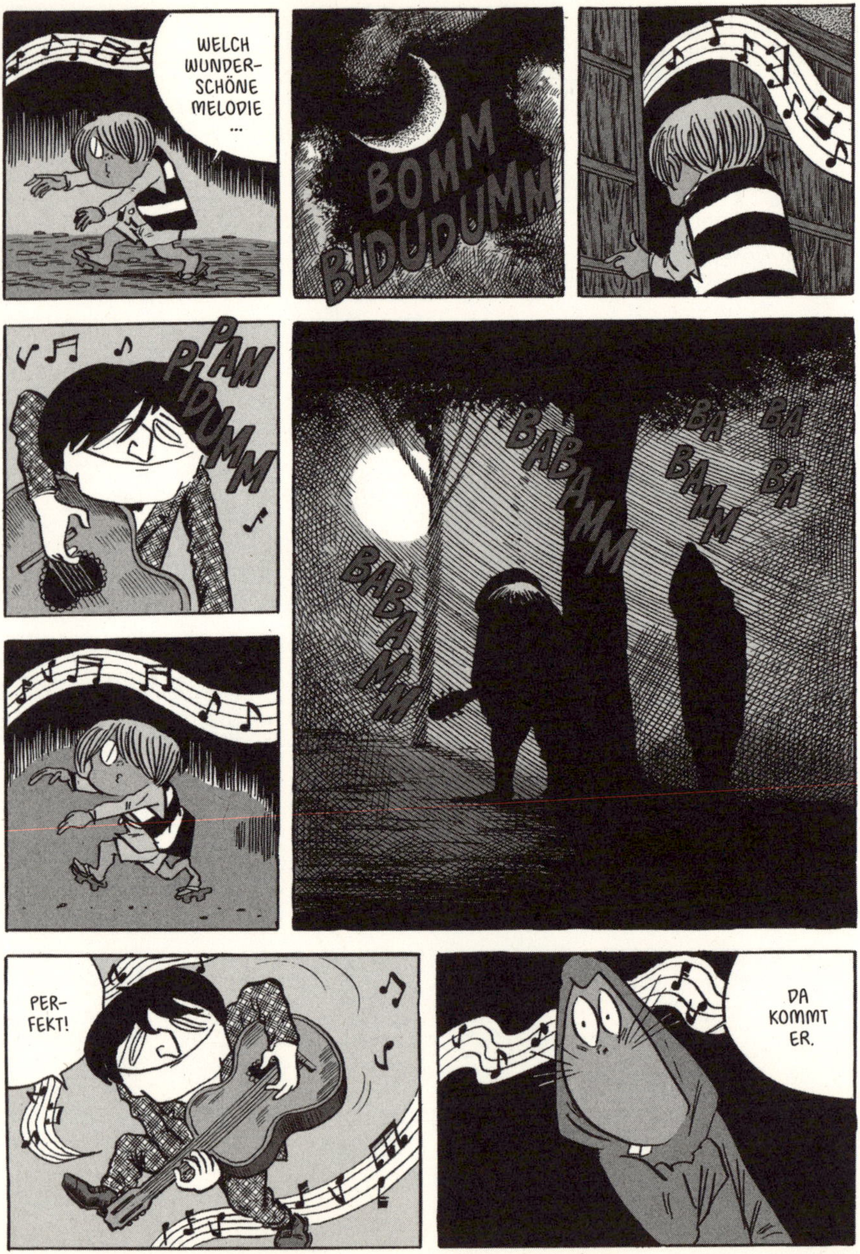

WELCH WUNDERSCHÖNE MELODIE ...
BOMM BIDUDUMM
PAM PIDUMM
BABAMM
BA BAMM
BA BA
BABAMM
PERFEKT!
DA KOMMT ER.

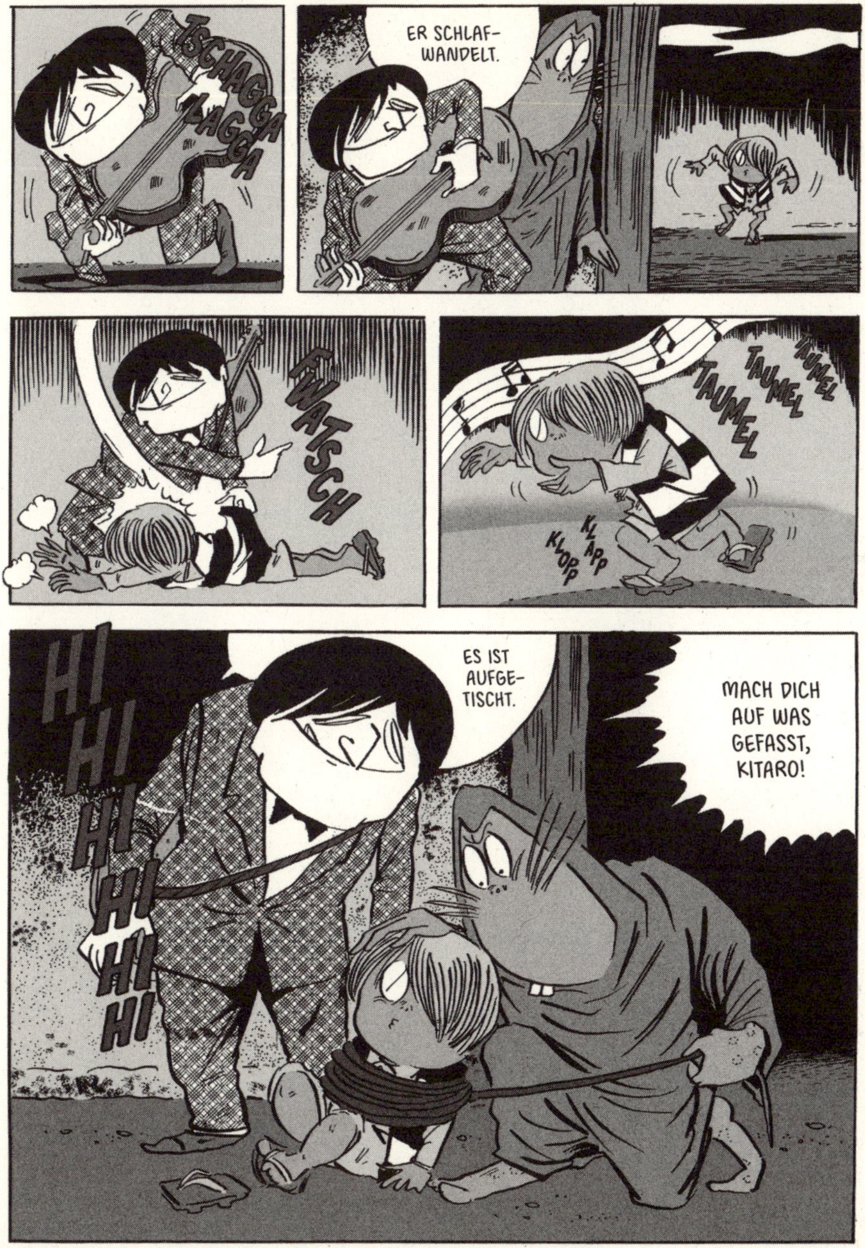

Fortsetzung folgt.

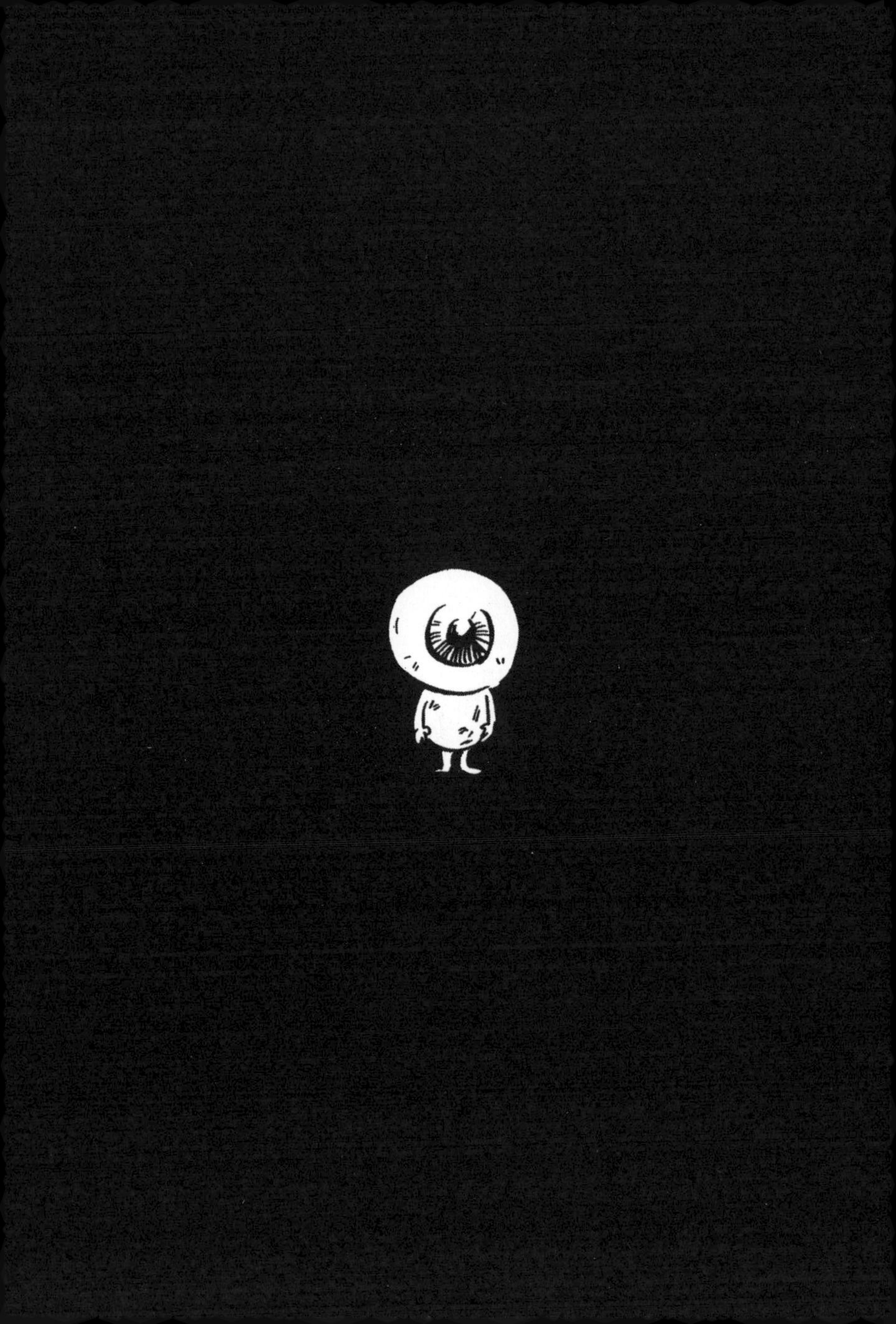

ERSTVERÖFFENTLICHUNG

Das riesige Seeungeheuer, Teil 3
(Shukan Shonen Magazine, 5. Juni 1966)

Das riesige Seeungeheuer, Teil 4
(Shukan Shonen Magazine, 12. Juni 1966)

Das riesige Seeungeheuer, Teil 5
(Shukan Shonen Magazine, 19. Juni 1966)

Das riesige Seeungeheuer, Teil 6
(Shukan Shonen Magazine, 26. Juni 1966)

Das riesige Seeungeheuer, Teil 7
(Shukan Shonen Magazine, 3. Juli 1966)

Daruma
(Bessatsu Shonen Magazine, August 1966)

Schloss Yokai, Teil 1
(Shukan Shonen Magazine, 9. Oktober 1966)

Schloss Yokai, Teil 2
(Shukan Shonen Magazine, 16. Oktober 1966)

Der alte Mann aus dem Spiegel
(Bessatsu Shonen Magazine, April 1967)

Der Vampir Elite, Teil 1
(Shukan Shonen Magazine, 7. Mai 1967)

Der Vampir Elite, Teil 2
(Shukan Shonen Magazine, 14. Mai 1967)

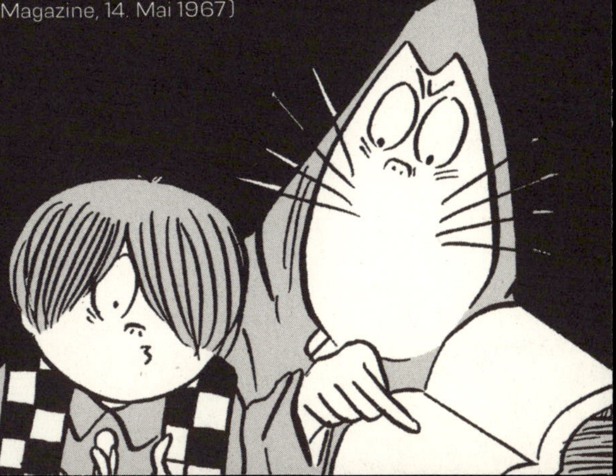

Was sind Yokai?

von Zack Davisson

In den Geschichten um Kitaro werden euch viele Arten von Yokai begegnen — was genau das ist, lässt sich jedoch nicht so einfach erklären. Am ehesten kann man es mit »unheimliche Erscheinung« übersetzen. Der Begriff Yokai umfasst Monster, Fluss- und Bergwesen, Gottheiten, Dämonen, Kobolde, Gestaltwandler, Magie, Geister, Tiere und alles, was man sich sonst noch an rätselhaften Begebenheiten vorstellen kann. Es gibt sowohl gute und schlechte Yokai, und einige, die beides sind.

Viele sind uralt und ihr Geschichte beginnt lange vor der menschlichen Zivilisation. Andere hingegen sind erst vor wenigen Jahren aufgetaucht. So mancher Yokai war früher einmal menschlich, bis er einem Fluch oder etwas Vergleichbarem zum Opfer fiel. Und dann sind da noch jene Yokai, die bereits als solche zur Welt kamen, wie Kitaro und auch sein Vater Augapfel.

Viele stammen aus Japan, andere hingegen sind aus China, Korea, Indien, Rumänien, Großbritannien, Kanada und den USA — und manche kommen sogar aus dem Weltall. Yokai können sagenumworbene Figuren aus Märchen oder aus Großstadtlegenden sein, oder man kennt sie aus Büchern oder Filmen. Sie können überallher stammen. Und sie können jede erdenkliche Gestalt annehmen. Yokai können als gigantische Monster auftreten, als übernatürliche Pflanzen, als Stürme oder Erdbeben. Sie können sichtbar oder unsichtbar sein.

Am besten könnte man das Wort »Yokai« wohl definieren, indem man ihm alles Unerklärbare zuschreibt, alles Mysteriöse, was nicht einfach verstanden oder verifiziert werden kann.

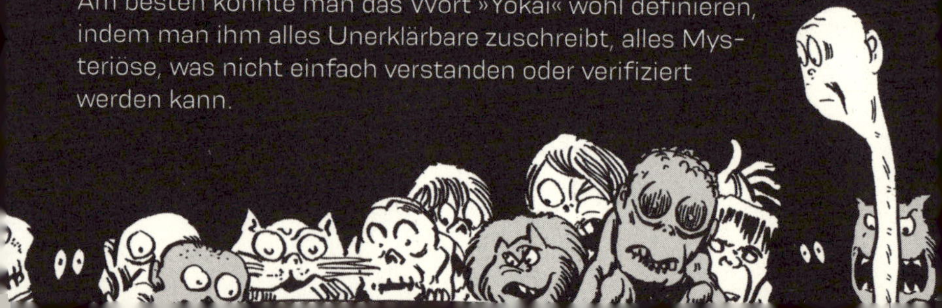

Dracula IV. / Band 1

Der vierte Nachfahre des berühmten Blutsaugers Dracula stammt aus Ungarn. Er ist über 300 Jahre alt und floh mit gefälschten Papieren nach Japan, nachdem er in seinem Heimatland als Vampir entlarvt wurde.

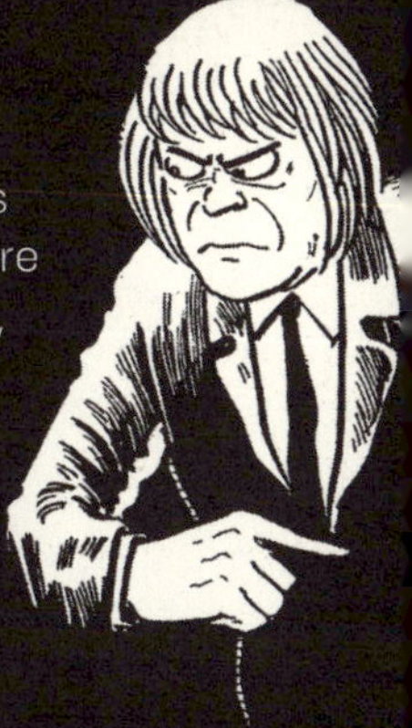

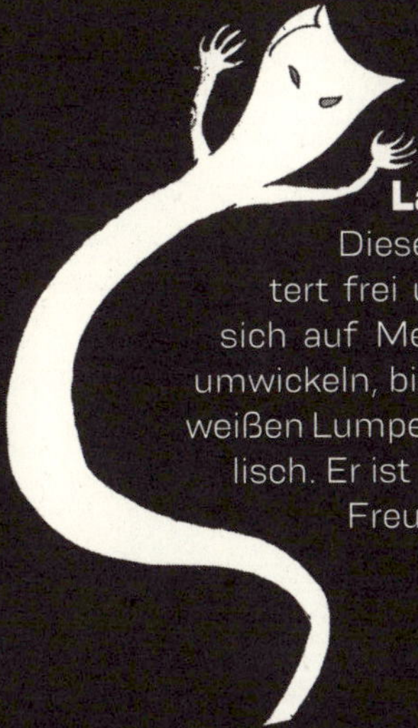

Lasterlumpen (ittan momen) / Band 2

Dieser Yokai aus der Kagoshima-Präfektur flattert frei umher. Sein Lieblingsangriff besteht darin, sich auf Menschen zu stürzen und deren Gesicht zu umwickeln, bis sie ersticken. Seid auf der Hut vor diesem weißen Lumpen! Der Lasterlumpen ist aber nicht nur teuflisch. Er ist auch stets zur Stelle, wenn Kitaro und seine Freunde eine Mitfahrgelegenheit brauchen.

Lasterlumpens Körper besteht aus einer langen Stoffbahn, die nahezu unzerstörbar ist. Am meisten Angst hat er vor Feuer und Scheren.

Katzenmädchen (nekoko) / Band 1

Eine von Kitaros vielen Katzenfreunden. Das Katzenmädchen kam als Mensch zur Welt, erkrankte dann jedoch an der Katzenkrankheit. Seitdem verwandelt sie sich in der Nähe von Katzen und Mäusen selbst in eine Katze!

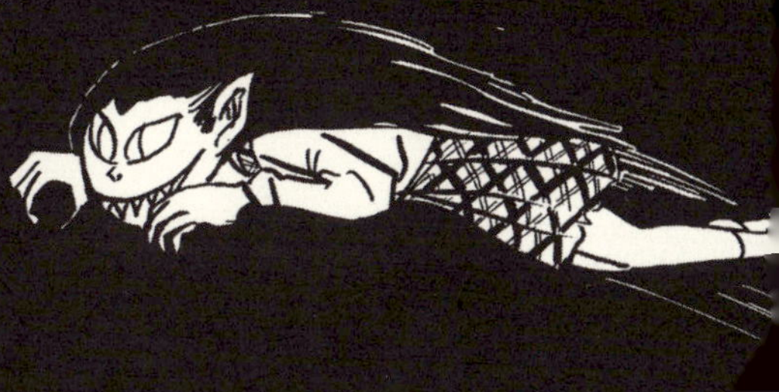

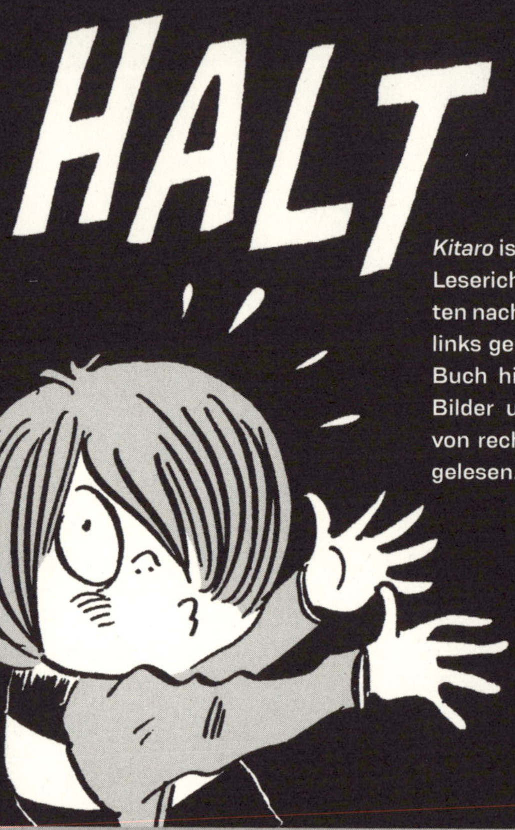

Kitaro ist ein Manga in japanischer Leserichtung. Da in Japan von hinten nach vorn und von rechts nach links gelesen wird, beginnt dieses Buch hinten und endet hier. Die Bilder und Sprechblasen werden von rechts oben nach links unten gelesen.

Aus dem Japanischen
von Gandalf Bartholomäus
Redaktion: Aranka Schindler
Korrektur: Gustav Mechlenburg
Herstellung und Lettering: diceindustries
mit einem Font von Kevin Huizenga

Gottschedstr. 4 / Aufgang 1
13357 Berlin

Published by arrangement with Presspop Inc.
Herausgeber: Dirk Rehm
ISBN 978-3-95640-297-5
Druck: Pozkal, Inowrocław, Polen

Erste Auflage: November 2021

www.reprodukt.com